지은이 옥한흠

제자훈련에 인생을 건 광인(狂人) 옥한흠. 그는 선교 단체의 전유물이던 제자훈련을 개혁주의 교회론에 입각하여 창의적으로 재해석하고 지역 교회에 적용한 교회 중심 제자훈련의 선구자다.

1978년 사랑의교회를 개척한 후, 줄곧 '한 사람' 목회철학으로 예수 그리스도를 닮은 평신도 지도자를 양성하는 데 사력을 다했다. 사랑의교회는 지역 교회에 제자훈련을 접목해 풍성한 열매를 거둔 첫 사례가 되었으며, 국내외 수많은 교회가 본받는 모델 교회로 자리매김했다. 1986년에 시작한 〈평신도를 깨운다 제자훈련 지도자 세미나〉(Called to Awaken the Laity, CAL세미나)는 제자훈련을 목회의 본질로 끌어안고 씨름하는 수많은 목회자에게 이론과 현장을 동시에 제공하는 탁월한 세미나로 인정받고 있다.

철저한 자기 절제가 빚어낸 그의 설교는 듣는 이의 영혼에 강한 울림을 주는 육화된 하나님의 말씀으로 나타났다. 50대 초반에 발병하여 72세의 일기로 생을 마감할 때까지 그를 괴롭힌 육체의 질병은 그로 하여금 더욱더 하나님 말씀에 천착하도록 이끌었다. 삶의 현장을 파고드는 다양한 이슈의 주제 설교와 더불어 성경 말씀을 심도 있게 다룬 강해 설교 시리즈를 통해 성도들에게 하나님 말씀을 이해하는 지평을 넓혀준 그는, 실로 우리 시대의 탁월한 성경 해석자요 강해 설교가였다.

설교 강단에서뿐만 아니라 삶의 자리에서도 신실하고자 애썼던 그는 한목협(한국기독교목회자협의회)과 교갱협(교회갱신을위한목회자협의회)을 통해 한국교회의 일치와 갱신에도 앞장섰다. 그리하여 보수 복음주의 진영은 물론 진보 진영으로부터도 존경받는, 보기 드문 목회자였다.

1938년 경남 거제에서 태어났으며 성균관대학교와 총신대학원을 졸업했다. 미국의 캘빈신학교(Th. M.)와 웨스트민스터신학교에서 공부했으며, 동(同) 신학교에서 평신도 지도자 훈련에 관한 논문으로 학위(D. Min.)를 취득했다. 제자훈련 사역으로 한국교회에 끼친 공로를 인정받아 웨스트민스터신학교에서 수여하는 명예신학박사 학위(D. D.)를 받았다. 2010년 9월 2일, 주님과 동행한 72년간의 은혜의 발걸음을 뒤로하고 하나님의 너른 품에 안겼다.

교회 중심의 제자훈련 교과서인 《평신도를 깨운다》를 비롯해 《길》, 《안아주심》, 《고통에는 뜻이 있다》, 성경 강해 시리즈인 《로마서 1, 2, 3》, 《요한이 전한 복음 1, 2, 3》 등 수많은 스테디셀러를 남겼으며, 그의 인생을 다룬 책으로는 《열정 40년》, 《광인》 등이 있다.

옥한흠 전집 주제 10

무엇을 기도할까
이보다 좋은 복이 없다

| 일러두기 |

본문의 성경은 《성경전서 개역개정판》을 주로 사용하였습니다.
이 책은 고(故) 옥한흠 목사의 설교를 바탕으로 구성한 것입니다.
설교 영상/오디오 자료는 QR코드를 참고하십시오.

무엇을 기도할까

옥한흠 지음

국제제자훈련원

들어가며

'기독교'는 기도의 종교라는 인상을 강하게 풍긴다. 특히 한국은 세계 어느 나라보다도 신앙생활이 기도로 짙게 채색되어 있는 것이 사실이다. 그래서 외국 손님들이 한국 교회를 찾아올 때마다 새벽 기도회, 철야 기도회, 금식 기도원 등 기도와 관련한 부분에 남다른 관심을 나타내는 경우를 자주 보게 된다. 이 기도의 열기 때문에 한국 교회는 살아 있는 교회, 부흥하는 교회, 뜨거운 교회라는 별명으로 세계 곳곳에 알려져 있다. 이런 사실은 조금도 이상한 것이 아니다. 예수님의 공생애가 기도에서 시작하여 기도로 마친 것처럼, 기독교의 생명은 항상 기도로 호흡하고 있기 때문이다.

그런데 여기서 우리가 진지하게 문제로 삼아야 할 것이 있는데, 그것은 흔히 생각하듯 기도가 그렇게 쉬운 일이 아니라는 사실이다. 나의 경험으로 볼 때 기도는 하면 할수록 단순한 일이 아닌 것 같다. 나의 신앙이 초보일 때는 무슨 기도이든 하면 되는 줄 알았다. 그러나 내 신앙이 성숙해질수록 하나님께 드리는 기도가 어렵게 느껴질 때가 많다.

성경이 가르치는 이상적인 기도는 주체가 기도하는 사람에게 있지 않고 기도를 받으시는 하나님께 있다. 달리 말해서, 우리의 욕심대로 간청하는 것이 중요한 것이 아니라, 하나님의 뜻에 간청이 일치하느냐가 더 중요하다. 기독교의 기도가 다른 종교의 기도와 근본적으로 다른 이유가 바로 여기에 있고, 가끔 기도가 어렵다고 느껴지는 이유도 바로 여기에 있다.

흔히들 '기도'하면 어떻게 기도할까에 더 많은 신경을 쓰는 것 같다. 기도하는 방법이 무엇이냐에 따라서 응답 여부가 결정되는 것처럼 여기는 경향이 많다. 조용히 기도하는 것보다 열정적으로 기도하는 것이 좋다든지, 세 끼 식사하면서 하는 기도보다 금식 기도를 하는 쪽이 더 빨리 응답을 받을 수 있다고 생각하거나 낮보다 새벽에 기도하거나 밤새우며 기도하는 것을 선호하는 경향은 기도의 방법론에 더 큰 비중을 두고 생각하는 데서 나타나는 현상이다. 성경에서도 기도의 방법에 대해서 매우 중요하게 가르치고 있으며, 독특한 방법을 통해 기도의 응답을 받은 사례도 빈번하다. 바른 기도생활을 위해 기도하는 방법을 절대로 가볍게 생각해서는 안 될 것이다.

그럼에도 불구하고 우리가 다 같이 우려해야 할 위험한 함정이 방법론을 지나치게 내세우는 기도생활에 숨어 있다는 사실을 알아야 한다. '어떻게 기도할 것인가'가 '무엇을 기도할 것인가'보다 더 중요한 것처럼 착각하기 쉽다. 이것은 성경 말씀이 가르치는 기도의 정도(正道)라고 할 수 없다. 대개의 기도가 자기중심적인 생각으로 끝까지 이어져 버리는 이유가 여기에 있다. 그 결과, 얼마나 많은 기도가 과녁을 빗나간 화살처럼 되어 버렸는지 모른다. 얼마나 많은 기도가 다른 종교에서 볼 수 있는 일종의 기구(祈求)나 다름없는 자기 몸부림으로 끝나 버리는지 모른다.

기도의 생명은 그 내용이 하나님의 뜻과 일치하느냐의 여부에 달려 있다. 하나님의 뜻에 일치할 때 그 부르짖음이야말로 놀라운 응답을 가져올 수 있다. 주님께서 "무엇이든지 원하는 대로 구하라 그리하면 이루리라"(요 15:7하)라고 하신 말씀도 주의 깊게 살펴보면, 하나님의 뜻에 맞는 무엇이든지의 기도를 의미하는 것이지, 자기 마음대로 구하라는 의미가 아니라는 것을 알 수 있다. 왜냐하면 그 무엇이든지는 우리가 주 안에 거하고 주의 말씀이 우리 안에 거하는 조건에서만 가능하기 때문이다. 그러므로 바른 기도를 하기 위해서는 신앙 성숙이 필수적인 요건이다. 달리 말해서, 신앙 성숙이 기도의 내용을 결정한다는 말이다. 이런 의미에서 미성숙한 믿음을 가지고 있는 한 좋은 기도를 드리기가 어렵다는 것은 말할 나위가 없다.

본서는 무엇을 기도해야 할 것인가에 대한 올바른 이해를 돕기 위해 만들어졌다. 우리가 잘 아는 바와 같이 가장 이상적인 기도의 내용은 주님이 가르치신 주기도문이라 할 수 있다. 주기도문이야말로 우리 기도의 총체요, 알파와 오메가라 할 수 있다. 따라서 우리는 주기도문의 내용을 먼저 살펴보고자 한다. 그다음에 몇 가지의 중요한 기도의 사례를 내용을 중심으로 다루고자 한다.

본서를 읽어 가는 동안 성령께서 여러분의 마음을 열어 하나님이 원하시는 기도의 영역이 어디에 있는가를 알게 해 주시고 동시에 자기중심적인 기도에서 하나님 중심의 기도로 우리가 간구하는 소원을 바꾸어 주시기를 바란다. 그래서 우리가 무릎을 꿇을 때마다 하나님이 주저하지 않고 응답하시는 자녀가 된다면 얼마나 행복하겠는가!

1999. 4
옥한흠

차례

I

기도
하십니까?

기도는 우리의 신앙생활 그 자체입니다.
예수님을 믿는 사람이 무시로 기도하지 않고서는 생명을 유지할 수 없습니다.
하나님의 자녀는 기도해야만 살 수 있습니다. 기도는 우리의 존재 그 자체입니다.

누가복음 11:1-4

1 예수께서 한 곳에서 기도하시고 마치시매 제자 중 하나가 여짜오되 주여 요한이 자기 제자들에게 기도를 가르친 것과 같이 우리에게도 가르쳐 주옵소서 2 예수께서 이르시되 너희는 기도할 때에 이렇게 하라 아버지여 이름이 거룩히 여김을 받으시오며 나라가 임하시오며 3 우리에게 날마다 일용할 양식을 주시옵고 4 우리가 우리에게 죄지은 모든 사람을 용서하오니 우리 죄도 사하여 주시옵고 우리를 시험에 들게 하지 마시옵소서 하라

기도하십니까?

저는 하루 중 시간 대부분을 교회 안에 있는 서재에서 보냅니다. 저는 서재에 철을 따라 한두 개 화분을 들여놓고는 합니다. 그런데 이번 겨울에는 화분의 식물이 잘 자라지 않았습니다. 한껏 싱그러움을 자랑하던 화초가 한 달이 못 가서 잎이 말라 버리는 것입니다. 물도 주고 정성껏 손질을 했는데도 별 효과가 없었습니다. 실내 공기가 건조하고 탁해서 그러려니 하고 하루에 몇 번씩 창문을 열어 주기도 했지만 별로 신통하지 않았습니다. 결국 그 화분은 통풍이 더 잘되는 곳으로 옮겨야 했습니다. 이렇게 중환자 신세가 되어서 밖으로 옮긴 화분을 보면서 저는 매우 값진 진리를 발견할 수 있었습니다.

한때는 오뉴월의 신록처럼 활력이 넘치던 신앙생활을 하던 형제들이 왜 갑자기 생기를 잃어버립니까? 왜 기쁨이 사라지고 열정이 식어 버립니까? 왜 시험 앞에서 맥을 추지 못하는 나약한 사람이 됩니까? 왜 관심사와 생각들이 세상 사람처럼 속된 것에 기울어집니까?

기도를 못 하고 있기 때문입니다. 흔히들 기도를 영혼의 호흡이라고 말합니다. 통풍이 잘 안 되는 방에서 화초가 시들해지듯이 기도하기를 게을리하는 사람은 그 영혼에 호흡 장애가 일어나서 결국은 그 영이 시들해 버리는 것입니다.

기도를 게을리하지 말아야 한다고 해서 우리가 모두 날마다 기도원에 다녀야 한다는 의미가 아닙니다. 철야 기도에 꼭 나가야 하고 새벽 기도에 개근을 해야 한다는 말도 아닙니다. 어떤 형식과 틀에 박힌 기도를 말하는 것이 아니라 하나님의 말씀대로 성령 안에서 무시로 기도하는 사람, 다시 말하면 쉬지 않고 기도하는 사람이 되어야 한다는 말입니다.

이번 장의 본문에서 우리는 주님께서 조용히 기도하고 일어나시는 모습을 볼 수 있습니다. 그리고 예수님의 행동을 지켜보던 제자 중 한 사람이 "주여! 우리에게도 기도를 가르쳐 주옵소서" 하고 간청하는 모습도 볼 수 있습니다. 이 자리에서 주님은 이 간청을 들으시고 주기도문을 제자들에게 가르쳐 주셨습니다. 여기에서 우리는 주님이 주시는 세 가지 진리를 받고 순종해야 합니다.

첫째로, 우리는 모두 기도의 자극을 받을 필요가 있습니다. 본문에 보면 제자 중 누구인지 정확하게 알 수는 없지만 한 제자가 예수님께 간청하였습니다. 다른 제자도 많이 있었지만 그중 한 제자가 예수님께서 기도하고 일어나시는 모습을 보고 큰 충격을 받아서 예수님께 기도를 가르쳐 달라고 요청을 했습니다. 그 말은 제자들이 기도할 줄을 몰랐다는 이야기가 아닙니다. 제자들은 전통적인 유대교에서 자랐기 때문에 기도할 줄도 알고 또 기도하는 습관을 지니고 있었습니다.

그런데 그날따라 예수님의 기도하는 모습을 조용히 지켜보면서 자기도 모르는 사이에 '나도 저렇게 기도를 해봤으면 좋겠다' 하고 충격을 받은 것입니다. 본문을 보면 제자들은 평소에 두 부분에서 자극받은 것을 알 수 있습니다. 먼저 그들은 평소에 기도하시는 예수님의 모습을 통해서 자극을 받았고, 또 제자들에게 기도를 가르치면서 스스로 기도에 힘쓰던 세례 요한을 통해 자극을 받고 있었습니다. 제자들이 이처럼 기도의 자극을 받으며 생활했기 때문에 그들도 기도해야 한다는 생각이 늘 떠나지 않았던 것이 사실입니다.

기도의 자극은 대단히 중요합니다. 우리가 어디서 어떤 사람을 통해서 기도의 자극을 받느냐에 따라 우리의 기도생활이 많이 달라질 수 있습니다. 기도를 많이 하는 형제들을 가까이 두고 살면 아무래도 나 자신이 기도를 많이 하려는 사람이 됩니다. 자극이 오기 때문에 그렇습니다. 여러 가지 어려운 문제를 가지고 씨름하는 형제들이 그 기도를 통해서 크고 작은 문제를 하나하나 해결해 나가는 모습을 볼 때 자극을 받게 됩니다. 그래서 자기도 모르는 사이에 기도에 힘쓰는 사람이 됩니다.

잠자리에 들기 전에 단정하게 앉아서 기도하는 아내를 밤마다 지켜보는 남편은 자기도 모르게 기도하는 사람이 될 수 있습니다. 자극을 받기 때문입니다. 누구로부터 자극을 받고 사느냐에 따라서 우리의 기도생활은 그 양상이 달라질 수 있습니다. 이런 의미에서 우리는 주변 사람들로부터 자극을 받는 것이 중요합니다. 그러나 우리가 누구보다 앞서서 자극을 받아야 할 대상이 있는데 그분은 바로 예수 그리스도입니다.

예수님이 이 세상에 계실 때 얼마나 기도를 열심히 하셨는가를 우리는 날마다 살펴야 합니다. 그는 하나님입니다. 달리 말하면, 기도를 할 필요가 없는 분입니다. 그는 죄가 없는 분이었습니다. 기도할 이유가 없는 분입니다. 그럼에도 불구하고 육신을 입고 이 땅에 오신 주님은 얼마나 기도하셨습니까? 기도하지 않으면 하루를 살지 못하셨고, 기도하지 않으면 아무것도 못 하신 분이 예수님이라는 것을 우리는 성경을 통해서 배워야 합니다. 그분을 볼 때마다 우리는 기도의 자극을 받습니다. 제자들이 그러했던 것처럼 우리가 모두 그렇습니다.

하나님이요, 죄가 없는 그분이 세상에 오셔서 기도하셨거늘 한 줌의 흙에 지나지 않는 죄 많은 인간인 우리가 기도하지 않고 신앙생활을 한다는 것이 얼마나 교만한 것인지 모릅니다. 예수님은 세상에 계실 때만 기도하신 것이 아니라 하나님 나라에 승천하신 다음에도 계속 하나님 우편에서 기도하고 계신다고 말씀합니다.

> 죽으실 뿐 아니라 다시 살아나신 이는 그리스도 예수시니 그는 하나
> 님 우편에 계신 자요 우리를 위하여 간구하시는 자시니라_롬 8:34

이러한 주님을 통해 자극을 받지 않는다면 정말 이상한 일입니다. 기도의 자극을 받지 못하면 자신도 모르는 사이에 기도 안 하는 사람이 되고 그런 사람이 되면 그 영혼이 시들시들한 화초처럼 병들어 버립니다. 주님을 보십시오. 엎드려서 기도하시는 주님을 보십시오. 우리를 위하여 밤중에도 주무시지 않고 기도하시는 주님을 보십시오. 날마다 한적한 곳에 나가서 이슬을 맞으며 기도하시는 주님을 보십시오. 그 주님을 볼 때 기도하지 않는 나 자신이 얼마나 하나님 앞에 건방진 존재인가를 깨달을 수 있습니다.

둘째로, 우리는 바른 기도를 배워야 합니다. 기도의 자극을 받는 것만으로는 만족할 수가 없습니다. 어린이가 선생님의 편지를 받고 답장을 쓸 때 무척이나 어려워하고 힘들어합니다. 대상이 벅찬 상대일수록 무슨 말을 어떻게 써야 할지 모르는 것처럼 하나님 앞에 어떻

게 기도를 하느냐 하는 문제도 그렇게 쉽게 되는 것이 아닙니다. 우리는 죄성을 갖고 태어났습니다. 하나님이 없는 것처럼 제멋대로 사는 근성을 가지고 태어났기 때문에 그러한 사람이 하나님 앞에 가서 기도한다는 것이 얼마나 힘들고 어색한 일인지 모릅니다. 그러므로 우리는 기도를 배워야 합니다. 누구를 통하여 배울 수 있습니까? 가장 이상적인 모델이신 예수 그리스도를 통하여 기도를 배워야 합니다.

저는 초등학교 시절에 기도를 부지런히 한다고 법석을 떨던 아이 중 하나였습니다. 어떻게 기도를 해야 할 것인지 정확한 지식이 없었습니다. 그 당시 저의 기도는 거의가 모방이었습니다. 백여 명이 모이는 시골 교회에서 기도를 많이 하시는 몇몇 여집사님이 제 기도의 모방 대상이었습니다. 새벽 기도 시간이나 철야 기도 시간에 그들을 유심히 지켜보고 그들의 기도를 들으며 흉내를 내었습니다. 그 결과 저의 기도는 약간 이상한 스타일로 굳어지고 있었습니다. 왜냐하면 그분들로부터 좋은 점도 배웠지만 동시에 나쁜 점도 배웠기 때문입니다.

저는 그 부인들이 기도했다 하면 시작부터 마지막까지 말이 끊어지지 않는다는 것을 알았습니다. 그래서 저도 엎드려서 기도를 시작하면 말이 끊어지지 않아야 하니까 무슨 말이든지 주워대면서 끝까지 이어보려고 애를 썼던 기억이 납니다. 또 기도를 잘하는 부인들에게는 일종의 기도 가락이 있다는 것을 알았습니다. 그래서 저도 기도에 가락을 넣어 보려고 법석을 떨었던 적이 있습니다. 그리고 하나님이 좋아하시는 기도는 길어야 하는구나 하고 저도 다리가 저리고 아파도 앉아서 버텨보려고 애를 썼습니다. 그리고 그 부인들은 기도할 때 거의가 다 예외 없이 잘 울었습니다. 그래서 어린 제 생각에 하나님이 좋아하시는 기도는 눈물이 많아야 하나 보다 하고 눈물을 흘려보려고 애를 썼던 기억이 있습니다. 이렇게 부인들의 기도를 모방하다 보니 기도를 열심히 하는 것은 배울 수가 있었지만 반면에 좋지 못한 점도 많이 배웠다는 것을 철이 들어서야 알게 되었습니다.

바른 기도는 사람에게서 배우지를 못합니다. 우리 예수님으로부터 배워야 합니다. 그래서 제자들이 예수님께 기도를 가르쳐 달라고 한 것입니다. 제자들은 어릴 때부터 모두가 회당의 집회와 가정에서 부모로부터 기도를 어떻게 해야 하는지 배우면서 자랐습니다. 유대의 아이들치고 그런 교육을 받지 않고 자란 아이는 하나도 없었습니다. 당시의 유대 랍비들은 기도에 대하여 매우 자상한 규칙과 절차를 만들어서 어린 자녀들에게 가르쳤습니다.

예를 들어, 기도할 때는 옷을 어떻게 입어야 하고, 자세는 어떠해야 하며, 몸을 앞뒤로 흔드는 것은 어떻게 하고, 적당한 가락을 섞는 것은 어떻게 하는 것이 좋은가 등을 가르쳤습니다. 또 하루에 적어도 세 번 정도는 기도하라고 가르쳤고, 장소도 엄격히 규정해 주었습니다. 더 놀라운 것은 기도할 때 함부로 입을 열지 못하도록 하기 위하여 열여덟 가지의 기도문을 만들어 그것을 철저하게 외우도록 하였습니다. 그러니 제자들은 기도를 모르는 사람들이 아니었습니다. 제자들은 기도를 다 아는 사람들이었고 기도하는 생활에 젖어 있던 사람들이었습니다.

그럼에도 불구하고 그들은 예수님께서 기도하시는 모습을 보면서 깨달은 것이 있었습니다. 주님의 기도는 그들이 그때까지 배워 왔던 기도와는 다르다는 것을 발견했던 것입니다. 형식적으로 몇 마디 외우는 기도가 아니라, 소리를 내어서 흔들거리며 나누는 기도가 아니라, 주님의 기도에는 무엇인가 다른 점이 있었습니다. 주님이 기도하시는 모습을 볼 때 정말로 살아 계신 하나님과 만난다는 것을 그들은 역력히 알 수 있었고, 억지로 틀에 박힌 기도를 하는 것이 아니라 그야말로 자신의 전 인격을 하나님 앞에 쏟아 놓는 기도를 하고 계신다는 것을 알았습니다. 예수님의 기도야말로 하나님과의 실제적인 만남이고 축복이며, 실제적인 은혜 자체였습니다. 그래서 나도 저렇게 기도할 수 없을까 하는 생각으로 예수님께 기도를 가르쳐 달라고 한 것입니다. 여러분은 어떻습니까? 여러분의 기도는 너무 형식적인지 모릅니다. 마음에 없는 기도를 하는지 모릅니다. 적당히 때우는 기도인지도 모릅니다. 이와 같은 기도에 젖어 있는 여러분이라면 분명히 주님으로부터 기도를 배워야 합니다.

오직 예수님만이 바른 기도가 어떤 것인지 가르쳐 줄 수 있는 유일한 권위자입니다. 주님은 제자들의 요청에 따라 주기도문을 가르쳐 주셨습니다. 주기도문은 그 자체가 완전한 기도입니다. 동시에 모든 기도의 기초가 되고 지침이 되는 완전한 모형입니다.

많은 교회에서 매 주일 예배 때마다 주기도문을 찬송으로 하나님께 드립니다. 또 우리는 대부분 주기도문을 외우고 있습니다. 그런데 우리 자신이 알게 모르게 깊은 함정에 자주 빠지는 것을 봅니다. 그것은 주기도문을 외울 때마다 조금만 긴장을 풀면 마태복음 6장 7절 이하에서 주님이 엄히 경고한 중언부언의 기도가 되어 버린다는 것입니다. 중언부언하는 기도란 빈말을 많이 하는 기도입니다. 주님은 이런 기도를 금하셨습니다. 이는 이방인들이 우상 앞에서나 하는 기도라고 하였습니다. 주님은 우리가 중언부언하는 기도를 못 하도록 주기도문을 가르쳐 주셨는데, 우리는 엉뚱하게도 그 주기도문을 중언부언하는 기도의 도구로 삼고 있는 것입니다.

제가 시무하는 사랑의교회 근처에서는 아침마다 염불 소리가 들립니다. 가만히 들어보면 꼭 같은 말을 수십 번 반복하는데, 그것이 우상 앞에서 하는 기도입니다. 하나님은 그런 기도를 일절 금하시고 이

방인과 같이 중언부언하지 말라고 했습니다. 그런데 우리는 주기도문을 너무 잘 알고 있고 너무 많이 외우다 보니 아무 생각 없이 형식적으로 기도하는 일들이 얼마나 많이 있습니까? 따라서 주기도문을 외우는 사람이 꼭 기도하는 사람이라고는 말할 수 없습니다. 아무리 꾀꼬리 같은 목소리로 주기도문송을 완벽하게 찬양한다고 해도 그 사람이 꼭 기도하는 사람이라고는 말할 수가 없습니다. 우리는 모두 주기도문을 가지고 중언부언하며 기도하는 습관에 빠진 것을 하나님 앞에 부끄럽게 생각해야 합니다.

주기도문을 주신 목적은 잘 암송하라는 데 있지 않습니다. "예수께서 이르시되 너희는 기도할 때에 이렇게 하라"(눅 11:2상). 즉, 기도하는 방식을 견본으로 보여 주신 데 목적이 있습니다. 주기도문을 한 자도 빼지 말고 그대로 외우라는 데 있지 않습니다. 이런 의미에서 주기도문은 모든 기도의 뼈대가 됩니다. 이 뼈대를 놓고 거기에다가 살을 붙이는 것은 우리가 할 일입니다. 주기도문을 통하여 기도의 뼈대를 알고 우리는 거기에 살을 붙입니다. 그래서 다양한 우리의 기도를 하나님 앞에 드릴 수 있는 것입니다.

우리는 주기도문을 통해서 하나님의 의중을 알 수 있습니다. 하나님이 원하시는 뜻은 그의 이름이 높임을 받는 것이요, 자기의 뜻이 땅위에 이루어지는 것이요, 하나님의 나라가 이 땅 위에 성취되는 것입니다. 따라서 우리는 하나님께서 밝혀 주신 그 뜻에 일치하도록 기도해야 합니다. 나의 어떤 요구를 들고 가서 끝까지 그것을 관철하겠다는 몸부림의 기도가 아니라, 주기도문을 통하여 하나님이 가장 원하시는 큰 뜻이 무엇인지 발견하고 그 뜻에 맞는 기도를 해야 하는 것이 우리의 입장입니다. 그것을 위해서 주기도문을 가르쳐 주셨습니다.

우리가 세상을 살 동안 하나님 앞에 드려야 할 기도가 얼마나 많이 있습니까? 그러나 주기도문을 보면 그 많은 내용이 세 가지 제목 속에 다 포함되는 것을 알 수 있습니다. "우리에게 일용할 양식을 주시옵소서", "우리의 죄를 용서해 주시옵소서", "우리를 시험에 들지 않게 하시옵소서" 이 세 가지입니다. 여기서 우리는 일용할 양식 이상의 욕심은 내지 말아야 한다는 것을 배웁니다. 또 죄 용서함을 받으려면 다른 형제들의 죄도 용서해 주어야 한다는 것도 배웁니다. 이러한 기도의 원리를 배운 사람이 제 욕심대로 기도할 수 있습니까? 이렇게 하나님이 가르쳐 주신 가장 중요한 기도의 내용은 다 잊어버리고 자기 속에서 나오는 대로 기도를 드린다면 그 기도는 올바른 기도라고 말할 수 없습니다.

주기도문은 우리 기도의 지침입니다. 모든 기도의 모범입니다. 주기도문을 잘 아는 사람은 자기가 어떻게 기도해야 하는가를 잘 아는 사람입니다. 여러분의 기도를 한번 생각해 보십시오. 하나님의 뜻을 항상 염두에 두고 하는 기도입니까? 아니면 자기 자신의 욕구불만을 채우기 위한 몸부림입니까? 만약 후자의 기도를 하고 있다면 여러분은 기도를 잘못 배워도 보통 잘못 배운 사람이 아닙니다. 주기도문을 통해서 주님의 기도를 배우십시오.

셋째로, 주기도문을 통해서 무엇이 올바른 기도인가를 배운 사람은 반드시 기도해야 한다는 사실입니다. 기도는 우리의 신앙생활 그 자체입니다. 예수님을 믿는 사람이 무시로 기도하지 않고서는 생명을 유지할 수 없습니다. 하나님의 자녀는 기도해야만 살 수 있습니다. 기도는 우리의 존재 그 자체입니다. 하나님이 그렇게 만들어 놓았습니다. 그러므로 은혜를 받았다고 하면서 기도를 하지 않으면 그 은혜는 엉터리요, 중생받았다고 하면서 기도생활을 등한히 하면 그 사람의 중생은 어딘지 모르게 이상한 중생입니다. 교회는 열심히 다니면서 기도생활을 등한히 하면 그 사람은 진짜 병든 사람입니다. 어딘가 잘 못되어 있다는 증거입니다.

로이드 존스(David Martyn Lloyd-Jones, 1899-1981)는 "인간은 무릎을 꿇고 하나님과 마주하고 앉을 때 가장 위대하고 가장 높아진다"라고 했습니다. 기도는 그만큼 우리에게 굉장한 긍지요, 영광을 안겨 주는 일입니다. 할 수 없어서 억지로 하는 것이 아닙니다. 기도할 때 우리는 하나님이 얼마나 전지전능하신 분인지 체험하게 됩니다. 하나님은 개개인의 기도를 다 들으시는 전능자이십니다. 아무리 현명한 왕이라 해도 세 사람 이상을 놓고 상담을 못합니다. 그러나 우리 하나님 아버지는 언제든지, 몇 번이든지, 무한정으로 우리의 기도에 귀를 기울이고 들어주는 전지전능하신 분입니다.

기도해야 할 사람이 기도하지 않으면 영적 실어증에 걸립니다. 영적 갈등에 빠집니다. 그리고 나중에는 영적으로 무감각한 사람이 됩니다. 주님이 주기도문에서 우리에게 보여 주신 원리와 방법에 따라 날마다 기도합시다. 얼마나 기도할 제목이 많습니까? 어떤 형식에 구애받아 억지로 하는 기도가 아니라 성령 안에서 무시로 기도하는 사람이 되어야 합니다. 주님처럼 기도하는 사람이 됩시다. 다음의 시편 말씀을 기억하십시오.

> 여호와께서는 자기에게 간구하는 모든 자 곧 진실하게 간구하는 모든 자에게 가까이 하시는도다_시 145:18

> 여호와께서 내 음성과 내 간구를 들으시므로 내가 그를 사랑하는도다 그의 귀를 내게 기울이셨으므로 내가 평생에 기도하리로다_시 116:1-2

2

아빠라고
부르세요

예수님께서 아버지라고 부르시던 그 하나님이
이제는 우리에게 아버지가 되셨다는 것을 주님께서 선언하셨습니다.
예수님을 믿는 자의 마음속에는 성령이 임하여 계십니다.
성령은 우리 안에서 항상 하나님을 아빠 아버지라고 부르게 하십니다.

마태복음 6:9

그러므로 너희는 이렇게 기도하라 하늘에 계신 우리 아버지여
이름이 거룩히 여김을 받으시오며

아빠라고
부르세요

예수님과 동거하기 시작한 제자들은 예수님이 날마다 기도하시는 모습을 곁에서 지켜볼 수 있었습니다. 그때 그들은 평소에 자기들이 알고 있던 기도와 예수님의 기도가 다르다는 것을 느끼게 되었습니다. 자신들의 기도와 예수님의 기도 사이에는 질적인 차이가 있다는 것을 스스로 깨달은 것입니다. 대체 무엇을 보고 예수님의 기도가 다르다고 생각했습니까? 저는 하나님을 부르는 호칭에서 가장 눈에 띄는 점이 나타났다고 생각합니다. 왜냐하면 예수님은 기도 시간에 항상 하나님을 아버지라고 불렀기 때문입니다. 성경에 나오는 예수님의 기도를 망라해서 살펴보면 한 가지를 제외하고는 하나님을 '아버지, 아빠 아버지'라고 불렀습니다.

신약성경 학자로 유명한 요아킴 예레미아스(Joachim Jeremias, 1900-1979)라는 분이 있습니다. 그가 많은 유대 문헌을 검토해 보고 결론짓기를 예수님 당시까지 하나님을 아버지라고 부른 사람은 예수님 외에는 한 사람도 없었다고 했습니다. 그리고 예수님처럼 기도 시간에 하나님을 아빠 아버지라고 부르면서 매달린 사람도 없었고 또 예수님처럼 제자들을 보고 기도할 때 하나님을 아버지라고 부르라고 가르쳐 주신 분도 없었다고 그는 결론을 내렸습니다.

예수님께서 하나님을 아버지라고 부르지 못한 기도가 성경에 꼭 한 군데 있습니다. 그가 십자가상에서 인간의 모든 죄를 짊어지시고 무서운 고통과 고독에 빠져 있을 때 하나님을 향하여 "엘리 엘리 라마 사박다니", 즉 "나의 하나님, 나의 하나님 어찌하여 나를 버리셨나이까"(마 27:46 참조) 하는 기도를 하셨습니다. 바로 그때 주님은 아버지라고 부르는 대신 하나님이라고 불렀습니다. 인간의 죄를 홀로 짊어지고 십자가에서 저주받은 몸이 되어서 하나님의 진노의 잔을 마시는 순간에 예수님은 하나님과 완전히 단절된 흑암의 세계에 홀로 서 계셨습니다. 그런 자리에서 하나님을 감히 아버지라고 부를 수가 없었던 것이 틀림없습니다.

그러나 이 한 가지 예외를 빼놓고는 예수님은 언제나 기도 시간에 하나님을 아버지라고 불렀습니다. 겟세마네 동산에서 하나님 앞에 통곡하며 눈물을 흘리실 때도 "아빠 아버지여"라고 하시며 간절히 매달렸습니다. 하나님을 이처럼 다정하게 부르시는 예수님의 모습을 보고 제자들은 큰 충격을 받았던 것이 틀림없습니다.

예수님이 특별히 아버지라고 부르는 이 호칭은 우리나라에서 격식을 차려서 부르는 소위 "아버님"과는 다릅니다. 예수님은 그 당시에 아람어를 사용하셨습니다. 주님께서 아람어로 "아빠 아버지"라고 부른 것은 오늘날 어린아이들이 아빠의 손을 끌면서 천진난만하게 "아빠" 하고 부르는 것과 같은 어감입니다. 그러나 유대인들에게 있어서 하나님을 아빠 혹은 아버지라는 호칭으로 부르는 것은 대단히 불경한 것이었습니다. 하나님의 신성을 모독하는 죄로 여길 만큼 이것은 생각할 수도 없는 행동이었습니다. 따라서 예수님이 하나님을 아버지라고 부르는 것을 본 제자들은 충격이 컸을 것입니다. 유대교 지도자들이 예수님을 경멸하고 증오한 것도 사실은 예수님이 하나님을 언제나 아빠라는 어감을 담아 아버지라고 불렀다는 데 그 이유가 있었습니다.

하나님을 아버지라고 호칭하는 경우가 구약성경에 없는 바가 아닙니다. 그러나 그것은 특별한 예외에 속할 뿐 유대인들의 일반적인 호칭과는 거리가 멀었습니다. 그들은 하나님을 거룩하신 분, 죄를 가만히 두시지 않고 징계하시는 분, 항상 노여워하시고 근엄하신 분으로 생각하고 있었습니다. 그렇기 때문에 그들이 하나님 앞에 입을 열고 찬송하고 또 허리 굽혀 경배를 드릴 때도 하나님과 언제나 일정한 거리를 두고 있었습니다. 그래서 주님이 이렇게 지적하신 일이 있습니다.

이 백성이 입술로는 나를 공경하되 마음은 내게서 멀도다_마 15:8

입으로는 '주여, 주여' 하지만 마음은 주님을 멀리 떠나 있던 유대인들에게 하나님을 '아빠 아버지'라고 부르시던 예수님의 처사가 대단한 충격으로 받아들여졌을 것입니다.

이런 점에서 우리 주님의 기도는 독특한 면이 있었습니다. 그래서 주기도문을 가르치실 때 "하늘에 계신 우리 아버지"를 부르라고 하신 것입니다.

밀러(James Russell Miller, 1840-1912)라는 학자는 주기도문 첫머리에 나오는 "하늘에 계신 우리 아버지여"라는 이 말을 기도의 황금문이라고 정의했습니다. 누구나 하나님 앞에 다가가기를 원하는 사람은 이 황금문을 통과해야 합니다. 하나님 앞에 가서 자신의 마음을 털어놓고 하나님과 깊은 영적 교제를 나누기 원하는 사람은 예수님처럼 이 황금문을 통과해서 하나님 앞에 서야 합니다. 하나님은 자기를 아버지라고 부르는 자녀를 끌어안으시고 그 입으로 하는 모든 말에 귀를 기울이시며 응답해 주십니다. 황금문을 닫아 놓고 있으면 안 됩니다. 언제나 이 황금문을 활짝 열고 들어가는 사람이 되어야 합니다. 달리 말하면, 예수님처럼 주저하지 말고 하나님을 '아빠 아버지'라고 부르면서 가까이 다가가야 한다는 말입니다.

예수님의 열두 제자만 하나님을 아버지라고 부르는 특권이 있는 것이 아니라, 오늘날 우리도 하나님을 향해서 아버지라고 부를 수 있는 특권이 있습니다. 예수님께서 부활하신 다음에 마리아를 통해서 제자들에게 전하라고 주신 메시지 가운데 나타나 있는 말씀입니다.

> 너는 내 형제들에게 가서 이르되 내가 내 아버지 곧 너희 아버지, 내
> 하나님 곧 너희 하나님께로 올라간다 하라 하시니_요 20:17하

예수님께서 아버지라고 부르시던 그 하나님이 이제는 우리에게 아버지가 되셨다는 것을 주님께서 선언하셨습니다. 이 사실을 가르쳐 주는 성경 말씀이 두 군데 더 있습니다. 이 말씀에서 우리도 하나님을 아버지라고 부를 특권을 소유하고 있다는 것을 잘 알 수 있습니다.

> 무릇 하나님의 영으로 인도함을 받는 사람은 곧 하나님의 아들이라
> 너희는 다시 무서워하는 종의 영을 받지 아니하고 양자의 영을 받았
> 으므로 우리가 아빠 아버지라고 부르짖느니라_롬 8:14-15

> 너희가 아들이므로 하나님이 그 아들의 영을 우리 마음 가운데 보내
> 사 아빠 아버지라 부르게 하셨느니라_갈 4:6

예수님을 믿는 자의 마음속에는 성령이 임하여 계십니다. 성령은 우리 안에서 항상 하나님을 아빠 아버지라고 부르게 하십니다. 예수님을 안 믿는 분에게 하나님을 아버지라고 불러 보라고 하면 절대로 그렇게 부르지 못합니다. 여러분이 입을 열어서 하나님을 향해 아버지라고 부릅니까? 그것은 여러분 안에서 성령이 역사하고 계신다는 증거입니다.

기도를 많이 하시는 분을 보면 참 어린아이와 같습니다. 머리가 하얘진 나이 많으신 분이나 혹은 점잖은 분이라도 일단 무릎을 꿇고 하나님 앞에 앉으면 완전히 어린아이가 되어서 아버지 아버지하고 매달리는 것을 볼 수 있습니다. 하나님 앞에서 어린아이 아닌 사람이 어디 있습니까? 나이가 므두셀라처럼 969살을 먹어도 하나님 앞에서는 철없는 어린아이에 지나지 않습니다(창 5:26 참조). 육신의 나이가 많은 것이나 인품이 점잖은 것이 하나님 앞에 큰 의미가 없습니다. 우리는 항상 하나님의 자녀에 지나지 않습니다.

예수님은 제자들에게 하나님을 아버지라고 부르게 하셨을 뿐 아니라, "하늘에 계신 아버지"라고 부르게 하셨습니다. 여기에서 하늘이라는 단어는 복수입니다. 하늘이 아니고 하늘들입니다. 우리나라 말은 원래 복수가 분명하지 않아서 성경에는 그대로 하늘이라고 번역했지만, 원래는 하늘들에 계시는 아버지입니다. 그렇다고 해서 하늘이 여러 개라는 의미로 사용되었다고 말하는 것은 좀 지나칩니다. 하늘이 여러 개일 수도 있습니다. 궁창과 궁창 위에 또 궁창이 있을 수도 있습니다. 그러나 주님께서 기도하실 때 하나님을 하늘에 계신 아버지라고 부르게 한 것은 하늘에 계신다는 말이 특별한 의미를 지니었기 때문입니다.

첫째는 어디에나 계시는 무소부재의 하나님이심을 뜻하고 있습니다. 땅에 충만한 것은 말할 필요가 없고, 온 하늘에 충만하신 그분이 바로 우리 아버지입니다. 우리 마음속에는 물론 마음 밖의 세계인 이 세상 어디에도 하나님이 계시지 않는 곳이 없습니다. 우리는 하나님을 아버지라고 부르기 위해서 특별히 어떤 장소를 구분하고 시간을 약속해서 찾아갈 필요가 없습니다. 어디서나 우리는 그분을 만날 수 있습니다. 만나서는 언제든지 아버지라고 부를 수 있습니다.

또 이 '아버지'라는 말속에는 자식을 무척이나 사랑해서 무엇이나 해 주기를 원하시는 사랑의 하나님이라는 의미가 담겨 있습니다. 한마디로 우리 아버지 되신 하나님은 우리를 죽도록 사랑하시는 분입니다. 그래서 죽으셨습니다. 우리를 아주 사랑하신 나머지 예수 그리스도를 통해서 죽으셨습니다. 그 사랑이 지금도 변함이 없어서 우리의 머리카락까지 다 헤아리시며 한순간도 눈을 돌리지 아니하신다고 하셨고, 우리에게 좋다고 생각되는 것이면 구하기도 전에 다 허락하시는 아버지라고 성경은 말씀합니다(마 6:25-34; 눅 12:7 참조).

자식을 끔찍이 사랑하는 아버지는 자식에게 아끼는 것이 없습니다. 아들이 아빠와 비슷한 키가 될 정도로 자라면 아빠 것이 따로 없고 자식 것이 따로 없습니다. 아들은 멋있어 보이는 아빠 옷을 입어봅니다. 그럴 때 아들을 불러 놓고 왜 아빠 옷을 입느냐, 왜 아빠 구두를 신느냐 하고 따지며 호통을 치는 아버지가 있습니까? 아빠의 심정은 자식을 위해서라면 무엇이라도 다 주고 싶은 것입니다. 사랑 때문에 그렇습니다. 우리 하나님이 바로 그런 분입니다.

그런데 교회 안에서 하나님을 아버지라고 부르면서도 유대인과 같은 사람이 있습니다. 유대인들은 하나님을 '아도나이'라고 불렀는데, 그때마다 일정한 거리를 두고 하나님께 예배했습니다. 그러나 그들은 우리처럼 하나님을 아버지라고 부르지 않았으니까 그렇게 거리감이 있어도 어색하지 않았을지도 모릅니다. 그런데 오늘날 하나님을 곧잘 아버지라고 부르면서 마음은 남남인 것처럼 되어 있는 사람들이 교회에 많이 있습니다. 매우 안타까운 현상입니다. 차라리 유대인처럼 아버지라고 부르지 않는다면 덜 민망할지 모르겠습니다.

가끔 아버지와 아들 사이에 대화가 통하지 않는 불행한 가정이 있는 것을 봅니다. 부모 앞에 와서는 아버지라고 인사를 하지만 그저 사무적인 말만 하고 빨리 자리를 피하려는 아들이 적지 않다는 것을 알고 있습니다. 그런데 교회 안에서도 하나님과 이런 관계를 유지하는 사람이 있다는 것은 참 불행한 일입니다. 이것이야말로 얼마나 답답한 일입니까? 그러면 어떻게 이 문제를 해결할 수 있습니까? 우리의 마음이 변화를 받아야 합니다. 그 방법을 가르쳐 드리기 위해 저는 별로 하고 싶지 않은 이야기를 하나 해야겠습니다.

저는 어린 시절부터 아버지에게 정을 별로 느끼지 못하고 자란 불행한 아들 중의 하나였던 것 같습니다. 아마 저에게 더 큰 원인이 있었을 것입니다. 아버지는 매사에 자신의 뜻을 고집하셨고, 저는 아버지의 말씀을 들을 수가 없는 고집 센 자식이었습니다. 아버지는 제가 농사꾼이 되기를 바라셨습니다. 반면에 저는 공부에 관심이 컸고 동시에 교회 생활에 빠져 있었습니다. 아버지는 1년에 겨우 몇 차례 교회에 나가시는, 전혀 믿음이 없는 분이었습니다. 그러한 이유로 초등학교 때부터 저와 아버지 사이에는 항상 긴장이 감돌았고 갈등이 그칠 날이 없었습니다.

그런데 언제부터인지 몰라도 지난날 아버지께서 겉으로 표현은 하지 않으셨지만, 그의 가슴속에 묻어 두고 계셨던 자식에 대한 뜨거운 사랑을 제가 뭉클하게 느낄 때가 많습니다. 언제 그와 같은 기억이 되

살아나는지 아십니까? 어디서 그 사랑이 조용히 스며들면서 가슴을 적시는지 아십니까? 그것은 공사장을 지나가거나 길가에서 땅을 파고 있는 인부들을 만나는 순간입니다. 특히 그들 가운데 반백의 머리를 하고 새까맣게 그을린 얼굴에 비 오듯이 흘러내리는 구슬땀을 훔치며 무거운 짐을 나르거나 땅을 파고 있는 초로의 인부를 발견할 때입니다. 그런 현장을 만나면 저도 모르게 그 자리에 서서 한참 동안 쳐다보는 습관이 생겼습니다. 왜냐하면 그 공사장에는 저의 아버지가 계셨기 때문입니다.

아버지는 시골에서 새벽부터 밤늦도록 일하시는 분이었습니다. 가난한 살림에도 불구하고 저를 고등학교까지 공부시키느라 험한 인생을 사셨습니다. 그래서 힘들게 일하고 있는 사람들을 바라보노라면 새삼스럽게 아버지에 대한 사랑이 제 가슴으로 전해지는 것을 느낍니다. 땀을 비 오듯이 쏟으면서 얼마 안 되는 돈을 버느라고 온종일 뛰는 그 인부들을 보면서 오랫동안 제 가슴에 담지 못했던 아버지의 사랑을 느낍니다. 저는 그런 현장을 오랫동안 지켜보면서 조용히 생각에 잠깁니다. 예수를 너무 늦게 믿어서 하고 싶은 것도 다 못하신 아버지. 그를 대신해서 내가 무엇을 해야 할 것인가를 다시 한번 생각하게 됩니다. 그리고 좋은 아버지를 주신 하나님께 감사하면서 훈훈한 가슴을 안고 그 현장을 떠나는 때가 있습니다.

여러분은 하나님을 아버지라고 부를 때 어떤 감정을 가집니까? 만일 여러분의 가슴에 냉기가 돈다면 한 가지 처방을 드리고 싶습니다. 하나님이 여러분을 사랑하셔서 피눈물을 쏟으면서 십자가를 지고 일하시던 공사장으로 가십시오. 우리를 너무나 사랑하셔서 자신의 모든 것을 송두리째 희생하신 그 공사장에 가서 멀리서나마 하나님 아버지가 피땀 흘리는 모습을 한번 지켜보십시오. 그곳이 어디인지 아십니까? 성경 말씀입니다.

하나님의 말씀을 앞에 놓고 한 장 한 장 읽어보십시오. 여러분을 위해 하나님이 얼마나 고생하고 일하셨는지 알 수 있을 것입니다. 나중에는 생명까지 다 주셨다는 것을 알게 될 것입니다. 그 순간부터 냉랭했던 여러분의 가슴에 다시 뜨거운 사랑이 활활 타오르는 것을 느끼게 될 것입니다. 그럴 때 하나님을 아버지라고 부르는 것은 전혀 이상한 일이 아닙니다. 아빠 아버지라고 부르면 부를수록 둘 사이에는 뜨거운 사랑의 교제가 오고 갈 수 있을 것입니다. 하나님이 여러분을 사랑하사 일하시는 공사장으로 찾아가십시오. 말씀을 멀리 두고 정신없이 세상을 사는 데만 급급하지 마시고 십자가의 현장으로 찾아가시기를 바랍니다.

하나님을 아버지라고 부를 수 있을 만큼 사랑을 마음에 담으십시오. 그리고 그분과 마주 앉으십시오. 그 아버지는 위대하신 하나님, 전능하신 하나님, 무소부재하신 하나님, 한없는 사랑을 쏟아 주기를 원하시는 하나님입니다. 그분이 계시는 이상 우리는 절대로 불행한 사람이 아닙니다. 그분이 내 아버지가 되신 이상 우리는 절대로 가난한 자가 아닙니다. 완전하고 전능하신 그분이 내 아버지가 되신 이상 우리는 절대로 실패자가 아닙니다.

하나님을 아버지라고 부르는 이 감격과 축복을 빼앗기지 마십시오. 그러기 위해서 예수님처럼 기도하는 사람이 됩시다. 아버지라고 부르며 그의 존전으로 부지런히 찾아가는 사람이 됩시다.

3

하나님의 이름은
그분 자신입니다

종교개혁자 칼뱅은 하나님의 이름이 거룩히여김을 받는다는 말을
"하나님께서 받아 마땅한 그 자신의 영광을 받으셔야만 한다"라는 뜻으로 해석했습니다.
달리 말하면, 그 이름에 합당한 영광을 받으시기를 원한다는 뜻입니다.

마태복음 6:9-13

9 그러므로 너희는 이렇게 기도하라 하늘에 계신 우리 아버지여 이름이 거룩히 여김을 받으시오며 10 나라가 임하시오며 뜻이 하늘에서 이루어진 것 같이 땅에서도 이루어지이다 11 오늘 우리에게 일용할 양식을 주시옵고 12 우리가 우리에게 죄지은 자를 사하여 준 것 같이 우리 죄를 사하여 주시옵고 13 우리를 시험에 들게 하지 마시옵고 다만 악에서 구하시옵소서(나라와 권세와 영광이 아버지께 영원히 있사옵나이다 아멘)

하나님의 이름은
그분 자신입니다

우리가 주기도문을 조금만 주의 깊게 살핀다면 충격적인 사실 하나를 발견할 수 있습니다. 그것은 일반적으로 우리가 평소에 드리는 기도와 순서가 다르다는 것입니다.

기도가 무엇입니까? 우리는 기도를 할 때마다 하나님의 도움을 요청하는 절차나 형식으로 이해하는 경향이 많습니다. 그런데 이것은 성경적인 기도의 개념이 아닙니다. 우리나라의 전통적인 종교나 무속 신앙에서 비롯된 영향 탓인지 예수님을 믿는 사람들도 은연중에 그런 생각을 하고 있습니다. 하지만 성경에서 가르쳐 주는 기도의 개념은 절대 그런 것이 아닙니다.

우리의 입장은 어떻습니까? 우리는 눈을 감으면 당장 급하게 구하고 싶은 것이 먼저 마음에 떠오릅니다. 그리고 입을 열자마자 이런저런 하소연이 무의식적으로 쏟아져 나오는 것을 봅니다. 이렇게 우리의 기도는 순서상 우리 자신이 우선입니다. 우리 자신에게 필요한 것을 먼저 구하고 그다음에 따라 나오는 기도의 내용은 일종의 액세서리와 다름없습니다.

그런데 예수님의 기도를 보면 우리의 기도가 어디서 잘못될 수 있는가를 금방 알 수 있습니다. 주님은 우리에게 기도 순서부터 잘못될 수 있다는 것을 가르쳐 주십니다. 예수님의 기도를 보십시오. 최우선 순위는 하나님 자신입니다. 우리가 무릎을 꿇을 때마다 먼저 기도해야 할 내용은 우리 자신을 위한 기도가 아닙니다. 하나님의 영광과 하나님의 뜻과 하나님의 계획을 제일 먼저 기원해야 그 기도가 바른 기도요, 하나님을 기쁘게 하는 기도가 될 수 있습니다. 그래서 주님은 우리에게 다음 세 가지 기도를 가르쳐 주셨습니다.

주의 이름이 거룩히 여김을 받으시오며

주의 나라가 임하시오며

주의 뜻이 하늘에서 이루어진 것 같이 땅에서도 이루어지이다

이런 의미에서 철저하게 자기중심적인 기도는 저질이라고 할 수 있습니다. 너무 지나친 표현을 했는지 모르지만 사실은 그렇습니다.

그러므로 염려하여 이르기를 무엇을 먹을까 무엇을 마실까 무엇을 입을까 하지 말라_마 6:31

주님은 무엇을 먹을까, 무엇을 마실까, 무엇을 입을까 하는 염려를 하지 말라고 하십니다. 사실 자기중심적인 기도는 전부 이 범주 안에 포함됩니다. 그러므로 자기를 위한 기도에만 몰입하는 것은 살아 계신 하나님을 상대로 하는 기도라고 하기에는 부끄러운 점이 많습니다. 그것은 이방인들이 하는 우상을 향한 기도와 별다른 점이 없기 때문입니다. 만일 하나님의 자녀가 아버지 하나님께는 관심이 없고 순

전히 자기 자신만을 위해서 기도한다면 그런 기도는 하나 마나 한 기도라 해도 과언이 아닐 것입니다.

지극히 상식적인 예를 한 가지 들어봅시다. 우리의 가정에서 자식이 아침에 일어나자마자 "오 아버지 어머니, 오늘도 아침밥을 주옵시고 마실 것을 주옵시며 입을 것을 주옵소서"라고 말하는 자녀를 본 적이 있습니까? 세상에 그런 자녀가 어디 있습니까? 아무리 가난한 부모라 해도 자식이 배가 고플 때는 밥을 주어야 한다는 것을 알고 있고, 옷이 없으면 옷을 주어야 한다는 것을 알고 날씨가 추워지면 코트를 입혀야 한다는 것을 압니다. 자녀는 이 점에 대해 부모를 완전히 신뢰합니다.

세상의 어떤 악한 아버지도 자식에게 무엇이 필요하다는 것을 다 알고 있습니다. 하물며 선하신 하나님, 살아 계신 하나님, 우리의 생명이 되신 그분이 자기 자녀의 필요를 모르시겠습니까? 그러므로 날마다 자기 욕망을 채우기 위해 구하는 기도는 저질이라는 것입니다. 그러면 우리는 어떤 기도를 드려야 합니까? 산상수훈에서 주님은 이렇게 가르치십니다.

너희는 먼저 그의 나라와 그의 의를 구하라_마 6:33상

이 말씀이 바로 주기도문의 초반부에 나오는 기도 내용과 일치합니다. 자기중심의 기도를 할 것이 아니라 하나님 중심의 기도를 하라는 것입니다. 우리는 이런 의미에서 주기도문을 통해 우리의 기도를 많이 바로잡아야 한다는 것을 깨닫게 됩니다. 그렇다고 우리 자신을 위한 기도를 하지 말라는 의미가 아닙니다. 기도의 잘못된 우선순위와 편협한 강조점을 바로잡아야 한다는 것입니다.

그러면 하나님을 위한 기도 중에 가장 중요한 기도 제목이 무엇입니까? 주님은 "그의 이름이 거룩히 여김을 받으시기를 구하는 것"이라고 가르쳐 주셨습니다. "하나님의 이름이 거룩히 여김을 받으시옵소서"라는 것은 사실 그 의미가 쉽지 않습니다. 하나님의 이름이 무엇입니까? 하나님께서는 자기 자신을 인간에게 알려 주시면서 주로 이름을 사용하셨습니다. 성경에 나오는 하나님에 관한 이름은 제가 아는 것만 해도 수십 개입니다. 어떤 학자는 수백 개가 된다고 주장합니다. 그런데 그 이름들은 제각기 하나님이 어떠한 분이신가를 계시하는 상징으로 사용되고 있습니다.

예를 들면, 천지만물을 만드신 창조주 하나님으로 자기를 소개하실 때는 '엘로힘', 우주를 다스리시는 하나님으로 소개하실 때는 '엘엘룐', 구원자로서 자기를 보여 주실 때에는 '여호와', 인간의 생사화복을 주관하는 절대주권자로 자기를 알려 주실 때는 '아도나이', 영원한 구원자로서 자신을 보여 주실 때는 '메시아', 또 우리에게 가장 은혜로운 이름 '예수' 등. 이렇게 자신을 이름에 담아서 우리에게 가르쳐 주시는 분이 하나님입니다. 하나님의 이름은 바로 하나님 자신의 전인격을 나타내는 귀중한 상징입니다.

사람은 누구나 고유한 자기 이름을 가지고 있습니다. 그러나 이름과 인격이 반드시 일치하는 것은 아닙니다. 요즈음 신문지상을 보십시오. 지탄의 대상이 되는 분들의 이름이 얼마나 그럴듯합니까? 그러나 하나님은 그렇지 않습니다. 하나님의 이름은 바로 그분의 인격 자체입니다. 그래서 우리가 성경을 보면 하나님 자신이 곧 그 이름인 것처럼 표현하는 곳도 많이 있습니다.

은과 금은 내게 없거니와 내게 있는 이것을 네게 주노니 나사렛 예위의 말씀에서 우리는 그 이름 자체가 바로 하나님이신 그리스도이심을 알게 됩니다. 이와 같이 하나님의 이름이 하나님 자신에게 그만큼 중요하기 때문에 그의 이름을 모독하는 자를 율법에서는 사형에 처하도록 했습니다.

여호와의 이름을 모독하면 그를 반드시 죽일지니 온 회중이 돌로 그를 칠 것이니라_레 24:16상

정말 무시무시한 말씀입니다. 그만큼 하나님에게는 그의 이름이 절대적입니다. 율법 중의 율법이라는 십계명에서도 "여호와의 이름을 망령되게 부르지 말라"(출20:7; 신5:11 참조)라고 경고하고 만약에 그렇게 할 경우에는 범죄로 간주하겠다고 말씀하십니다. 하나님의 이름은 그분 자신입니다.

그렇다면 하나님의 이름이 거룩히 여김을 받으시기를 원한다는 기도의 의미는 무엇입니까? 저도 그 의미를 분명히 알고 기도드리는 때는 그렇게 많지 않습니다. 몹시 어려운 의미이기 때문입니다. 거룩히 여김을 받으신다는 것은 오해의 소지가 있습니다. 그것은 마치 하나님께서 우리의 기도를 통해서 자기 자신이 점점 거룩해질 필요가 있는 것처럼 잘못 생각할 수 있습니다. 하나님은 절대 그런 분이 아닙니다. 하나님은 우리의 기도를 통해 거룩해질 필요가 전혀 없는 완전한 거룩 그 자체입니다.

그뿐만 아니라 우리가 의미를 잘 모르고 기도하면 마치 "오 하나님이여, 당신의 이름이 더럽혀지지 않도록 항상 조심하시기를 바랍니

다"라는 의미로 들리기도 합니다. 하지만 하나님이 조심할 필요가 있는 분입니까? 물론 인간이 교만해서 하나님의 이름을 모욕하고 하나님의 이름을 훼방하기도 하지만 그렇다고 하나님 편에서 자기 이름이 더럽혀질까 봐 경계하고 조심해야 할 이유는 전혀 없습니다. 그는 자기의 거룩과 영광이 함부로 짓밟히게 내버려 두지도 않으실 뿐 아니라 그 문제를 불안해할 만큼 불완전한 분이 아닙니다. 그는 자존하시는 절대자입니다.

종교개혁자 칼뱅(John Calvin, 1509-1564)은 하나님의 이름이 거룩히 여김을 받는다는 말을 "하나님께서 받아 마땅한 그 자신의 영광을 받으셔야만 한다"라는 뜻으로 해석했습니다. 달리 말하면, 그 이름에 합당한 영광을 받으시기를 원한다는 뜻입니다. 이 기도는 하나님께 합당한 영광과 찬송을 돌림으로 주의 이름이 온 땅에서 높임을 받으시기를 원한다는 우리의 소원을 나타내는 기도입니다.

하나님의 이름이 거룩히 여김을 받도록 하는 것이 얼마나 중요한지 알기 위해서 우리가 꼭 기억해야 할 구약의 사건이 하나 있습니다. 모세가 애굽에서 종노릇하던 수백만의 이스라엘 백성을 이끌고 신 광야라는 황폐한 땅으로 들어왔을 때 일입니다. 백성들이 그곳에 도착했을 때 갑자기 식수가 끊어져 대소동이 일어났습니다. 그들은 갈증을 참지 못해서 고통받았습니다. 급기야는 모세를 향해서 갖은 욕설과 원망을 쏟아 놓았습니다. 모세는 화가 났습니다. 하나님이 홍해를 가르고 수많은 기적으로 인도하신 것을 눈으로 보면서도 하나님께 불평하고 대드는 백성들에게 모세는 매우 화가 났습니다. 견디다 못한 모세가 하나님 앞에 꿇어 엎드렸는데 그때 하나님이 이런 말씀을 하셨습니다.

지팡이를 가지고 네 형 아론과 함께 회중을 모으고 그들의 목전에서
너희는 반석에게 명령하여 물을 내라 하라 네가 그 반석이 물을 내
게 하여 회중과 그들의 짐승에게 마시게 할지니라_민 20:8

그런데 모세는 반석 앞으로 가서 하나님이 명령하신 대로 하지 않
고 자기 분풀이를 하고 말았습니다. "반역한 너희들아, 내가 너희를
위해 이 반석에서 물을 내어 먹여 주랴" 하는 식으로 말하며 지팡이를
가지고 자기 능력을 과시하듯 반석을 두 번 쳤습니다(민 20:10-11 참조).
하나님의 명령과 다른 행동을 한 것입니다. 그런데 반석에서 물이 쏟
아져 나왔습니다. 그때 백성들이 환호성을 지르며 덤벼들어 물을 마
시는 드라마가 연출되었습니다. 아무리 하나님의 손에 크게 쓰임을
받는 위대한 종이라 할지라도 감정이 폭발하면 자기 자신을 잊어버리
는 때가 있지 않습니까? 모세도 인간이니 당연히 그럴 수 있었을 것입
니다.

그러나 하나님은 그를 용서하시지 않았습니다. 모세가 지팡이로
반석을 때려서 물을 내는 것은 백성들의 눈에 물을 주시는 자가 하나
님이 아니라 모세 자신인 것처럼 비치게 한 것입니다. 하나님이 그 점
을 죄로 인정하셨습니다. 얼마 후에 하나님이 모세에게 이렇게 말씀
하셨습니다.

너희가 나를 믿지 아니하고 이스라엘 자손의 목전에서 내 거룩함을
나타내지 아니한 고로_민 20:12중

이스라엘 백성 앞에서 하나님의 거룩을 나타내지 아니하였다는 말
은, 주기도문에 있는 내용을 적용한다면 하나님의 이름이 거룩히 여

김을 받도록 하지 않았다는 의미입니다. 달리 말하면, 하나님의 이름에 합당한 영광을 돌리는 데 실패했다는 말입니다. 왜 그렇습니까? 물을 주시는 이는 하나님이요, 모세는 하나님이 쓰시는 도구에 지나지 않는데 모세는 마치 자기가 물을 내는 것처럼 행동했기 때문에 하나님의 영광을 가로채는 실수를 저질러버린 것입니다. 이것은 분명히 하나님의 영광보다 자기의 영광을 앞세운 범죄가 아닐 수 없습니다.

그 결과 하나님은 모세에게 가장 무거운 징계를 내리셨습니다. 가나안 땅에 들어가지 못하도록 큰 벌을 내리신 것입니다(민 20:12하 참조). 그가 지도자였기 때문에 잘못에 대한 책임 추궁은 대단히 엄했다고 말할 수 있습니다. 결국 모세는 가나안에 들어가지 못하고 중도에서 하나님의 부름을 받고 세상을 떠났습니다. 우리는 이 사건을 통해서 하나님의 이름에 합당한 영광을 돌린다는 것이 얼마나 중요한 것인가를 명심해야 합니다.

이 문제와 관련하여 하나님 앞에 가책을 받는 것이 있다면 오늘 이 시간 회개해야 합니다. 목사가 되는 것이 왜 힘든지 아십니까? 하나님의 이름을 가지고 일하는 사람의 위치가 왜 어려운지 아십니까? 인기를 누리는 사람일수록 왜 위험한지 아십니까? 하나님의 이름을 잘못 사용하면 자기 영광을 위하여 사용하는 무서운 죄를 범할 수 있기 때문입니다. 그래서 가끔 유명한 목사들이 자기 관리를 잘못해서 말로가 비참해지는 것을 보게 됩니다. 그것은 하나님의 영광을 가로챈 무서운 죄의 결과입니다.

여기서 한 가지 더 알아야 할 것이 있습니다. 하나님의 이름이 거룩히 여김을 받으시기를 기원하는 기도는 바로 우리 자신의 행복을 위한 기도라는 것입니다. 오늘날 세계 곳곳에 있는 여러 나라를 둘러보십시오. 하나님의 이름이 짓밟히는 곳에 인간의 행복이 있는가 살펴보십시오. 하나님의 이름이 영광을 받지 못하는 곳에 인간이 평안하게 살 수 있는지 물어보십시오.

하나님의 이름이 영광을 받으시는 곳에서만 우리는 행복할 수 있습니다. 내일에 대한 희망을 가질 수 있습니다. 하나님의 이름이 높임을 받는 그곳에 평화가 있습니다. 사랑이 있습니다. 정의가 있습니다. 이처럼 하나님의 이름이 영광을 받으신다는 것은 우리 자신을 위해서도 너무나 중요한 문제입니다.

하나님의 이름에 합당한 영광을 돌리기를 원한다는 기도는 하나님의 이름을 더럽히지 않게 해달라는 소극적인 의미도 있지만 이보다 훨씬 더 적극적인 의미를 담고 있습니다.

먼저 그 기도 안에는 하나님의 이름에 합당한 영광을 돌리는 생활을 하겠다는 약속과 결단이 들어 있습니다. 우리가 무릎을 꿇을 때만 그의 이름이 거룩히 여김을 받으시기를 기도하고, 그다음에는 그 기도와 무관한 생활을 한다면 우리의 기도는 거짓말이요 가증한 위선이 되고 말 것입니다. 기도했으면 기도한 대로 사는 사람이 되어야 합니다. 그래야 그 기도는 진실한 기도요, 살아 계신 하나님과의 교통이 됩니다. 하나님의 이름이 거룩히 여김을 받으시기를 바란다고 기도했으면 하나님의 이름이 거룩히 여김을 받으실 수 있도록 우리가 살겠다는 약속과 결단이 그 기도에 포함된다는 사실을 잊지 마십시오. 여기서 우리가 어떤 약속과 결단을 하느냐 하는 것이 중요합니다.

첫째로, 하나님을 더 알기 위한 노력을 아끼지 않겠다는 약속과 결단입니다. 우리는 모르는 사람을 자랑하거나 높일 수 없습니다. 누구든지 어떤 사람을 인정하려면 그에 대해서 알아야 합니다. 하나님께 대해서도 마찬가지입니다. 하나님에 대해서 모르는 사람은 아무것도 말 못 합니다. 모르면서 어떻게 그 이름에 합당한 영광을 돌릴 수 있습니까? 그러므로 하나님께 영광을 돌리기를 원한다면 그분이 어떤 분인가를 매일 말씀을 통하여 배우고 깨달아서 하나님을 더 깊이 체험하는 생활을 해야 합니다.

어거스틴(Augustine, 354-430)은 그의 《참회록》(*Confessiones*)에서 이런 고백을 했습니다.

> "주여, 보시옵소서. 내가 당신을 찾으려고 내 기억 속을 샅샅이 뒤져 보았더니 기억 밖에서는 당신을 찾지 못했습니다. 내가 당신을 깨달 아 안 그날로부터 당신께서 내 속에 거하셨고 나는 내 기억 속에서 당 신을 회상할 때마다 발견하였으며 당신 안에서 기뻐하였나이다."

말씀을 통해 하나님을 계속 알면 알수록 그의 기억 속에 하나님이 계시고 그의 마음속에 살아 계신다는 것을 발견할 수 있었고 하나님을 기뻐할 수 있었다는 고백입니다. 하나님의 말씀을 멀리하는 사람은 하나님에 대해서 알지 못합니다. 하나님에 대해서 알지 못하는 사람은 하나님의 이름에 합당한 영광을 돌리지 못합니다. 하나님의 이름이 높임을 받기를 사모하는 자마다 하나님을 알려고 최선의 노력을 다 기울입니다.

둘째로, 하나님을 항상 마음에 모시고 살겠다는 약속과 결단입니다. 달리 말하면, 하나님과 깊은 신령한 사귐의 생활을 하겠다고 말씀드리는 것입니다. 하나님의 이름이 거룩히 여김을 받으셔야 할 제일 첫 자리는 바로 우리 마음입니다. 마음에서부터 하나님의 영광을 나타내는 삶이 시작되지 않으면 우리는 하나님의 이름에 합당한 영광을 돌릴 수가 없습니다. 다윗을 보십시오. 우리가 다윗처럼 할 수만 있다면 하나님은 날마다 그의 이름에 합당한 영광을 누리시게 될 것입니다.

> 내가 여호와를 항상 내 앞에 모심이여 그가 나의 오른쪽에 계시므로
> 내가 흔들리지 아니하리로다 이러므로 나의 마음이 기쁘고 나의 영
> 도 즐거워하며 내 육체도 안전히 살리니_시 16:8-9

얼마나 멋있는 말씀입니까? 다윗은 하나님을 모시고 항상 그와 깊은 교제를 나누며 살았기 때문에 하나님의 이름에 합당한 영광을 돌릴 수 있었습니다. 우리가 자주 부르는 찬송에도 이러한 내용이 담겨 있습니다. 하나님을 마음에 모시고 기뻐하며 그분의 이름을 존귀하게 여기는 사람의 마음에서 터져 나오는 찬송이지, 하나님에 대해서 관심이 없고 그분과 교제하지 않는 사람은 이런 찬송이 나오지 않습니다. 저는 이 찬송을 너무나 좋아합니다.

> 그 이름 비길 데가 어디 있나
> 잴 수도 없고 셀 수도 없는
> 귀하신 이름 놀라우신 이름
> 참되신 이름 우리 주 예수
>
> 주 예수 이름 내가 생각할 때
> 내 마음속에 기쁨 넘치네
> 우리의 소망 구원 되시는 주
> 그 이름 비길 데 어디 있나
>
> – 복음성가, 〈그 이름 비길 데 어디 있나〉

하나님의 이름은 그분 자신입니다

마음에서부터 하나님의 이름이 너무 좋아 항상 그 이름을 찬송하는 사람은 어디를 가나 주의 이름에 합당한 영광을 돌릴 수 있습니다. 그러기 위해서 우리는 늘 하나님과의 교제에 힘써야 합니다.

셋째로, 하나님의 말씀에 순종하겠다는 약속과 결단입니다. 하나님의 말씀을 거역하는 사람은 그에게 영광을 돌릴 수가 없습니다. 이것은 조금 전 모세의 경우를 보아도 틀림없는 사실입니다. 바울이 순종하지 않는 유대인들을 향하여 "하나님의 이름이 너희 때문에 이방인 중에서 모독을 받는도다"(롬 2:24)라고 책망했습니다. 우리가 하나님의 말씀에 순종하지 않는 생활을 하는 것은 불신자들 앞에서 하나님의 이름을 더럽히는 행위입니다.

주님이 우리를 보고 세상의 빛이라고 하는 이유가 무엇입니까? 빛은 하나님께 순종하는 선한 행실을 말합니다. 우리가 하나님의 말씀에 순종하면 우리의 거룩하고 선한 행실을 보고 불신자들이 하나님의 이름을 높이게 됩니다(마 5:16 참조). 겉으로는 교회를 비판하지만, 그들과 구별되는 고상한 생활을 하고 선한 일에 헌신하는 성도를 보면 마음으로 하나님을 높이고 싶은 생각이 우러나오기 마련인 것입니다.

신앙생활을 하면서 항상 자기 자신의 어떤 욕망이나 축복만을 위해 기도하는 사람이 있습니까? 하나님께 순종하지 않으면서 복을 받는 것은 결국 남을 해치는 생활이라 해도 과언이 아닙니다. 자기가 그만큼 모음으로써 다른 사람이 그만큼 뺏길 수 있기 때문입니다. 그럴 때 손해 보고 뺏기는 사람이 어떻게 하나님께 영광을 돌릴 수 있겠습니까?

웨슬리(John Wesley, 1703-1791)에게 찾아온 어떤 사람이 이렇게 말했습니다. "당신들의 하나님은 나에게 있어서는 악마요." 웨슬리가 그 말을 듣고 얼마나 흥분했는지 모릅니다. 하나님의 말씀에 순종하지 않으면 우리는 하나님의 거룩한 이름을 이중적으로 욕되게 하는 셈이 됩니다. 우리 자신이 순종하지 않아서 하나님을 노엽게 하고, 불신자들이 하나님을 멸시하게 만드는 것입니다. 그러므로 우리는 반드시 말씀 앞에 순종해야 합니다.

넷째로, 성도들과 함께 예배드리는 생활을 최우선에 두겠다는 약속과 결단입니다. 왜냐하면 성도들이 함께 모인 자리에서 하나님의 이름이 높임을 받으시기 때문입니다. 주일날 예배드리는 생활을 중시하지 않고 있다면 우리는 하나님의 이름이 거룩히 여김을 받으시기를 바란다는 기도를 할 자격이 없습니다. 우리는 성도들과 함께 예배드리는 생활을 최우선에 두고 살아야 합니다.

다섯째로, 전도를 통해서 다른 사람도 우리처럼 하나님의 이름에 합당한 영광을 돌리게 하겠다는 약속과 결단입니다. 하나님은 온 우주의 하나님, 전 인류의 하나님입니다. 하나님은 소수의 사람을 통해서만 영광을 받으시는 분이 아닙니다. 할 수 있는 대로 많은 사람이 중생 받고 하나님을 영화롭게 할 수 있어야 합니다. 그러므로 우리가 전도를 하지 않는 것은 하나님의 영광을 축소하는 일이나 다름없습니다.

여기서 지금까지의 내용을 다시 한번 정리해 보겠습니다. 하나님의 이름이 거룩히 여김을 받는다는 의미가 무엇입니까? 그것은 하나님의 이름이 합당한 영광을 받으시기를 원한다는 말입니다. 기도를 하는 사람은 그 기도 속에 하나님께 드리는 자기의 약속과 결단이 있어야 하는데 그 약속과 결단이 구체적으로 무엇을 말합니까? '첫째, 하나님을 아는 일에 더 힘쓰겠습니다. 둘째, 하나님과 깊은 신령한 사귐의 생활을 하겠습니다. 셋째, 말씀에 순종하겠습니다. 넷째, 성도들과 함께 예배드리는 생활을 최우선에 두겠습니다. 다섯째, 전도해서 많은 사람이 하나님께 영광 돌리도록 하겠습니다.' 이 다섯 가지 입니다.

우리가 하나님의 이름에 합당한 영광을 돌리려면 위의 약속과 결단만으로는 부족합니다. 우리는 하나님의 은혜가 없이는 하나님의 이름에 합당한 영광을 돌릴 수가 없기 때문입니다. 하나님을 높이고 영화롭게 하는 일은 우리의 책임이지만, 우리의 힘만으로는 잘할 수 없습니다. "하나님의 이름이 거룩히 여김을 받으시오며"라는 기도에는 우리가 하나님의 이름에 합당한 영광을 돌리는 데 필요한 은혜를 구하는 간청이 들어 있습니다.

성경을 자세히 보십시오. 하나님이 능력을 주셨을 때 사람들은 순종할 수 있었고, 하나님으로부터 성령의 충만함을 받았을 때 그들의 입이 열려 하나님을 찬송할 수 있었습니다. 하나님이 진리의 눈을 열어 주셨을 때 사람들은 하나님과 깊은 신령한 사귐을 할 수 있었으며, 하나님이 원수를 무찔러 주셨을 때 그들은 하나님의 이름을 높이며 기뻐할 수 있었습니다. 우리도 마찬가지입니다. 우리 힘만으로는 하나님의 이름에 합당한 영광을 돌릴 수가 없습니다. 은혜를 받아야 합니다. 주기도문을 드릴 때마다 하나님께 이러한 소원을 드립시다.

주여, 주의 이름이 거룩히 여김을 받으시기를 진심으로 소원합니다. 그러나 제게 능력이 없습니다. 은혜를 주옵소서. 하나님을 날마다 더 알게 하옵소서. 항상 하나님과 동행하는 기쁨을 주옵소서. 하나님의 말씀을 두려워 떨면서 순종하게 하옵소서. 주여, 성도들과 함께 예배하기를 사모하게 하옵시며 복음을 누구에게나 전하게 하옵소서. 그리하면 언제 어디서나 주의 이름을 높이고 찬양하겠나이다.

4

주기도문의
핵심,
하나님 나라

하나님 나라는 예수 그리스도께서 다스리시는 나라를 말합니다.
달리 말하면, 예수 그리스도의 통치권이 미치는 모든 영역을 일컬어서
하나님 나라라고 합니다.

마태복음 6:9-10

9 그러므로 너희는 이렇게 기도하라 하늘에 계신 우리 아버지여 이름이 거룩히 여김을 받으시오며 10 나라가 임하시오며 뜻이 하늘에서 이루어진 것 같이 땅에서도 이루어지이다

주기도문의 핵심,
하나님 나라

이중국적이라는 말을 들어보신 일이 있습니까? 한 사람이 동시에 두 나라의 국적을 소유하고 있을 때 그 사람을 이중국적자라고 합니다. 특별한 예외가 아니면 어느 나라에서도 이중국적을 갖는 것을 허용하지 않습니다. 그런데 예수님을 믿는 사람은 한 사람도 예외 없이 이중국적자입니다. 우리는 대한민국에도 국적이 있고 하나님 나라에도 국적이 있습니다. 바울은 빌립보서에서 우리에게 이렇게 말씀합니다.

그러나 우리의 시민권은 하늘에 있는지라_빌 3:20상

우리의 국적은 하나님 나라에 있다는 말입니다. 우리는 대한민국 국적을 가진 사람이지만 이 세상 나라 국적보다도 하나님 나라의 국적을 훨씬 더 중요하게 생각하는 자들입니다. 이런 의미에서 주기도문 안에 "나라가 임하시오며"라는 기도는 우리에게 대단한 의미를 지니고 있습니다. 우리의 국적이 하나님 나라에 있기에 "하나님이여, 하나님의 나라가 임하기를 빕니다"라는 기도를 쉬지 않고 해야 한다는 것입니다. 만약에 우리가 하나님 나라에 국적이 없다면 그런 기도를 할 자격은 물론, 관심조차도 가질 필요가 없을 것입니다.

흔히들 "나라가 임하시오며"라는 내용은 바로 주기도문의 핵심이라고 말합니다. 그 기도가 주기도문의 가장 중심이 되는 주제가 된다는 말입니다. 그 까닭은 주님이 세상에 오신 목적이 바로 하나님 나라를 세우는 데 있었기 때문입니다. 그래서 예수님이 사역을 시작하면서 제일 먼저 전한 말씀이 "하나님 나라가 가까이 왔느니라"라는 말씀이었습니다(마 4:17 참조). 그리고 예수님이 이 세상에서 사역을 다 마치시고 승천하시기 직전에 제자들과 함께 40일 동안 계시면서 나눈 말씀의 주제도 역시 하나님 나라였습니다(행 1:3 참조). 따라서 예수님은 하나님 나라를 위해서 오셨고, 하나님 나라를 위해 사역을 하셨고, 하나님 나라를 위해 자기 사역을 제자들에게 위임하고 떠나셨습니다. 이런 의미에서 하나님 나라가 주기도문에 있어서 가장 중요한 핵심이라고 말하는 것은 틀리지 않습니다.

하나님 나라는 주기도문에서만 아니라 사복음서를 위시한 신약 전체에 있어서도 중요한 주제입니다. 마태복음에는 천국이라는 단어가 49번 나옵니다. 마태는 하나님 나라라는 이름보다 천국이라는 말을 즐겨 사용했습니다. 그 이유는 마태복음이 유대인을 위한 성경이었기 때문입니다. 유대인은 하나님의 이름을 함부로 아무 데나 붙이지 않습니다. 그래서 하나님 대신에 하늘이라는 말을 붙여서 천국이라고 했습니다. 그러나 마가복음과 누가복음은 헬라인을 위한 성경이기에 하나님의 이름을 조심해서 부를 까닭이 없었습니다. 그들은 하나님 나라라고 바로 번역했는데 마가복음에는 16번, 누가복음에는 38번이나 반복해서 사용하고 있습니다. 이처럼 복음서에서 백여 번 가까이 하나님 나라라는 말이 계속 나오는 이유가 어디에 있습니까? 하나님 나라는 그만큼 성경 전체의 주제가 되고, 예수님 사역의 중심이 되고, 주기도문에 있어서 핵심이 되기 때문입니다.

그러면 하나님 나라라는 말이 어떤 의미가 있는지 살펴보기로 합시다. 영어의 킹덤(Kingdom, 왕국)은 영토를 말합니다. 영토가 없으면 나라의 구실을 하지 못합니다. 영토가 그 나라를 형성하는 데 있어서 얼마나 중요한 것인지는 독도를 통해서 잘 알 수 있습니다. 작은 돌섬에 불과하지만 그것을 끝내 잊지 못해 자기 것도 아니면서 계속 시비를 걸어오는 일본을 보면 영토의 중요성을 충분히 짐작할 수 있습니다. 그러나 하나님 나라는 영토를 의미하는 것이 아닙니다.

한때 중세 교회에서 하나님 나라를 영토의 의미로 해석한 적이 있습니다. 그래서 그들은 하나님 나라를 확장한다는 구실로 성지를 차지하느라 전쟁을 자주 일으켰습니다. 역사가 흐른 다음 오늘날 돌이켜보면 그들이 얼마나 성경을 잘못 해석했는지 알 수 있습니다. 당시 그렇게 잘못 가르친 교회 때문에 얼마나 많은 젊은이가 전쟁터에 나가서 흘리지 않아도 될 아까운 피를 많이 흘렸는지 모릅니다. 하나님 나라는 세상에서 영토를 소유한 세상 왕국을 가리키는 것이 아닙니다.

하나님 나라는 예수 그리스도의 통치를 의미합니다. 그것은 영토가 아니라 통치입니다. 예수님이 다스리시는 것을 하나님 나라라고 합니다. 그래서 예수님의 다스림의 영역 안에 들어오는 모든 세계가 다 하나님 나라로 규정이 됩니다. 예수님의 지배를 받는 모든 영역이 하나님 나라입니다. 영토를 의미하는 것이 아닙니다.

원래 하나님 나라는 하나님의 것이었지만 예수님이 십자가에서 우리 죄를 위하여 돌아가시고 죄와 죽음을 이기고 승리하시자마자 하나님께서 그 통치권을 예수 그리스도에게 위임하셨습니다. 예수님이 부활하신 다음에 제자들 앞에서 "아버지께서 하늘과 땅의 모든 권세를 다 내게 주셨으니"(마 28:18 참조)라고 선언하신 이유가 바로 여기 있었습니다. 그러므로 하나님 나라는 예수 그리스도께서 다스리시는 나라를 말합니다. 달리 말하면, 예수 그리스도의 통치권이 미치는 모든 영역을 일컬어서 하나님 나라라고 합니다.

어느 역사가는 말하기를 "이 지구상에는 역사가 시작된 이래로 21개의 위대한 문명이 꽃피었다가 시들었다"라고 했습니다. 우리는 21개의 문명이 어떤 것인지 잘 모릅니다. 그러나 우리가 알고 있는 이집트만 보아도 과거에는 세계를 지배하던 제국이었지만 이제는 힘없이 약한 나라로 전락해 버렸습니다. 그리스와 바빌론, 로마의 찬란한 문명이 있었지만, 오늘날 그 문명들은 하나의 고고학적 가치나 지닐 뿐, 역사의 그늘 아래 이미 영원히 그 자취를 감추고 말았습니다. 20세기의 강대국이었던 미국과 소련도 언젠가는 과거의 모든 위대한 국가들이 걸어간 길을 따라갈 것입니다. 그 나라들도 언젠가는 이 지구상에서 자취를 감추고 사람들의 기억 속에서 사라질 것입니다. 세상 나라는 그렇습니다. 이 땅에 속한 왕국은 반드시 사라집니다. 그러나 주님의 나라는 사라지는 나라가 아닙니다. 영원한 나라입니다. 예수님은 영원히 존재하시며 완전한 통치자입니다. 그러므로 하나님 나라는 완전한 나라입니다.

그런데 우리가 조심해야 할 것이 하나 있습니다. 우리 주변에는 이 하나님 나라를 세상적인 나라로 착각하고 있는 사람이 많이 있습니다. 누가 그런 사람들입니까?

첫째, 교회를 다니면서도 세상적인 것에 집착하고 있는 현대 교회 신자들이 그렇습니다. 이들은 가치관이나 관심사가 철저하게 세속적입니다. 성경이 말씀하는 하나님 나라를 철저하게 세상적으로 해석하고 세상적으로 받아들입니다. 예수님이 통치하는 보이지 않는 그 나라에 별 관심이 없습니다. 이와 같은 세속적 그리스도인이 오늘날 교회 안에 많이 있다는 사실은 현대 교회가 안고 있는 가장 큰 고통입니다. 그들은 예수님의 통치를 받는 사람이 아닙니다. 예수님이 다스리는 사람은 그렇게 할 수 없습니다. 그들의 주권자는 예수님이 아니고 돈일지도 모릅니다. 향락일지도 모릅니다. 자기 자신일지도 모릅니다.

성경에 나오는 많은 이름 가운데는 좋은 일로 기록하기도 했지만, 자손만대에까지 수치를 씻을 수 없는 불행한 이름도 있습니다. 그 가운데 바울이 로마에서 참수를 당하여 순교하기 직전 디모데에게 써 보낸 디모데후서에 데마라는 사람의 이야기가 나옵니다.

데마는 이 세상을 사랑하여 나를 버리고 데살로니가로 갔고
_딤후 4:10상

데마가 세상을 사랑하였기 때문에 바울을 버리고 데살로니가로 갔다는 말입니다. 데마는 처음부터 나쁜 사람이 아니었습니다. 데마는 상당한 기간 바울 곁을 떠나지 않고 복음을 위하여 애쓰며 충성했던 평신도 선교사였습니다. 그는 다른 사람들이 따라가기를 꺼리는 로마 감옥에까지 바울을 따라갔으며 충성을 했습니다.

그런데 하루 이틀이 지나면서 데마의 마음에는 이상이 생겼습니다. 하나님 나라를 위하여 자기의 모든 것을 다 바치다 보니 막상 세상적으로 손에 들어오는 것이 하나도 없다는 것을 느꼈습니다. 예수를 위하여 살면 무슨 큰 떡이 떨어질 줄 알았는데 그게 아니었습니다. 날마다 당해야 하는 것은 환난과 고통이요, 굶주림과 가난뿐이었습니

다. 이렇게 생각을 하기 시작하니 하루아침에 그는 딴사람이 되었습니다. 바울이 얼마나 만류했겠습니까? 그러나 그는 냉정하게 뿌리치고 데살로니가로 가 버렸습니다.

데마는 보이지 않는 하나님 나라, 영원한 나라를 기대한 것이 아니라 철저하게 세속적이고 세상적인 행복을 추구한 사람입니다. 그는 하나님 나라를 잘못 이해한 것이 틀림없습니다. 예수님 주변에도 이런 자들이 적지 않았습니다. 가룟 유다가 그 대표적인 사람이었습니다.

둘째, 하나님 나라를 지상천국으로 해석하는 극단주의자들입니다. 해방신학을 주장하는 자들이 바로 그들입니다. 해방신학은 남아메리카에 근원을 두고 지난 2, 30년 동안 기독교계의 지반을 심하게 흔들어 놓았던 혁명사상입니다. 남아메리카는 정치, 경제, 사회 모든 면에서 낙후할 뿐 아니라 빈부 격차에 시달리고 있으며, 정부의 부정부패, 독재자의 착취, 강대국의 여러 가지 압력으로 많은 모순을 안고 몸부림치는 지역입니다. 이런 현실을 참지 못한 신학자들이 민중 봉기를 하기 위해 들고나온 것이 해방신학입니다. 하나님 나라는 따로 있는 것이 아니라 가난한 자, 고통당하는 민중을 해방하는 것이라고 말합니다. 그들은 하나님 나라를 인간 스스로의 노력과 행동으로 건설할 수 있다고 주장합니다.

그들은 교회를 이 사회를 새롭게 하기 위한 혁명의 수단으로 보는 것입니다. 하나님 나라는 다른 것이 아니라 강대국의 종속 관계에서 약소국가를 해방하고, 착취자로부터 노동자를 해방하고, 가난에서 민중을 해방할 때 나타나는 사회라고 주장합니다. 그리하여 해방신학이 민중신학이 되고, 흑인신학이 되고, 여성신학이 되고, 갖가지 이름으로 번져 나갔습니다. 불만 요인이 있는 곳마다 사람들을 촉발시키고, 권위에 대항하게 하고, 전통에 대항하게 하고, 수단 방법을 가리지 않고 사회를 개혁하는 일에 가담하도록 하는 것이 해방신학입니다.

그들은 마르크스주의를 도구로 사용하여 사회혁명을 부르짖고 있습니다. 달리 말해서, 공산주의가 그들의 정치 이념이 되었습니다. 우리나라에도 이와 같은 영향을 받은 기독교 지도자들이 있습니다. 그들은 사회 복음화를 위하여 최일선에 나서서 정치 문제에 관여하고 투쟁합니다. 우리가 이와 같은 해방신학을 전적으로 잘못되었다고 말할 수는 없습니다. 착취당하는 자, 가난하고 억눌린 자 편에 서서 빈부귀천이 없는 평등한 사회를 만들어 보겠다는 그들 나름의 노력에 대해서는 경의를 표해야 할 것입니다.

그러나 우리는 그들과 같은 배를 탈 수는 없습니다. 왜냐하면 하나님 나라가 하나님의 손으로 이루어지는 것을 거부하고 인간의 수단과 방법을 통해서 찾아온다고 생각하기 때문입니다. 우리는 절대로 그들에게 동의할 수 없습니다. 하나님의 나라는 사람의 손으로 세워지는 것이 아닙니다.

셋째, 하나님 나라를 철저하게 세계 공산화로 기만하는 무서운 집단이 있습니다. 그 대표가 김일성 집단입니다. 이상우(李相禹) 박사는 그의 논문 〈북한40년 : 朝鮮民主主義 人民共和國'의 특성과변천과정〉에서 북한을 김일성이라는 신이 존재하고, '김일성 주체사상'이라는 경전이 있으며, 노동당이라는 사제단이 존재하는 완전한 종교 집단이라고 말합니다. 김일성은 스스로 자신을 신격화해서 북한 주민의 생각과 행동을 완전히 통제하는 신으로 군림했습니다. 천국은 따로 있는 것이 아니라 김일성이 만들어주는 것이라고 했습니다. 북한 주민은 현재 자기들의 사회가 지상천국인 줄로 속고 있습니다. 얼마나 어리석은 일입니까? 하나님 나라는 인간이 신이 되어 다스리는 나라가 절대 아닙니다. 하나님 나라는 세상에 속한 나라가 아닙니다.

그러면 하나님 나라는 어떻게 완성되는 것이냐 하는 문제가 우리에게 중요한 과제로 등장합니다. 하나님 나라에 대해 세 가지로 살펴봅시다.

첫째로, 하나님 나라는 심령이 가난한 자의 마음에서부터 시작됩니다. 다른 말로 하면 하나님 나라는 예수 그리스도를 구주로 영접하는 개인으로부터 시작된다는 것입니다.

> 심령이 가난한 자는 복이 있나니 천국이 그들의 것임이요_마 5:3

누가 심령이 가난한 자입니까? 자기가 죄인이라는 것을 아는 사람입니다. 누가 심령이 가난한 자입니까? 자기가 사는 세상에는 인생의 궁극적인 목적이 존재하지 않는다는 사실을 인정하는 사람입니다. 누가 하나님 앞에 겸손한 자요, 심령이 가난한 자입니까? 하나님 앞에서 자기 자신은 아무 가치가 없다는 것을 시인하는 사람입니다. 그리고는 예수 그리스도의 십자가를 붙들고 구원받기를 사모하는 사람이 심령이 가난한 자입니다. 하나님 나라는 주님을 영접하고 믿음을 가진 중생한 한 사람의 마음에서부터 시작됩니다.

> 하나님 나라는 먹는 것과 마시는 것이 아니요 오직 성령 안에 있는
> 의와 평강과 희락이라_롬 14:17

하나님 나라는 먹고 마시고 즐기는 것이 아니고, 하나님의 의를 기뻐하고 죄를 멀리하며 하나님이 주시는 평강이 마음에 가득하여 불안과 공포가 없는 것을 말합니다. 어떤 세상적인 고통이 임해도 그 고통이 그 사람 마음에 있는 기쁨을 빼앗지 못합니다. 예수님이 우리를 완

전히 다스릴 때 하나님이 주시는 기쁨이 가득하게 됩니다. 여러분은 하나님의 통치를 부분적으로 거부하는 사람입니까? 불순종합니까? 그렇다면 의와 평강과 희락이 여러분의 마음속에 역사할 수 없습니다.

우리나라 기독교 역사 초창기 부흥사였던 이성봉(李聖鳳, 1900-1965) 목사님이 6·25전쟁 무렵에 목포에서 부흥회를 인도하다가 공산당에게 붙잡혔습니다. 끌려가서 심한 고문과 조롱을 당하며 나날을 보냈는데, 어느 날 한 공산당원이 이 목사님을 끌고 가서 또 고문하다가 아주 냉소적인 표정을 지으며 "영감, 나한테 천국 보여 줄 수 있어?" 하고는 발로 걷어찼습니다. 이 목사님은 발길에 차이면서도 "예, 보여드리지요"라고 말했습니다. "야, 죽어서 가는 천당 말고 지금 당장 보여 달란 말야" 하고 또 발로 걷어찼습니다. "예, 지금 보여드릴 수 있습니다"라고 대답하자, 공산당원은 어떻게 보여 주냐며 또 발로 찼습니다. 그때 이 목사님은 "예, 천국 본점이야 내 소관이 아니니까 보여드릴 수 없지만, 지점이야 보여드릴 수 있지요. 그 천국 지점이 바로 제 마음입니다. 내 마음에 천국이 있습니다"라고 말했습니다.

우리가 나라가 임하기를 기도하는 자이면, 그 나라가 먼저 우리 마음에서 꽃필 수 있도록 최선을 다해야 합니다. 그리스도를 모시고 그의 뜻에 기쁘게 순종해야 합니다. 이런 태도가 바로 하나님 나라를 이루는 것입니다.

둘째로, 천국은 교회를 통해서 확장된다는 사실입니다. 가난한 자의 마음에서 시작된 이 천국은 교회를 통하여 온 세계에 확장됩니다. 하나님께서 지상 교회를 세우신 궁극적 목적은 하나님 나라를 전 세계에 확장하는 데 있습니다. 하늘과 땅의 모든 권세를 하나님으로부터 위임받은 예수님이 제자들에게 "너희는 가서 모든 족속으로 제자를 삼으라"(마 28:19) 하고 말씀하셨습니다.

오늘날 예수님의 이름이 증거되지 않은 곳이 거의 없을 정도로 전 세계에 복음이 퍼지고 있습니다. 왜 그렇습니까? 하나님의 나라가 확장되고 있기 때문입니다. 우리는 이 세상에 나가서 우리의 입으로 예수 그리스도를 열심히 증거해야 합니다. 한 사람 한 사람의 마음속에 하나님이 다스리고 예수님이 통치하는 하나님 나라가 임하도록 해야 합니다. 열 사람이 예수님의 다스림을 받으면 하나님 나라가 그만큼 확장되는 것입니다. 천만 명이 예수님을 믿고 그의 다스림을 받으면 하나님의 나라가 그만큼 확장되는 것입니다.

그러나 우리가 깊이 반성해야 할 것이 있습니다. 우리는 입으로만 전도하면 안 됩니다. 우리의 삶을 통해서 하나님의 나라가 실제로 임하고 있다는 것을 다른 사람이 보고 느낄 수 있어야 합니다. 아내가 교회를 다닌다면서 하나님 나라가 그 가정에 임하는 것을 남편이 느끼지 못한다면, 남편에게는 아내가 전하는 복음이나 아내가 말하는 모든 것이 거짓으로만 보일 것입니다. 아내가 가정주부의 역할을 다하지 못하고 어머니의 구실을 다하지 못하는데 주일날 성경을 들고 교회에 가는 것으로 그 가정에 하나님 나라가 임할 수 있습니까? 천만의 말씀입니다. 사회생활도 마찬가지입니다. 예수님을 믿는 사람들이 하나님 나라가 실제로 임하고 있다는 것을 삶의 현장에서 느끼게 하지 않는다면 "주 예수를 믿으라"라는 말이 텅 빈 구호처럼 들릴 수밖에 없습니다.

얼마 전 모 교회 장로가 경영하는 회사에서 근로자들이 노동쟁의를 벌였습니다. 사장이 그 회사를 세운 목적은 세계 선교를 위한 것이라고 합니다. 근로자들이 사장에게 몇 가지 시정 사항을 건의하고 정당한 요구를 했지만, 사장은 외면했습니다. 수개월 동안 근로자들이 월급을 받지 못했습니다. 형편이 어려워진 근로자들이 몇몇 교회에 편지를 보냈습니다. 예수님을 믿는 경영주가 이러이러하니 교회 지도자들이 나서서 이 문제를 해결해 달라고 하소연을 해 왔습니다. 그리고 그들이 여러 달 동안 월급을 받지 못했으니 경제적인 도움을 달라고 요청한 것입니다.

제가 양쪽 말을 다 들어보지 않아서 공정한 평가를 할 수는 없지만, 거두절미하고 선교를 위해서 회사를 운영한다면서 사장이 자기 회사 근로자들의 눈에 그렇게 비쳐서야 되겠습니까? 그렇게 되면 해방신학이 들어와서 근로자들에게 하나님 나라를 보여 주겠다고 유인할 수 있으며, 김일성 주체사상이 먹혀들 수 있는 분위기가 되는 것입니다. 우리는 가난한 자들을 무시해서도 안 되고 고통 겪는 자들을 외면해도 안 됩니다. 또 사회 불의와 모순과 더러운 악과 타협해도 안 됩니다. 자기의 안일만을 위해 모든 면에 눈을 감아 버리는 책임 없는 행동은 하면 안 됩니다. 우리는 우리의 삶을 통해서 하나님의 나라가 임하고 있다는 것을 다른 사람들이 느끼게 해야 합니다.

우리가 입을 통해 복음을 전하고 생활을 통해 주님의 나라의 실상을 보게 하면 그것이 바로 주기도문으로 기도하고 주기도문으로 사는 사람이라 할 수 있습니다. 그렇지 않으면 주기도문은 빈말이 되고 말 것입니다.

끝으로, 하나님의 나라는 예수님의 재림과 함께 완성된다는 사실입니다. 우리 주님이 이제 오실 것입니다. 주님이 오시면 하늘에서 천사의 소리가 들릴 것입니다. "무너졌도다 무너졌도다 큰 성 바벨론이여"(계 18:2). 이 세상 왕국은 완전히 자취를 감추고 지금까지 보이지 않던 그 하나님 나라가 실제로 우리 눈앞에 나타날 것입니다. 우리를 지금도 다스리고 계시고 이 세계를 주관하고 계시는 그 왕이 바로 우리 눈앞에 모습을 드러낼 것입니다. 그때가 되면 "나라가 임하시오며"라는 기도를 더 이상 드리지 않아도 됩니다. 하나님 나라가 완성되기 때문입니다.

그 하나님 나라는 영원할 것입니다. 그 나라에는 빈부귀천이 없습니다. 압제 받는 사람도 없습니다. 그 나라는 의와 평강과 희락으로 모든 백성이 즐거워하고 찬양하는 천국이 될 것입니다. 여러분은 이 나라를 소망합니까? 그렇다면 주님이 가르쳐 주신 "나라가 임하시오며"라는 기도를 쉬지 않아야 합니다.

여러분은 이 하나님 나라에서 살기를 소망합니까? 그렇다면 여러분의 마음에서부터 이미 시작된 하나님 나라에 철저하게 순종하는 사람이 되십시오. 그리고 이 나라를 계속 확장하기 위해서 복음을 열심히 전하십시오. 여러분의 삶을 통하여 하나님의 나라가 임하고 있다는 것을 다른 사람들이 느낄 수 있도록 하십시오. 그렇게 할 때 우리는 "나라가 임하시오며"라는 주기도문을 드릴 자격이 있으며, 그 기도대로 행동하는 그리스도의 제자라 할 수 있습니다. 혹시나 "나라가 임하시오며"라고 드리는 기도가 중언부언이 되어 있지는 않은지 겸허하게 무릎 꿇고 다시 반성해야 할 것입니다.

5

주의뜻을
이루소서

"하나님의 뜻이 하늘에서 이루어진 것 같이 땅에서도 이루어지이다" 하는 기도는
간구하는 자의 책임을 생각하지 않고 형식적인 인사로 드리는 기원이 아닙니다.
왜냐하면 이루어지기를 빈다는 이 말에는 하나님이 스스로
자기 뜻을 이루시기를 바란다는 의미도 들어 있지만,
동시에 기도하는 우리의 손으로 이루어지기를 바란다는 의미도
함께 들어 있기 때문입니다.

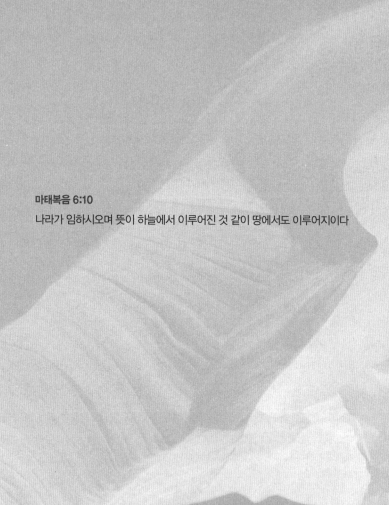

마태복음 6:10

나라가 임하시오며 뜻이 하늘에서 이루어진 것 같이 땅에서도 이루어지이다

주의 뜻을
이루소서

기도는 우리의 중심을 하나님께 고백하는 것입니다. 그런데 기도의 내용에 따라 우리가 고백하기 쉬운 기도가 있고 고백하기 어려운 기도가 있습니다. 우리가 살펴볼 "주의 뜻이 하늘에서 이루어진 것 같이 땅에서도 이루어지이다"라는 이 기도는 우리가 하나님께 드리기에 가장 어려운 기도 중의 하나가 아닌가 생각합니다.

우리가 이 기도를 드리기 어려운 이유는 하나님의 뜻 못지않게 중요하다고 생각되는 우리의 뜻이 따로 있기 때문입니다. 우리는 자기 뜻에 항상 깊은 관심이 있고 또 그 뜻이 이루어지기를 간절히 바라는 마음이 있습니다. 우리의 뜻을 완전히 포기하기 어렵기 때문에 하나님께 이 기도를 드리는 것이 무척 어렵습니다. "하나님의 뜻이 하늘에서 이루어진 것 같이 땅에서도 이루어지이다"라는 기도는 "주여, 내 모든 뜻을 포기하겠습니다"라는 말과 같습니다. 하나님의 뜻이 이루어질 때는 나의 뜻은 포기해야 합니다.

또 이 기도를 드리기 어려운 이유가 있습니다. 그것은 이 기도가 막연한 기원이 아니라는 사실입니다. 우리는 종종 가까운 친구들을 만나서 그들의 계획과 뜻에 관해 이야기를 나눌 때가 있습니다. 그리고 이야기를 다 들은 다음 우리는 "당신이 계획하는 일들이 잘되기를 빌겠습니다" 하고 기원의 말을 하며 악수를 하고 헤어집니다. 그런데 이것은 어디까지나 기원의 말이지, 자기가 어떤 책임을 지겠다는 말은 아닙니다. 어떤 점에서는 막연히 '마음먹은 대로 잘해 봐라'라는 식의 인사에 지나지 않습니다. 이런 것은 누구나 쉽게 할 수 있습니다.

그런데 "하나님의 뜻이 하늘에서 이루어진 것 같이 땅에서도 이루어지이다" 하는 기도는 간구하는 자의 책임을 생각하지 않고 형식적인 인사로 드리는 기원이 아닙니다. 왜냐하면 이루어지기를 빈다는 이 말에는 하나님이 스스로 자기 뜻을 이루시기를 바란다는 의미도 들어 있지만, 동시에 기도하는 우리의 손으로 이루어지기를 바란다는 의미도 함께 들어 있기 때문입니다. 하나님은 자기 자녀들을 통해서 그 뜻을 세상에 이루려고 하십니다. 천사나 다른 피조물을 염두에 두고 계시지 않습니다. 이런 의미에서 주의 뜻이 이루어지기를 기도하는 것이야말로 우리 모두의 자랑스러운 특권이 아닐 수 없습니다. 그러나 결코 쉬운 기도가 아닙니다. 만일 진실된 마음으로 기도한다면 이렇게 아뢰어야 합니다. "하나님, 주의 뜻을 이루시고자 하실 때 필요하시면 저를 사용하여 주옵소서. 이 생명 다하여 주의 뜻을 이루는 데 충성하겠습니다."

누가 부담없이 이런 기도를 쉽게 드릴 수 있겠습니까? 주기도문을 입에 담을 때마다 이와 같은 책임을 절감하고 있느냐고 묻는다면 양심의 가책을 받지 않을 사람이 거의 없을 것입니다. 얼마나 부끄러운 일입니까? 지금까지 우리가 무책임하게 건성으로 하나님 앞에 기도했던 잘못을 회개하고 용서받아야 하겠습니다. 다시는 그러한 거짓

기도를 드리지 않기 위해 새로운 은혜를 받아야 할 것입니다.

하나님의 뜻이 무엇입니까? 하나님의 뜻은 하나님이 갖고 계시는 어떤 목적과 계획을 의미합니다. 우주보다 광대하신 창조자 하나님의 마음을 우리가 다 헤아려 볼 수는 없습니다. 단지 우리가 알 수 있는 것은 성경 말씀을 통하여 보여 주신 일부분에 지나지 않습니다. 이 뜻이 비록 부분적이기는 하지만 모호한 데가 없는 명료한 것입니다. 성경 말씀에 담겨 있기 때문입니다. 흔히들 하나님의 뜻이 무엇이냐고 물으면 대단히 어렵게 생각하거나 아예 모르는 것이 정상인 것처럼 대답하는 사람이 많습니다. 잘못된 반응입니다.

앤드류 머레이(Andrew Murray, 1828–1917)는 이러한 말을 했습니다.

> "하나님의 자녀들이 범하는 가장 큰 잘못은 하나님의 뜻을 알 수 없다고 생각하는 것이다. 설혹 그의 뜻을 알 수 있다고 생각해도 충분한 시간을 내어서 그 뜻을 발견하는 수고를 하지 않는 것이다."

저는 이 말을 매우 타당한 진단이라고 생각합니다. 하나님의 뜻은 알 수 없는 것이 아닙니다. 하나님은 성경 말씀으로 우리에게 분명히 가르쳐 주고 있습니다.

처자를 거느린 가장의 예를 들어봅시다. 가족을 먹여 살리려고 애쓰는 아버지가 무슨 생각을 하고 있는지 모르는 자녀가 있습니까? 다 압니다. 가정이 행복하고 자식들이 잘되기를 바라는 것이 한결같은 아버지의 뜻이요, 바람입니다. 예수님을 믿고 교회에 다니는 사람이라면 말마다 '아버지, 아버지' 하고 부르는 그 하나님이 무슨 생각을 갖고 계시는지 알아야 하지 않겠습니까? 그것을 모르면 말이 되지 않습니다. 하나님의 뜻은 어려운 것이 아니라 분명합니다.

하나님은 무엇보다 그의 나라가 번성하기를 원하십니다. 그리고 그 나라에 속한 자기 자녀들이 잘되기를 원하십니다. 이것이 하나님의 뜻입니다. 좀 더 전문적인 용어를 가지고 설명한다면, 하나님은 이 세상을 죄와 죽음의 권세에서 구원하여 의와 생명의 나라로 바꾸어 놓기를 원하시는 것입니다. 또 구원받은 성도들이 하나님의 자녀답게 살기를 원하시는 것, 이것이 하나님의 뜻입니다. 이 두 가지를 하나로 묶어서 '세상 구원'과 '성도의 거룩'이라고 말할 수 있습니다.

성경에 기록된 하나님의 뜻을 좀더 직설적으로 표현한 성경 구절이 있습니다.

> 내 아버지의 뜻은 아들을 보고 믿는 자마다 영생을 얻는 이것이니
> _요 6:40상

> 하나님의 뜻은 이것이니 너희의 거룩함이라_살전 4:3상

그러면 어떻게 하는 것이 하나님의 뜻이 하늘에서처럼 땅에서 이루어지게 하는 것입니까? 예수님은 세상을 구원하시려는 하나님의 뜻을 위해 이 세상에 오셨고, 그 뜻을 위하여 사셨고, 그 뜻을 위해 죽으셨습니다. 예수님은 이런 면에서 하나님의 뜻을 따라 세상을 산 가장 이상적인 모범입니다. 그는 하나님의 뜻을 행하고 하나님의 뜻에 순종하는 일을 먹고 마시는 것보다도 더 중요하게 생각했습니다.

> 예수께서 이르시되 나의 양식은 나를 보내신 이의 뜻을 행하며 그의
> 일을 온전히 이루는 이것이니라_요 4:34

즉 예수님은 하나님의 뜻에 일치하지 않으면 아무것도 말하지 않고 아무런 행동도 하지 않았습니다.

> 내가 아무것도 스스로 할 수 없노라 … 나는 나의 뜻대로 하려 하지
> 않고 나를 보내신 이의 뜻대로 하려 하므로_요 5:30

이것이 예수님의 행동 지침이었습니다. 예수님은 자기가 세상에 오신 목적이 바로 하나님의 뜻을 행하는 데 있다고 선언했습니다. 이러한 사실은 요한복음에 잘 나타나 있습니다.

> 내가 하늘에서 내려온 것은 내 뜻을 행하려 함이 아니요 나를 보내
> 신 이의 뜻을 행하려 함이니라_요 6:38

이러한 말씀을 앞에 놓고 예수님의 제자 된 우리가 과연 그의 모범을 따라 철두철미하게 하나님의 뜻을 위해서 살고 있는지 자문하지 않을 수 없습니다.

우리는 예수님처럼 완벽하게 하나님의 뜻에 순종할 수 없습니다. 예수님은 죄 없는 하나님이어서 하나님의 뜻과 자신의 뜻 사이에 어떤 괴리나 대립도 없었습니다. 하나님의 뜻이 바로 자신의 뜻이었습니다. 그리고 예수님은 세상을 구원하고자 하신 하나님의 뜻을 위해서는 자신의 생명까지 다 바치신 분이지만, 거룩한 인격과 생활을 위해 우리처럼 특별한 순종과 노력을 하실 필요는 없었습니다. 그 자신이 죄와 상관이 없는 완전한 거룩을 소유하신 하나님이었기 때문입니다.

바울에게 눈을 돌려 봅시다. 그는 우리와 똑같은 인간이었습니다.

그는 세상을 구원하시려는 하나님의 뜻을 위해서도 굉장히 노력한 사람인 것을 잘 알 수 있습니다. 바울은 "내 몸을 쳐서 복종시킨다"(고전 9:27 참조)라고 했습니다. 이 말은 하나님이 원하시는 거룩한 삶을 위해서 피나는 노력을 했다는 말입니다. "나는 날마다 죽노라"(고전 15:31 참조). 이 말은 자기 안에서 계속 고개를 드는 육적인 자아를 철저하게 복종시키면서 하나님의 뜻을 위해서 거룩한 삶을 살았다는 뜻입니다.

우리는 성경을 통해 위대한 주의 종들은 예수님처럼, 사도 바울처럼 세상을 구원하려는 하나님의 뜻과 거룩하게 살기를 바라시는 하나님의 뜻에 전적으로 순종하면서 산 것을 볼 수 있습니다.

그런데 여기서 깨달아야 할 중요한 사실이 있습니다. 하나님의 뜻에 전적으로 순종하는 일이 얼마나 어려운 일인가 하는 것입니다. 우리가 성경에서 하나님의 뜻을 알 수는 있지만, 그 뜻에 일치하는 생을 살기는 절대로 쉽지 않습니다. 만약 쉽다는 사람이 있다면 그는 하나님의 뜻대로 사는 것이 무엇인지 아직 잘 모르는 사람입니다. 믿음이 좋으면 하나님의 뜻대로 사는 일이 자연스럽게 되리라 생각하지만, 사실은 그렇지 않습니다. 기도를 많이 하면 쉬울 것이라는 생각도 마찬가지입니다. 사실은 얼마나 어려운지 모릅니다. 목사에게도 마찬가지입니다. 장로에게도 선교사에게도 마찬가지이며, 모두에게 마찬가지입니다. 대단히 어렵습니다.

그 어려움을 단적으로 증명하는 예가 성경에 있습니다. 십자가의 죽음을 목전에 두고 겟세마네 동산에 기도하러 가신 예수님이 얼마나 피땀을 쏟으면서 하나님의 뜻과 자신의 뜻 사이에서 갈등하고 고통받았는지 우리는 성경을 통해 알고 있습니다. 어떻게 예수님에게 그런 일이 일어날 수 있습니까?

내 아버지여 만일 할 만하시거든 이 잔을 내게서 지나가게 하옵소서

그러나 나의 원대로 마시옵고 아버지의 원대로 하옵소서_마 26:39하

예수님의 기도를 보십시오. 하나님의 뜻은 십자가의 길을 가는 것이었습니다. 예수님의 뜻은 가급적이면 그 길을 피하고 싶은 것이었습니다. 어떻게 예수님이 그럴 수 있습니까? 그가 연약한 인간의 몸을 입고 계셨기 때문입니다.

누구나 선천적인 본능이 있지 않습니까? 고통에 대한 본능적인 거부반응과 죽음에 대한 본능적인 공포심이 있습니다. 만일 이것이 없다면 인간이 아닙니다.

예수님은 죄가 없으신 분이었지만 인간의 몸을 입고 계셨기에 그 본능을 갖고 계셨습니다. 한 번도 하나님의 뜻을 거역한 적이 없는 그였지만, 하나님의 뜻을 전적으로 따른다는 것이 얼마나 어려운가를 우리에게 보여 주신 것입니다. 주님이 하나님의 뜻에 완전히 순종하기까지는 상당한 기도와 몸부림이 있어야만 가능했다는 사실을 절대로 간과해서는 안 됩니다. 예수님도 하나님의 뜻에 순종하는 일이 가끔은 그렇게 어려웠거늘 오늘날 우리가 그렇게 쉽다고 생각할 수 있겠습니까?

우리도 어떨 때는 무거운 십자가를 지고 자기를 부인하고 주를 따라야 할 때가 있습니다. 또 때에 따라서 우리의 안락과 즐거움을 포기해야 하고 야심이나 포부도 접어 두어야 할 때가 있습니다. 또 죄를 범한 우리의 한쪽 눈을 뽑는 고통이 없이는 결코 하나님의 뜻에 순종할 수 없는 때도 있다는 것을 알아야 합니다. 이렇듯 하나님의 뜻에 순종하는 일은 결코 쉬운 일이 아니며 아무나 할 수 있는 일이 아닙니다. 그러나 아무리 어렵다고 하더라도 하나님의 뜻이 이루어지기를 기도

하는 사람이라면 그 뜻을 따라 살기를 힘쓰지 않으면 안 됩니다.

> 나더러 주여 주여 하는 자마다 다 천국에 들어갈 것이 아니요 다만 하늘에 계신 내 아버지의 뜻대로 행하는 자라야 들어가리라_마 7:21

성경에는 믿으면 구원을 받는다는 말씀과 하나님의 뜻대로 행해야 구원을 받는다는 말씀, 이 두 가지가 있습니다. 이 두 가지 말씀이 일치한다고 볼 때 진짜 예수님을 믿는 사람은 진짜 하나님의 뜻대로 사는 사람이라는 것을 알 수 있습니다. 그러므로 교회를 평생 다닌 분이 하나님 뜻대로 살지를 못했고 하나님의 뜻이 어디에 있는지 관심조차 두지 않고 있었다면 나중에는 설 땅이 없을 것입니다.

예수님 오른편에 있던 강도가 낙원에는 갔습니다. 그렇지만 평생 하나님의 뜻을 위하여 살다가 온 사람과 십자가 형틀에서 죽기 몇 시간 전에 주님을 영접한 강도가 천국에서 같은 영광을 누리면서 살고 있을지 저는 의심스럽습니다. 강도에게 변명의 여지가 있었다면 평생 하나님의 뜻이 무엇인지 알 기회가 주어지지 않았다는 것입니다. 그러나 평생 교회를 다닌 사람이 하나님 앞에서 이런 변명을 할 수 있습니까? 하나님은 어리석은 분이 아닙니다. 그러므로 우리는 아무리 하나님 뜻대로 사는 것이 어려워도 순종해야 합니다.

그러면 어떻게 해야 우리가 하나님 뜻에 전적으로 순종하는 사람이 될 수 있습니까? 구체적인 원리 다섯 가지를 말씀드리고자 합니다.

첫째, 하나님을 사랑할 수 있어야 합니다. 하나님의 뜻을 헤아리고 따르기 위해 반드시 있어야 할 것이 있다면 그것은 사랑입니다. 사랑은 무엇이나 아멘 하고 어디에나 따라가게 하는 신비한 힘을 가지고 있습니다. 그래서 예수님은 자신의 뜻을 행하는 사람이 자기의 어머니요, 형제요, 자매라고 말씀하셨습니다.

> 누구든지 하나님의 뜻대로 행하는 자가 내 형제요 자매요 어머니이니라_막 3:35

여기에서 어머니, 형제, 자매라는 말은 사랑으로 뭉친 가족 관계를 말합니다. 우리가 하나님의 뜻을 따르지 못하는 근본적인 문제는 사랑의 결핍에 있습니다. 하나님을 진실로 사랑하는 사람만이 하나님의 뜻을 준행할 수 있습니다. 때에 따라서는 사랑이 없이도 하나님의 뜻을 순종할 수 있는지 모르겠습니다.

그러나 사랑에 끌려 즐거운 마음으로 자원하지 않는 사람을 주님이 좋아하시겠습니까? 어떤 사람은 분한 마음을 가지고 억지로 하나님의 뜻에 순종하는 것을 봅니다. 어린아이가 엄마의 회초리가 무서워서 억지로 말을 듣는 것처럼, 할 수 없어서 겨우 순종하는 사람이 있습니다. 그런 사람을 하나님이 좋아하시겠습니까? 어떤 사람은 체념하는 마음으로 순종하는 사람이 있습니다. 거역할 수 없으니 '마음대로 하십시오' 하는 식으로 순종하는 것입니다. 그런 사람을 하나님이 좋아하시겠습니까? 어떤 사람은 냉랭한 의무감을 가지고 순종하기도 합니다. 그런 사람을 보고 하나님이 기뻐하시겠습니까?

하나님이 원하시고 기뻐하시는 사람은 즐거운 마음으로 하나님의 뜻을 준행하는 사람입니다. 이것은 하나님을 사랑하는 마음이 없으면 불가능합니다. "네 마음을 다하고 목숨을 다하고 뜻을 다하여 주 너의 하나님을 사랑하라"(마 22:37). 이 말씀대로 하면 우리는 아무리 어려워도 하나님의 뜻에 순종할 수 있습니다.

여러분에게 하나님을 사랑하는 마음이 있습니까? 만약에 없다면 그것은 여러분이 하나님을 잘 몰라서 그럴 것입니다. 하나님 말씀 앞으로 다가오십시오. 사랑이 생길 수 있도록 말씀을 통해 주님을 만나십시오. 하나님의 사랑이 마음에 전달되지 않아서 사랑하지 못하고 있습니까? 먼저 하나님 앞에 회개하고, 하나님이 여러분을 위하여 얼마나 놀라운 사랑을 쏟아 주셨는가를 묵상하십시오. 교회를 오래 다녀서 이제 감격이 없고 사랑이 없습니까? 하나님 앞에 다시 한번 새로워지는 은혜를 간구하십시오.

주님을 생각할 때마다 마음에 그의 사랑이 느껴지는 사람이 될 때 우리는 하나님 뜻에 순종할 수 있습니다. "내 아들아 네 마음을 내게 주며"(잠 23:26 참조)라고 하신 하나님의 명령대로 마음을 드릴 수 있는 사람, 그 사람은 하나님의 뜻이 아무리 어려워 보여도 하나님의 뜻에 순종하려고 할 것입니다. 그리고 주의 뜻이 이루어지기를 빌 수 있는 자격자라 할 수 있습니다.

둘째, 하나님의 중심이 어디에 있는가를 확인해야 합니다. 우리는 하나님의 뜻을 살피면서 하나님의 중심을 헤아리기보다 지엽적인 것을 가지고 시간을 낭비할 때가 많습니다. 하나님의 중심은 이 세상을 구원하는 것과 하나님의 자녀가 거룩하게 사는 데 집중되어 있습니다. 그 나머지는 다 가지입니다. 그러므로 우리가 하나님을 생각할 때마다 그분이 늘 마음속에 갖고 계시는 가장 큰 관심사가 무엇인가를 정확하게 분별한다면 문제는 쉽게 풀릴 수 있습니다. 달리 말해서, 하나님의 중심을 정확히 읽는 것이 하나님의 뜻을 따르는 데 결정적인 역할을 한다는 말입니다. 하나님의 중심을 읽지 못하면서 주의 뜻이 이루어지기를 기도할 수 있겠습니까?

셋째, 여러분의 인생 방향과 목표를 하나님의 중심에 맞추어야 합니다. 하나님의 중심이 세상을 구원하는 데 있다면 여러분의 인생 방향과 목표를 거기에 맞춰야 합니다. 이렇게 초점을 맞추면, 그다음에는 하나님 뜻을 이루기 위해 어떤 직업이 좋을까, 어떤 목적을 세우는 것이 최상일까를 생각하게 됩니다. 초점이 정확하기에 그렇습니다. 그러나 초점이 비뚤어져 있는 사람은 하나님의 뜻에 일치하는 생각이나 행동을 절대 할 수 없습니다.

공산권 선교에 헌신하고 있는 서대반 박사는 대학 시절부터 평생 하나님의 뜻을 위해 살고 하나님이 기뻐하시는 일에 헌신하겠다는 마음을 가진 사람이었습니다. 그러한 서 박사는 오래전에 미국의 모 대학으로부터 교수로 초빙을 받은 적이 있었습니다. 그래서 임지로 가던 중에 한 도시에 잠시 머무르게 되었습니다. 거기에서 그는 심경에 강한 변화가 일어났습니다. 모든 계획을 취소하고 그 도시에 눌러앉아 버렸습니다. 그 이유는 간단했습니다.

그 도시에는 미군과 결혼한 한국 여성 6백여 명이 살고 있었는데, 그들의 생활은 너무나 비참하고 고통스러웠습니다. 그럼에도 불구하고 그들을 위한 교회도 하나 없고 교역자도 없었습니다. 그 사실을 알게 된 서 박사는 교수라는 직업을 포기하고 불쌍한 그들을 위해 하나님의 일을 하기로 마음먹었습니다. 그는 그곳에서 작은 의류점을 개업하고 그곳을 중심으로 한국 여성들을 일일이 찾아다니며 전도하기 시작했습니다.

그런데 그가 그 일을 10년을 하는 동안 하나님은 그에게 엄청난 축복을 주셨습니다. 주님께서 그를 얼마나 사랑하셨는지! 그가 교회를 세우게 하셨고 물질적으로도 큰 축복을 주셨습니다. 서 박사가 그렇게 하나님의 일에 헌신하자, 주님은 그를 중국의 유명한 사회교육연구원의 교수로 보내셨습니다. 그는 그곳에서 강의하고, 자비를 들여 우리 동포들을 찾아다니며 복음을 전했습니다. 하나님께서 그의 헌신을 보시고 그를 들어 놀랍게 사용하신 것입니다.

우리가 여기에서 배울 수 있는 것이 무엇입니까? 우리의 인생 목표를 하나님 중심에 맞춰 놓으면 어떤 생활이라도 다 해낼 수 있음을 배울 수 있습니다.

우리에게 있어서 직업 그 자체가 중요한 것은 아닙니다. 그 직업이 하나님의 뜻에 초점을 맞추고 있느냐 하는 것이 중요한 것입니다. 평신도는 이 점에서 목회자와 비교해 훨씬 어렵습니다. 세상 직업을 갖지 않은 교역자는 날마다 하는 일이 복음을 위한 것입니다. 그러나 평신도는 일단 세상 사람과 꼭 같은 직업에 종사하고 있어서 잘못하면 그것이 하나님의 뜻과는 관계가 없는 것처럼 생각하기 쉽습니다. 그러나 사실은 그렇지 않습니다. 하나님은 여러분의 가정과 직업을 통해 세상을 구원하려는 자기의 뜻을 이루고 계십니다. 하나님의 뜻에 인생의 목표를 맞추십시오. 그러면 여러분이 어떻게 직장 생활을 이끌어갈 것이냐 하는 문제의 해답이 명료해질 것입니다.

넷째, 날마다 부딪치는 실제적인 일들을 하나님의 인도하심에 전적으로 맡기십시오. 하나님이 책임져 주십니다. 하나님은 자비하십니다. 무한히 지혜로우십니다. 그는 자기를 사랑하는 자에게 모든 것이 합력하여 선을 이루게 하십니다. 하나님의 나라와 그의 의를 먼저 생각하는 자에게 먹고 마시고 어떻게 살 것이냐 하는 문제를 하나님이 책임져 주십니다.

왜 하나님이 걱정하실 문제를 우리가 걱정하고 아우성을 칩니까? 하나님은 우리에게 인생을 사는 기가 막힌 비결을 가르쳐 주셨습니다. 세상을 그렇게 고생하면서 살 필요가 없습니다. 우리가 걱정할 일이 따로 있고 하나님이 걱정하실 일이 따로 있습니다. 하나님은 우리의 의식주를 걱정하시고, 그 대신 우리는 그의 뜻을 이루는 일에 걱정하면 되는 것입니다.

다섯째, 날마다 말씀과 기도를 통하여 하나님의 뜻에서 벗어나지 않는지 점검하십시오. 만일 잘못되었으면 즉시 수정을 해야 합니다.

요즘에는 고속도로가 좋아서 부산까지 가는 것이 어렵지 않습니다. 그러나 옛날에는 길을 잃고 헤맬 때가 많았습니다. 그러나 방향과 목적지가 분명하다면 결국은 원하는 곳으로 가게 됩니다. 마찬가지로 우리가 하나님의 뜻에 내 모든 인생의 방향과 초점을 분명히 맞추고 있으면, 가끔은 옆길로 빗나갈 때도 있지만 그것이 문제가 되지 않습니다. 하나님의 말씀과 기도를 통해서 날마다 수정을 조금씩 하면 결국에는 목적지에 도달할 수 있습니다.

하나님의 뜻을 이루기 위해 살고 있다는 확신이 생기면 기도에 배짱이 생깁니다. 하나님께서 나의 기도에 응답해 주신다는 확신도 생기게 됩니다. 종교개혁자 마르틴 루터(Martin Luter, 1483-1546)에게 오른팔과 같은 동역자가 있었는데, 그는 프리드리히 미코니우스(Friedrich Myconius, 1490-1546)라는 사람입니다. 루터가 종교개혁으로 인하여 몹시 바쁠 때, 프리드리히 미코니우스는 병이 깊어서 도저히 살아날 가망이 없었습니다. 미코니우스는 이제 자기가 마지막이라는 것을 알아차리고 루터에게 고별 편지를 써서 보냈습니다. 그 편지를 읽은 루터가 즉시 답장을 보냈습니다.

> "나는 자네가 더 살 것을 하나님의 이름으로 명령하네. 교회를 개혁하는 데 자네가 필요하기 때문에 주님은 자네가 죽었다는 소식을 내가 듣게 내버려 두지 않을 것일세. 자네가 살아야 한다는 것은 나의 뜻이네. 내가 하나님의 이름을 영화롭게 하기 위해 일하고 있기 때

문에 나의 기도를 들으시는 하나님이 반드시 나의 뜻을 이루어 주시
리라고 확신하네."

이런 내용이 담겨 있는 루터의 편지가 도착하였을 때 미코니우스는
빈사 상태에 빠져 사경을 헤매고 있었고, 병상 곁에 있던 사람이 대신
큰 소리로 그 편지를 읽어 주었습니다. 놀랍게도 미코니우스는 다시
살아났습니다. 그리고 그는 마르틴 루터와 함께 6년 동안 주님을 위해
일한 후에 죽었습니다.

이러한 실화를 들으면서 우리가 느끼는 것이 무엇입니까? 우리 인
생의 방향과 목표를 하나님 뜻에만 일치시켜 놓고 그것을 위해서 기
도하고 산다면 우리의 기도에도 배짱이 생길 수 있다는 것을 배우게
됩니다. 자, 우리도 한번 멋있게 살아봅시다. 어떤 사람이 이런 말을
했습니다.

"세상에서 가장 큰 것은 하나님의 뜻이며 그 뜻 안에서는 아무것도
작은 것이 없다. 그리고 그 뜻 밖에서는 아무것도 큰 것이 없다."

하나님의 뜻이 최고라는 말입니다. 이 놀라운 하나님의 뜻을 위해
서 우리가 살아야 합니다.

이와 같은 간절한 소원이 우리 가슴속에서 꺼지지 않는 한, 우리가
날마다 드리는 주기도문은 주님의 보좌를 움직이는 능력이 될 것입니
다. 주의 뜻이 이루어지기를 기도하는 우리의 입술이 가증스럽게 보
이지 않을 것입니다. 그리고 그 기도를 드리며 무릎 꿇은 우리를 보실
때마다 주님은 대견해 하시며 더 큰 일에 우리를 사용하실 것입니다.

무엇을 기도할까

6

과유불급
(過猶不及)

주님께서 우리가 세상에서 사람 구실을 하고 신앙생활을 제대로 하기 위해
경제적인 조건이 얼마나 큰 비중을 차지하는가를 잘 알고 계셨습니다.
그러므로 우리가 일용할 양식을 위한 기도를 절대로 부끄러워해서는 안 됩니다.

마태복음 6:11
오늘 우리에게 일용할 양식을 주시옵고

과유불급
(過猶不及)

주기도문의 전반부에는 하나님을 위한 기도가, 후반부에는 우리 자신을 위한 기도가 들어 있습니다. 이제 후반부에 나오는 우리 자신을 위한 네 가지 기도 중 첫 번째 기도를 살펴보고자 합니다. 그 기도는 "오늘 우리에게 일용할 양식을 주시옵고"라고 주님이 간구하신 기도입니다. 일용할 양식에 대해 학자들은 여러 가지로 해석을 하고 있지만 가장 자연스러운 해석으로는 오늘이라는 하루를 살기 위해 우리에게 꼭 필요한 생활필수품 전반을 가리키는 것이라는 해석을 들 수 있습니다.

종교개혁자 루터는 이 일용할 양식을 광범위하게 해석했습니다. 그것은 단지 먹을 떡이나 양식을 의미하는 것이 아니라 의복과 집, 건강과 기후, 평화와 국가 등 우리의 생명을 유지하는 데 필요한 모든 것을 말한다고 해석했습니다. 그런데 이 중에서 먹고 마시는 문제가 가장 필수적이라고 하지 않을 수 없습니다. 하루라도 먹지 않는다면 건강을 유지하기 힘들기 때문입니다. 그러므로 우리가 날마다 먹고 마시는 문제, 즉 경제적인 문제를 염두에 두지 않는다면 '일용할 양식'은 그 의미를 상실할 수 있습니다. 그리고 또 한 가지 중요한 의미가 포함되어 있는데, 그것은 일용할 양식이 매일 쓰기에 합당한 양의 필수품이라는 것입니다. 우리 각자의 분수에 맞는 생활수준이라고 말할 수 있을 것입니다.

예수님은 우리에게 매우 솔직한 기도를 가르쳐 주셨습니다. 우리 생각에는 적어도 구원받은 하나님의 자녀가 되었다면 우리 자신을 위한 기도에도 첫 번째는 고상한 무엇을 구해야 한다고 흔히 생각합니다. 바울은 에베소 교인을 위해서 이렇게 기도했습니다.

> 우리 주 예수 그리스도의 하나님, 영광의 아버지께서 지혜와 계시의
> 영을 너희에게 주사 하나님을 알게 하시고_엡 1:17

이 얼마나 고차원적인 기도입니까? 적어도 이 정도 수준의 기도를 해야 하나님이 기쁘게 들으신다는 고정관념을 우리는 대부분 가지고 있습니다. 예수님께서도 다른 곳에서는 우리 자신을 위한 기도라 할지라도 너무 현실적이고 자기중심적인 기도를 하지 말고 그의 나라와 그의 의를 먼저 구하라고 가르치신 일이 있습니다. 그렇게 기도하면 하나님께서 먹고 마시는 문제, 또 우리가 필요로 하는 문제는 다 때를 따라 주시겠다고 약속하셨습니다.

그런데 분명히 알아야 할 것이 있습니다. 예수님이 그의 나라와 그의 의를 위해 먼저 구하라고 하신 말씀은 염려의 종이 되지 말라는 경고라는 사실입니다. 우리가 먹고 마시는 문제를 기도하지 않아도 된다는 의미로 말씀하신 것은 아닙니다. 그렇지만 우리는 하나님의 자녀가 현실적인 기도를 한다고 해도 좀 뒤로 미루는 것이 좋지 않을까 하고 생각하는 것이 일반적인 경향입니다.

그럼에도 불구하고 예수님은 사람을 위한 기도의 첫 자리에 먹고 마시는 '일용할 양식'을 갖다 놓으셨습니다. 인간에게는 무엇보다도 먹고 마시는 문제가 가장 시급합니다. 우리가 다 배부르게 먹고사니까 그것이 얼마나 절실한 것인지를 잘 모르는 것이지, 사실 인간에게 먹고 마시는 것은 바로 생명 그 자체입니다. 주님은 이 사실을 솔직히 시인하셨습니다. 이런 점에서 주님은 매우 솔직한 기도를 가르치신 것입니다.

예수님이 세상에서 3년 동안 얼마나 굶주리며 얼마나 많이 배고파하셨습니까? "여우도 굴이 있고 공중의 새도 거처가 있으되 인자는 머리 둘 곳이 없다"(마 8:20)라고 하실 정도로 주님은 자신을 아주 빈털터리로 묘사하셨습니다. 주님께서 스스로 육신을 입고 살 동안 경제적인 어려움을 심하게 당해 보셨기 때문에 우리에게 기도를 가르치면서 제일 먼저 먹고 마시는 문제, 즉 "오늘 우리에게 일용할 양식을 주시옵고"라는 기도를 하라고 교훈하신 것 같습니다. 얼마나 주님은 솔직하시고 현실적인 분인지 모릅니다.

벵겔(Johann Albrecht Bengel, 1687-1752)이라는 유명한 성경학자는 사람이 세상에 살 동안 육신의 생명이 영적인 생명보다 앞선다고 말했습니다. 우리가 잘못하면 오해를 할 수 있는 내용일지 모르지만 엄격하게 따지면 그것은 사실입니다. 우리의 육신이 살아 있으니까 영혼이 중요시되고, 육적인 생명이 있으니까 영적인 생명을 생각하는 것입니다. 만일 육적인 생명을 무시해 버린다면 영적인 것을 염려할 소지가 남아 있지 않을 것입니다. 이런 의미에서 일용할 양식을 먼저 구한다는 것이 얼마나 자연스러운지 모릅니다.

주기도문 전체를 보면 일곱 가지 기도 제목이 나오는데 그 가운데서 여섯 가지는 전부 영적인 것을 위한 기도입니다. 그런데 그 가운데 꼭 하나 육적인 기도가 있습니다. 바로 "일용할 양식을 주시옵소서"라는 기도입니다. 이것을 보면 주님께서 우리가 세상에서 사람 구실을 하고 신앙생활을 제대로 하기 위해 경제적인 조건이 얼마나 큰 비중을 차지하는가를 잘 알고 계셨다는 것을 여기에서 알 수 있습니다. 그러므로 우리가 일용할 양식을 위한 기도를 절대로 부끄러워해서는 안 됩니다. 하나님이 중요하다고 인정하시는 것인데 우리가 "아! 그렇지 않습니다"라고 반응하는 것은 위선이며 어떤 면에서는 교만일 수 있습니다.

하나님은 우리가 거지 나사로처럼 굶기를 밥 먹듯이 하면서 살기를 원치 않으십니다. 그렇다고 어리석은 부자처럼 가진 것이 너무 많아서 하나님도 모르고 그저 흥청망청 세상을 살다가 끝나는 초라한 인생이 되기를 원치도 않으십니다. 하나님은 우리가 하나님 자녀답게 거룩하게 살 수 있는 적절한 양의 경제 수준, 즉 일용할 양식을 우리에게 주시기를 원하시고 또 우리가 그것을 위해서 날마다 기도하는 경건한 하나님의 자녀가 되기를 원하십니다.

오늘날 현대사회를 사는 우리가 날마다 먹고 마시는 일용할 양식을 놓고 하나님 앞에 꼭 기도할 필요가 있습니까? 우리나라가 가뭄이 계속되는 아프리카의 수단(Sudan)이나 에티오피아(Ethiopia) 같은 나라는 아니지 않습니까? 그렇다고 홍수가 나서 농사를 망쳐 놓은 방글라데시(Bangladesh) 같은 나라도 아니지 않습니까? 지금과 같은 경제 여건에서 먹을 양식이 없어서 날마다 근심해야 할 처지에 있는 사람이 전체 인구의 몇 %나 되겠습니까? 우리가 매일 먹고 마시는 것을 가지고 걱정해야 한다면 좀 이상한 소리가 아닙니까?

50년 전만 해도 미국에서는 한 가정에 꼭 필요한 생활필수품을 칠

십가지로 꼽았는데, 50년이 지난 오늘에 와서는 무려 칠백 가지를 꼽는다고 합니다. 열 배가 늘어난 것입니다. 그만큼 생활이 편리해지고 풍요로워졌다는 말입니다. 어떤 점에서는 탐욕스러워지고 있다는 증거라고 말할 수 있습니다. 우리나라에서도 꼭 필요한 생활필수품들을 조사하면 상당한 숫자가 나올 것 같습니다. 그만큼 이제는 큰 불편 없이 사는 사회가 되었습니다. 이러한 상황에서 하나님 앞에 엎드려 날마다 일용할 양식을 달라고 구하는 것은 궁상맞게 보일지 모르겠습니다. 따라서 잘못하면 우리와 아무 관련이 없는 기도, 1세기 당시의 빈자들에게 어울리는 기도라고 냉소할 위험이 있습니다. 그러나 성경은 절대 그렇지 않다고 말하고 있습니다.

첫째로, 우리의 생명과 우리의 하루 생활이 전적으로 하늘에 계신 하나님 아버지의 손에 달려 있다는 사실이 변함이 없기 때문에 이 기도는 꼭 필요합니다. 우리의 생명과 우리의 하루 생활이 전적으로 하늘에 계신 하나님 아버지 손에 달려 있다는 것은 만고불변의 진리요, 원시시대나 문명이 발달한 20세기나 그 어떤 최첨단 문명시대가 온다고 해도 변함이 없는 진리입니다. 그러므로 "일용할 양식을 주시옵소서"라는 기도는 꼭 필요하다는 것입니다.

> 모든 육체에게 먹을 것을 주신 이에게 감사하라 그 인자하심이 영원함이로다_시 136:25

하나님께서 주실 때 우리는 먹고 마실 수가 있습니다. 하나님이 주시지 않으면 우리는 먹을 수가 없고 생명을 유지할 수도 없습니다. 우리에게 필요한 모든 것이 하나님으로부터 온다는 사실이 진리이기에 일용할 양식을 달라는 기도를 우리가 날마다 해야 합니다.

과유불급(過猶不及)

●

우리가 아무리 세상에 많이 쌓아 놓고 살아도 우리 생명이 재산에 달려 있는 것이 아닙니다. 그렇기 때문에 "일용할 양식을 주시옵소서"라는 기도를 매일 해야 합니다. 하나님이 주시는 동안에는 우리가 먹을 수 있으며, 하나님이 취하시는 날에는 모든 것을 다 빼앗길 수 있습니다. 억만장자라 할지라도 이 기도는 꼭 해야 합니다. 그 생명이 하나님의 손에 달려 있기 때문입니다.

둘째로, 우리에게 꼭 필요한 일용할 양식이 어느 정도인가를 정확하게 아시는 분은 하나님뿐이기 때문에 우리는 이 기도를 해야 합니다. 그렇다면 일용할 양식의 정도를 어떻게 말할 수 있습니까? 겨우 하루 세끼 입에 풀칠하는 정도의 수준입니까? 그것은 성경적이지 않습니다. 일용할 양식의 정도는 하나님의 자녀가 이 세상을 살면서 영혼을 해치지 않고 동시에 건강도 유지할 수 있는 적정선의 경제 능력입니다.

우리가 배불러서 '하나님을 모른다. 하나님이 누구냐?' 하고 교만하지 않을 수 있는 적정선, 반대로 너무 가난해서 도적질하고 또 하나님의 이름을 욕되게 하지 않을 수 있는 적정선, 이것을 유지하는 것이 일용할 양식입니다.

어떤 사람은 그 믿음으로 보아 백만장자가 되어도 그 재산이 전부 일용할 양식으로 해석될 수 있는가 하면 어떤 사람은 한 달에 백만 원만 벌어도 분에 넘치는 소유가 될 수 있습니다. 그러므로 솔직히 말해서 하나님께서 주기도문에서 기도하라고 말씀하신 그 일용할 양식이 우리 각자에게 실제로 어느 정도의 양인지 우리는 잘 모릅니다. 그것을 정확하게 아시는 분은 우리를 만드시고 우리를 사랑하시고 우리를 눈동자같이 지키시는 하나님밖에 없다고 저는 생각합니다. 그러므로 기도해야 한다는 말입니다.

무엇을 기도할까

●

우리는 필요한 것에 대해서 항상 높게 잡아 계산하는 욕심스러운 면이 있습니다. 하지만 우리는 신앙생활에 지장을 초래하는 부는 사절해야 합니다. 하나님을 등한히 여길 수 있는 어떤 출세, 어떤 높은 지위도 우리는 사절해야 합니다. 신앙의 걸림돌이 될 수 있는 가난도 우리는 사절해야 합니다. 어느 정도의 생활수준이 극단적인 양면의 위험을 막고 하나님의 자녀답게 살 수 있는 수준인지는 하나님만이 아십니다. 따라서 "일용할 양식을 주시옵소서"라는 기도를 다른 말로 바꾸면 "아버지 하나님이 잘 알아서 주시옵소서"라고 할 수 있습니다. 이것이야말로 가장 멋진 기도입니다.

그러므로 이 기도에는 우리의 분수에 넘치는 무엇을 구해서는 안 된다는 경고도 담겨 있다고 보아야 할 것입니다. 욕심이 지나친 기도는 일용할 양식을 달라는 기도 정신에 어긋나는 것입니다. 예수님을 믿는 사람치고 자기 욕심대로 하나님이 다 주신다고 생각하는 사람은 중생받지 못한 자연인이라 해야 할 것입니다.

셋째로, 이 기도에는 우리 생의 목적이 세상에 있지 않고 하나님 나라에 있다는 것을 고백하는 신앙이 들어 있기 때문에 우리가 이 기도를 해야 합니다. "하나님, 이 세상은 잠깐이요, 저는 나그네입니다. 이 세상에서 나그네로 살 동안 적절하게 쓸 정도만 주세요. 하나님의 영광을 위해 하나님의 자녀답게 사는 데 지장이 안 될 만큼 적절하게 주세요." 이렇게 기도하는 것이 일용할 양식을 위한 기도입니다. 영원한 나라를 바라보는 믿음의 자세에서 일용할 양식을 달라고 기도해야 합니다. 영원한 나라에 대한 소망도 없고 나그네라고 하는 신앙고백도 없는 사람이 어떻게 이 기도를 할 수 있습니까?

그렇다고 이 세상에서 재물을 쌓아 놓지 말라는 말이 아닙니다. 우리도 어떨 때는 재산을 증식할 필요가 있습니다. 그러나 영원한 나라에 들어가는 자세가 흐트러지지 않는 범위에서 재산을 키워야 합니다. 예수님처럼 먹고 남은 떡 부스러기를 모아 열두 바구니에 담아서 다음에 또 쓰기 위해 보관해 두는 알뜰 살림, 저축 생활도 필요합니다. 그러나 그렇게 하는 이유가 재물에 마음이 있어서가 아니라 그것이 하나님의 자녀다운 생활 모습이기 때문이어야 합니다. 우리의 마음이 영원한 하나님 나라에서 멀어지지 않는 범위에서 재산을 늘리고 저축을 해야 한다는 말입니다. 우리가 나그네로서 사는 삶에서 탈선하지 않으려면 일용할 양식을 달라는 기도를 날마다 해야 합니다. 그렇지 않으면 내세를 망각하고 재산을 쌓으면 쌓는 대로 비참한 존재로 전락해 버릴 위험이 있습니다.

넷째로, 내일의 염려를 하지 않겠다는 신앙고백이 들어 있기 때문에 우리는 이 기도해야 합니다. 우리에게는 하루하루가 오늘이라는 시간으로 돌아옵니다. 하나님은 오늘의 일용할 양식을 주시는 아버지가 되십니다. 하나님은 이것을 책임져 주신다고 이 기도에서 약속하고 계십니다. 그런데 왜 우리가 내일을 염려해야 합니까? 그러므로 이 기도를 하는 하나님의 자녀는 "주여! 나는 내일을 염려하지 않겠습니다. 내일이 오늘로 변할 때 하나님이 또 주실 줄을 믿습니다" 하는 신앙고백이 이 기도 안에 들어 있는 것입니다.

지금까지 우리는 일용할 양식을 달라는 기도 안에 들어 있는 의미를 살펴보았습니다. 이제 끝으로, 중요한 사실 하나는 이 기도에는 우리가 하나님 아버지께 감사하지 않을 수 없게 만드는 강한 능력이 들어 있다는 것입니다.

솔직히 말해서 "일용할 양식을 주시옵소서" 하는 기도는 우리가 가장 하기 어려운 기도 중 하나입니다. 그렇지 않습니까? 우리는 다 여유 있는 생활을 원합니다. 경제적인 여유, 즉 인생을 좀 더 즐겁고 행복하게 살기를 원합니다. 그러나 일용할 양식을 달라고 하는 기도에는 인생을 즐겁고 행복하게만 살 수 있는 여유가 많이 들어 있지를 않습니다. 그저 하나님의 자녀답게 경건하게 사는 데 지장이 없을 정도의 생활에 만족해야 한다는 의미가 들어 있기에 우리가 쉽게 할 수 있는 기도가 아닙니다. 어떤 의미에서는 그동안 우리가 바른 의미를 잘 몰랐기 때문에 하루 몇 번씩 이 기도를 드릴 수 있었는지 모릅니다. 만일 이 기도 안에 담긴 의미를 정확히 알았다면 욕심스러운 자들은 주기도문에서 이 대목만은 건너뛰고 싶었을 것입니다. 무슨 기도인지 잘 몰랐다는 것이 얼마나 다행입니까? 그러나 그동안 잘 모르고 드린 이 기도를 하나님이 얼마나 성실하게 응답하셨는가를 찾아보면 놀라지 않을 수 없습니다.

사실 우리는 이중적인 기도를 해왔습니다. 한편으로는 "주여! 오늘 우리에게 일용할 양식을 주시옵소서"라고 기도를 드리고, 다른 한편으로는 일용할 양식보다는 훨씬 도가 넘는 기도를 드렸습니다. 예를 들어, "주여, 나의 구하는 것이나 바라는 것 이상으로 주실 줄 믿습니다"라는 기도를 했습니다. 이렇게 우리는 이중적인 기도를 해 왔습니다.

그런데 하나님은 일용할 양식 쪽으로 더 많이 응답하셨습니다. 이것을 감사해야 합니다. 우리가 아무리 달라고 해도 일용할 양식 이상의 것은 들어주시지 않은 때가 얼마나 많습니까! 그것 때문에 어떨 때는 좌절도 하고 불평도 했지만, 하나님이 보실 때 그것이 우리에게 복이 되는 적정선이었던 것입니다. 지금의 생활수준이 곧 일용할 양식을 구한 우리의 기도에 대한 하나님의 선물임을 명심해야 합니다. 그 이상이나 그 이하였다면 우리가 잘못될 수도 있었을지 모르기 때문입니다.

과유불급(過猶不及)

●

91

그다음에 또 감사해야 할 일이 있습니다. 그것은 우리를 위하여 일용할 양식보다 지나친 것은 여러 가지 모양으로 제거해 주셨다는 점입니다. 주님은 우리에게 때로는 손해를 당하게 하십니다. 하나님 이외의 다른 것이 우리 마음의 우상이 되는 것을 막기 위해서 주님이 그렇게 하십니다. 우리가 하루하루 생명을 유지하는 것이 하나님의 은혜임을 알게 하시려고 주님이 그렇게 간섭하시는 것입니다. 그래서 때로는 재산이 날아가고 건강을 잃기도 하고, 때로 출세의 길이 막힐 때도 있습니다. 그러나 우리는 이것을 감사할 줄 알아야 합니다.

알렉산드리아의 교부였던 클레멘트(Clement of Alexandria, 약 150-215)가 말하기를 "재물은 구두와 같다"라고 했습니다. 구두는 무작정 크다고 좋은 것이 아닙니다. 발에 맞아야 편하고 좋은 구두입니다. 마찬가지입니다. 재물을 많이 가졌다고 무조건 좋은 것이 아닙니다. 자기 분수에 맞아야 합니다. 사치스럽다고 반드시 행복한 것은 아닙니다. 하나님은 각자의 분수에 맞도록 적절하게 처리해 주십니다. 마음이 물질에 가 있는 사람은 그의 마음을 물질에서 떼어 놓으려고 그의 재산을 정리해 주십니다. 하나님과 거리감을 두고 살았던 사람이 하나님 나라에 마음을 두고 살도록 간섭하시는 것입니다. 이것이 일용할 양식에 대한 하나님의 응답입니다.

하나님의 백성은 물질에서 완전히 자유함을 받지 못하면 천국에 들어가지 못합니다. 낙타가 바늘귀를 빠져나가기보다도 더 어려운 것이 부자가 하늘나라에 가는 것입니다. 만약에 돈을 사랑하는 사람이 하늘나라에 간다면 큰일 납니다. 5공 비리 청문회와 같은 천국 청문회가 열려야 할지도 모릅니다. 하나님께서는 절대로 그것을 허락하지 않으십니다. 재물의 노예가 된 자는 구원을 받을 수 없습니다. 이렇듯 물질의 욕심에서 초월한 경건한 사람을 만들기 위해서 하나님이 우리에게 어떨 때는 일용할 양식만 남겨 놓으시고 다른 것은 정리해 주십니다. 이것 때문에 감사하는 사람이 된다면 우리는 정말 아름다운 하나님의 백성이라고 말할 수 있을 것입니다.

또 한 가지, 우리가 감사해야 할 것이 있습니다. 일용할 양식을 달라는 우리의 기도를 하나님이 성실하게 응답하신 덕분에 우리 가운데 아무도 굶어 죽지 않았다는 사실입니다. 우리 현실에서 끼니를 거르고 허기진 배를 움켜쥐고 사는 사람은 특별한 경우를 제외하고는 거의 없습니다. 특히 우리나라는 이 점에서 큰 축복을 받은 것이 틀림없습니다. 지난 20여 년 동안 정치적으로 경제적으로 숱한 비리들이 이 나라의 도덕성을 타락시킨 것이 사실이지만, 그 모든 잘못에도 불구하고 매년 풍년을 주셔서 일용할 양식이 없어 우리가 고통을 당하는 일이 없게 하신 것은 전적으로 이 기도의 응답이 아닐 수 없습니다. 감사해야 합니다. 저는 확신하기를 이 기도야말로 우리 행복의 조건이라고 생각합니다.

그러므로 우리는 날마다 이 기도를 우리 자신을 위한 첫째 기도 제목으로 놓고 기도해야 합니다. 이 기도를 하는 사람에게 하나님은 다윗을 통하여 약속하신 축복을 주십니다.

의인의 적은 소유가 악인의 풍부함보다 낫도다_시 37:16

그렇습니다. 하나님의 자녀가 갖는 일용할 양식이 세상 사람의 소유물에 비해 초라해 보일지는 모르지만, 하나님이 우리에게 가장 적절하다고 생각하시고 허락하시는 그 일용할 양식만 있다면 그것이 우리를 행복하게 만드는 하나님의 축복이라는 사실을 믿으십시오. 그리하여 자본주의 사회에서 타락하기 쉬운 신앙생활을 이 기도를 통하여

과유불급(過猶不及)

●

93

경계해야 합니다. 감사가 줄기 쉬운 이 세대에 날마다 이 기도를 하며 감사하는 삶을 살 때에 우리도 다윗과 같은 고백을 하나님께 드릴 수 있을 것입니다.

> 내가 어려서부터 늙기까지 의인이 버림을 당하거나 그의 자손이 걸
> 식함을 보지 못하였도다 그는 종일토록 은혜를 베풀고 꾸어 주니 그
> 의 자손이 복을 받는도다_시 37:25−26

7

일만 달란트를
기억하라

하나님으로부터 큰 죄를 용서받은 우리는
반드시 다른 형제를 용서해야 할 명분을 가지고 있다는 사실을 인정해야 합니다.

마태복음 6:12

우리가 우리에게 죄지은 자를 사하여 준 것 같이 우리 죄를 사하여 주시옵고

마태복음 6:14–15

14 너희가 사람의 잘못을 용서하면 너희 하늘 아버지께서도 너희 잘못을 용서하시려니와 15 너희가 사람의 잘못을 용서하지 아니하면 너희 아버지께서도 너희 잘못을 용서하지 아니하시리라

일만 달란트를
기억하라

주님이 우리 자신을 위한 기도 제목 세 가지를 주시면서 일용할 양식을 제일 먼저 구하라고 한 것에 대해서 우리는 매우 감격하게 됩니다. 그다음에 날마다 죄 사함을 위해 기도하라고 하신 것도 얼마나 우리의 마음을 뜨겁게 하는 것인지 모릅니다. 왜냐하면 이 두 가지 기도는 우리의 생명과 행복을 위해서 꼭 필요한 것이기 때문입니다. 우리의 육신이 생명을 유지하려면 반드시 먹을 양식이 있어야 합니다. 우리가 먹고 마시는 것을 그만두는 것은 삶을 포기하는 것이나 다름없지 않습니까? 그렇기 때문에 우리는 날마다 양식을 달라고 하나님께 간구해야 합니다. 그런즉 이름하여 '일용할 양식'이라 하는 것입니다.

그런데 우리의 진정한 생명과 행복은 육신이 배부른 것으로만 해결되는 것이 아닙니다. 요즈음 우리 주변에서 일어나는 끔찍한 사건들을 보십시오. 배가 고파서 일어나는 사건은 불과 극소수입니다. 대부분이 영혼이 병들고 죽어가는 데서 일어나는 사건들입니다. 우리의 영혼이 행복하고 건강해지려면 무엇이 필요합니까? 그것은 주기도문에서 주님이 우리에게 가르쳐 주신 것, 날마다 죄를 용서받는 것입니다.

아무리 경건한 성도라 해도 죄를 짓지 않고 해가 지는 날은 거의 없을 것입니다. 무슨 유형의 죄를 범하든 죄를 범하는 것이 우리 인간입니다. 날마다 배고프기 때문에 날마다 먹을 양식이 필요한 것처럼, 날마다 죄를 범하기 때문에 날마다 용서를 받아야 합니다. 이런 의미에서 이 두 가지 기도는 우리의 육신과 영혼을 위해서 떼놓을 수 없는 밀접한 관계가 있는 기도 제목입니다. 우리의 육신을 위해서는 일용할 양식이, 우리의 영혼을 위해서는 일용할 용서가 필요하기 때문입니다.

우리가 잘 아는 바와 같이 예수님을 믿는 하나님의 자녀는 예수님의 십자가의 피로 이미 모든 죄를 깨끗하게 용서받았습니다. 이것을 일컬어 의롭다 함을 받았다고 합니다. 따라서 아무도 하나님의 자녀를 정죄할 수가 없으며 아무도 송사할 수 없으며 또 하나님의 자녀를 죄인이라고 부를 수가 없습니다. 이것은 분명한 사실입니다. 그럼에도 불구하고 주님은 주기도문을 통해서 우리에게 말씀하시기를 하나님 앞에서 날마다 죄 용서함을 받아야 한다고 합니다. 아무리 거룩한 하나님의 자녀라고 해도 이 땅에 사는 한, 범죄로부터 초연할 수는 없습니다.

따라서 이 기도는 하나님을 아버지라고 부르는 자식들의 기도입니다. 하나님 아버지를 모르는 세상 사람들이 하는 기도가 아닙니다. 세상 사람들이 이 기도를 할 수가 없기 때문입니다. 이 기도는 모든 죄를 하나님 앞에 용서받고 해결 받은 하나님의 자녀가 날마다 짓는 죄를 용서받기 위하여 드리는 기도입니다.

주님은 하나님의 자녀가 범죄하고 용서받아야 하는 것을 목욕한 자가 날마다 발 씻는 것에 비유해서 말씀하신 적이 있습니다. 유대 사람들이 목욕을 얼마나 자주 했는지 잘 모르지만, 발만은 날마다 몇 차례

씩 씻었습니다. 먼지가 많이 나는 지역이고, 샌들을 신고 길을 많이 걷기 때문에 집에 들어갈 때 발을 씻지 않으면 곤란했을 것입니다. 목욕을 해서 깨끗한 사람은 발이 더러워지면 그대로 내버려 두지 않습니다. 자연히 발을 자주 씻게 됩니다. 우리는 하나님 앞에 완전히 용서받은 사람이기 때문에 조그마한 잘못, 조그마한 더러운 것이라도 용납할 수가 없습니다. 그러므로 우리는 날마다 주님께 죄 용서함을 간구해야 합니다.

우리가 문명사회에 살게 된 덕분으로 새삼스럽게 발견하는 것 하나가 있습니다. 몸을 씻으면 씻을수록 더 깨끗하게 씻으려는 본성이 작용한다는 것입니다. 수십 년 전, 전쟁의 와중에서는 웬만히 더러워도 씻을 생각을 안 했습니다. 씻으나 마나 했습니다. 그래서 그 당시에는 발에서 냄새가 진동해도 그 발 그대로 이불 밑에 들어가 자는 것을 예사로 생각했습니다. 그러나 요즘에는 조금만 몸이 더럽다고 생각되면 견디지를 못합니다. 밤낮없이 씻으려고만 합니다. 이것은 영적으로도 통하는 이론입니다. 하나님의 자녀가 하나님의 그 놀라우신 은혜를 깨달으면 깨달을수록 더러운 죄를 용납하지 못하는 결벽증이 생기게 됩니다. 이런 의미에서 주님이 우리에게 날마다 하나님 앞에 죄 용서를 구하라고 가르치신 것입니다.

그런데 여기에 나오는 죄는 원래 '빚'이라는 의미가 있습니다. 빚을 진다는 말입니다. 우리가 우리에게 빚진 자를 삭쳐 주듯이 우리 빚을 삭쳐 달라는 말입니다. 이 기도를 다른 말로 한다면 "하나님이여, 우리가 형제의 빚진 것을 탕감해 주듯이 우리의 빚진 것도 탕감해 주시옵소서"라는 뜻입니다. 왜 죄를 빚이라는 단어와 연결했습니까? 빚은 상대방에게 부담을 주는 것이요, 손해를 끼치는 것입니다. 이런 의미에서 죄가 빚과 상통한다고 볼 수 있을 것입니다.

우리는 날마다 하나님 앞에 많은 빚을 지고 사는 사람들입니다. 부모들에게 효도하기를 원하는 자식일수록 잘해 드리지 못해 마음의 가책을 받는 것처럼 하나님의 자녀가 믿음이 좋아지면 좋아질수록 하나님께 죄의 빚을 지고 있다는 감정이 더 예민하게 나타나기 마련입니다. 그러기 때문에 우리는 그 빚을 청산하기 위하여 날마다 하나님 앞에 용서를 구해야 합니다. 또 우리는 인간관계에서 빚을 지는 일이 많습니다. 서로가 얼마나 심적인 부담을 주며 살고 있습니까? 그러므로 우리는 빚을 덜기 위해서 상대방을 용서하면서 살아야 한다는 말입니다.

지금까지 제가 말씀드린 내용은 누구나 당연한 사실로 알고 어렵지 않게 받아들일 수 있을 것입니다. 죄를 날마다 회개하고 용서받아야 한다는 사실을 가지고 그렇지 않다고 말할 사람은 아무도 없을 것입니다. 그만큼 우리는 모두 불안한 구석을 가지고 있는 것입니다.

그런데 유독 이 주기도문의 내용이 우리를 난처하게 만드는 이유가 하나 있습니다. "우리가 우리에게 죄지은 자를 사하여 준 준 것 같이"라는 조건이 붙어 있기 때문입니다. 그것은 우리에게 충격을 던져주는 내용입니다. 막연히 '우리 죄를 사하여 주시옵소서'라는 기도라면 별로 어려운 것이 없습니다. 그러나 "우리가 우리 형제를 용서해 준 것 같이"라는 조건이 붙어 있기 때문에 이 기도는 우리를 참 당혹스럽게 만듭니다. 게다가 주님은 주기도문 내용 가운데 유독 이 기도문에 대해서만은 14절과 15절에서 거듭 설명을 하고 있습니다.

> 너희가 사람의 잘못을 용서하면 너희 하늘 아버지께서도 너희 잘못을
> 용서하시려니와 너희가 사람의 잘못을 용서하지 아니하면 너희 아버
> 지께서도 너희 잘못을 용서하지 아니하시리라_마 6:14-15

너무나 당연한 사실의 말씀입니다. "하나님 아버지, 제가 다른 형제를 용서하오니 하나님은 저의 죄를 용서해 주시옵소서"라는 뜻을 가진 말입니다. 이 내용을 바꾸면 "하나님, 제가 다른 형제의 죄를 용서하지 못할 땐 저의 죄를 용서하지 마시옵소서"라는 말이 될 수 있습니다. 우리 중에 형제의 잘못을 철저하게 용서하는 사람이 과연 몇이나 되겠습니까? 이러한 어려움이 오늘날 우리가 이 기도 앞에서 숨을 쉬지 못하게 만드는 이유가 됩니다.

이 말씀은 마치 하나님이 우리를 용서하시는 것과 우리가 형제를 용서하는 것 사이에 엄격한 비율이 적용되는 것 같은 인상마저 줍니다. 이렇게 생각하면 하나님의 용서는 철저하게 조건적이라는 결론을 내릴 수도 있을 것입니다. 비약하면 하나님이 우리를 용서하는 것은 철저하게 우리의 공로에 따라 용서한다는 말까지 나올 수도 있을 것입니다. 그러나 성경 전체를 놓고 볼 때 이것은 예수님이 말씀하시는 의도와 거리가 멀다는 것을 잘 알 수 있습니다.

하나님의 용서와 우리의 용서에 어떻게 비율을 적용할 수 있습니까? 누가 용서를 받아야 할 처지입니까? 누가 죄를 짓습니까? 우리가 하나님께 죄를 많이 짓습니까? 비율을 따져보면 도저히 상대가 되지 않는다는 것을 우리가 금방 알게 됩니다. 게다가 하나님의 용서는 조건적이 아닙니다. 하나님의 용서는 무조건적입니다. 우리가 하나님 앞에 죄를 고백하면 하나님은 미쁘시고 의로우사 우리 모든 죄를 사하여 주시고 우리를 모든 불의에서 깨끗하게 해주십니다(요일 1:9 참조). 그리고 우리가 형제를 용서하기 때문에 하나님이 우리 죄를 용서해 주신다는 공식을 그대로 적용하는 것은 성경적이 아닙니다. 그럼에도 불구하고 여전히 부인할 수 없는 공식은 우리가 형제를 용서하지 않으면 하나님이 우리를 절대 용서하시지 않는다는 사실입니다.

주님은 이것을 12절에 이어 14절과 15절에서 거듭 세 번이나 반복하여 말씀하셨습니다. 이것은 무엇을 의미합니까? 비율을 적용하는 것도 아니고 조건적인 용서도 아니라면서 우리가 형제를 용서하지 않으면 하나님도 우리 죄를 절대 용서하지 않는다는 말이 왜 부인할 수 없는 진리인지 우리가 심사숙고해야 할 문제라고 생각합니다.

여기서 우리가 명심해야 할 것이 하나 있습니다. 무엇보다 앞서서 우리는 십자가의 피로 모든 죄를 원천적으로 용서받았다는 사실입니다. 이 기도 앞에 이것이 하나의 전제가 되어서 선행하고 있음을 기억해야 합니다. 모든 죄를 용서하신 하나님의 은혜를 체험한 사람은 자동으로 형제의 죄를 용서하지 않을 수 없게 되어 있다는 것을 여기서 명백히 암시하고 있습니다.

따라서 하나님으로부터 큰 죄를 용서받은 우리는 반드시 다른 형제를 용서해야 할 명분을 가지고 있다는 사실을 인정해야 합니다. 이런 명분과 책임이 있으면서 형제를 고의로 용서하지 않는 사람을 하나님이 대단히 미워하십니다. 그래서 고의로 형제를 용서하지 않는 사람에 대해서 하나님께서는 자기도 고의로 그 사람의 죄를 용서하지 않겠다고 말씀하시는 것입니다.

좋은 예가 있습니다. 마태복음 18장 23절 이하에 나오는 무자비한 종의 비유입니다. 거기에 보면 예수님께서 형제의 죄를 일곱 번씩 일흔 번이라도 무한정으로 용서해 주라는 교훈을 하신 다음, 그 사실을 좀 더 제자들에게 피부에 와 닿도록 설명하기 위해서 종의 비유를 들고 계십니다.

임금에게 빚을 진 어떤 종이 있었습니다. 그 종은 임금에게 일만 달란트의 빚을 졌습니다. 일만 달란트가 어느 정도인지 아십니까? 그 당시 식민지로 있던 유대가 국가적으로 로마 황실에 바치는 1년 세금이 팔백 달란트였습니다. 식민지 백성이 착취당하면서 바치는 세금이 팔백 달란트라면 일만 달란트는 개인으로서는 도저히 소유하기가 불가능한 거액이라 할 수 있습니다. 종이 그만큼 큰 빚을 졌는데 갚지를 못하니까 왕이 불러서 처자를 팔아서라도 갚으라고 엄명을 내렸습니다. 그 말을 들은 종이 제발 살려 달라고 사정을 했습니다. 그때 임금은 종을 불쌍히 여겨서 네 빚을 받지 않겠다고 말하며 일만 달란트를 전부 탕감해 주었습니다.

종이 탕감함을 받고 집으로 돌아가다가 문득 자기에게 빚진 형제를 만나게 되었습니다. 그 형제는 백 데나리온의 빚을 진 사람이었습니다. 백 데나리온은 일만 달란트의 백만분의 1이라고 합니다. 그야말로 적은 액수입니다. 그런데 그 종은 자기에게 빚진 형제를 만나자마자 다그치기 시작하더니 상대방이 조금만 기다리면 갚아 주겠다고 애걸해도 듣지 않고 경찰서에 신고해서 그 사람을 가두어 버렸습니다. 그 소식을 들은 왕이 가만히 있었겠습니까? 괘씸하기 그지없어서 일만 달란트 빚진 종을 불러서 이렇게 이야기했습니다.

> 악한 종아 네가 빌기에 내가 네 빚을 전부 탕감하여 주었거늘 내가
> 너를 불쌍히 여김과 같이 너도 네 동료를 불쌍히 여김이 마땅하지
> 아니하냐_마 18:32-33

그 종은 너무나 큰 빚을 왕으로부터 탕감 받았습니다. 이러한 큰 은혜를 입은 사람이 백 데나리온 빚진 사람을 그렇게 무자비하게 다루어서야 되겠습니까? 하나님 앞에 큰 긍휼을 입은 사람은 반드시 다른 사람을 불쌍히 여기는 것이 의무요, 도리입니다. 그런데 이와 같은 의무를 행하지 않고 고의로 그 사람을 옥에다 집어넣었으니 얼마나 악

한 사람입니까? 이런 사람에게 하나님이 뭐라고 말씀하십니까?

> 너희가 각각 마음으로부터 형제를 용서하지 아니하면 나의 하늘 아
> 버지께서도 너희에게 이와 같이 하시리라_마 18:35

진심으로 형제를 용서하지 않는 사람은 하나님도 그 사람을 용서하지 않는다는 말씀입니다. 이렇게 말씀하시는 하나님이 잘못되었다고 할 수 있습니까? 절대 그렇지 않습니다. 악한 우리라도 일만 달란트 빚진 종처럼 염치없는 짓을 하는 자를 보면 가만히 있지 못할 것입니다. 그런데 우리 자신이 바로 이 일만 달란트 빚진 종 같은 모습은 아닙니까! 이런 의미에서 오늘 우리가 마음에 몹시 고통을 느낄 수밖에 없습니다. 솔직히 주님이 말씀하신 대로 우리가 형제를 용서하지 못하고 있기 때문입니다. 백 데나리온 빚진 형제를 경찰서에 신고해서 감옥에 넣는 사람이 바로 우리 자신이라는 사실을 부인할 수 없습니다. 그런 양심의 아픔을 갖고 있기 때문에 주기도문을 드릴 때마다 가슴이 답답해집니다.

지금으로부터 약 1700년 전, 초대 교회에서의 일입니다. 크리소스톰(Joannes Chrysostomos, 약 349추정-407)이 목회하던 그 교회 신자들은 주기도문을 외우다가 바로 이 부분에 이르러서는 입을 다물고 가만히 있었다는 이야기가 전해 오고 있습니다. 왜냐하면 그들이 양심의 가책을 느꼈기 때문입니다. 하나님으로부터 엄청난 긍휼을 입었음에도 형제를 용서하지 못하고 있다는 사실이 그들의 입을 다물게 했던 것입니다.

《보물섬》(*Treasure Island*)이라는 불후의 명작을 남긴 스코틀랜드의 작가 로버트 스티븐슨(Robert Louis Stevenson, 1850-1894)의 이야기입니다.

어느 날 그가 가정에서 가족과 예배를 드리다가 갑자기 벌떡 일어나서 문을 박차고 나가버린 것입니다. 부인이 놀라 뒤따라 나가서 남편을 붙들고 왜 그러느냐고 물었습니다. 스티븐슨이 말하기를 "오늘은 내가 죄를 용서해 달라고 주기도문을 드리기가 몹시 괴롭소. 마음이 편치가 않소"라고 말했습니다. 초대 교회 성도들과 스티븐슨은 그래도 염치가 있고 양심이 있는 사람들이었습니다.

오늘 우리는 어떻습니까? 우리는 형제를 용서하지 않는 일이 비일비재하면서도 주일마다 의젓하게 하나님 앞에 이 기도를 했습니다. 정말 괴로운 일입니다. 종교개혁자 루터가 양심의 가책을 전혀 느끼지 않고 하나님 앞에 뻔뻔스럽게 이 기도를 드리는 사람에게 이런 말을 했습니다. "양심의 가책 없이 기도하는 사람은 시편 109편 7절에 있는 저주를 받아야 한다." 시편 109편 7절에 나오는 저주가 무엇인지 아십니까? "그의 기도가 죄로 변하게 하시며"라는 기도입니다. 얼마나 기가 막힌 말입니까? 그러므로 형제를 용서하지 않는 것은 우리의 신분에 전혀 어울리지 않는 일이라는 것을 우리가 깊이 인식해야 합니다. 우리는 백 번, 만 번이라도 형제의 죄를 용서하고도 남을 은혜를 입은 사람들이기 때문입니다.

또 이 기도가 우리에게 고민거리로 등장하는 이유가 있습니다. 그것은 우리가 용서해도 조건부 용서를 한다는 것입니다. 우리 중에는 형제를 용서하려고 노력하는 사람들이 대부분일 것으로 생각합니다. 그런데 입으로는 용서하지만, 마음으로는 용서를 안 하는 것입니다. 그래서 늘 형제의 잘못을 기억하고 그 형제가 자기에게 끼친 해를 계산하면서 고통을 당합니다. 이런 사람은 주기도문을 드릴 때마다 틀림없이 마음이 편치 않을 것입니다.

원문을 보면, 본문에서 "형제의 죄를 사하여 준 것 같이"라는 말 중에 '사한다'라는 단어와 똑같은 단어가 마태복음 4장 22절에 나옵니다. 야고보와 요한은 아버지와 함께 바닷가에서 그물을 깁고 있었습니다. 그때 예수님이 지나가시다가 두 형제를 보고 "나를 따라오라"라고 말씀하셨습니다. 이에 두 형제가 예수님의 음성을 듣자마자 벌떡 일어나서는 아버지도, 배도, 그물도 다 버리고 예수님을 따라갔습니다. 그런데 여기에서 '내버렸다'라는 말이 바로 주기도문의 '사하여 준다'라는 단어입니다. 용서한다는 것이 무엇입니까? 요한이 예수님을 따라가기 위해 아버지와 그물과 배를 전부 내버린 것처럼 우리도 형제의 잘못을 다 내버리고 다시는 기억하지 않는다는 것입니다. 그런데 우리가 그렇게 하지 못한다는 데 고민이 있습니다.

사람을 용서한다는 것이 보통 어려운 일이 아닙니다. 게다가 특별히 나에게 어떤 손해를 끼친 사람을 용서하는 일은 더욱 어렵습니다. 우리가 용서한다 해도 조건부로 용서를 하다 보니 하나님 앞에 오히려 죄를 또 하나 보태는 격이 될 때가 많습니다. 그래서 스펄전(Charles Haddon Spurgeon, 1834–1892)은 이런 말을 남겼습니다. "형제 여러분, 용서하고 잊어버리십시오. 당신이 미친개를 땅에 묻을 때 꼬리만 땅 위로 기념탑처럼 남겨둘 수는 없지 않습니까?"

이 말이 무슨 뜻입니까? 옛날에는 미친개를 끌어다가 산 채로 땅에 묻었나 봅니다. 위험한 개를 묻을 바에는 완전히 묻어야지 꼬리만 땅 위에 남겨 놓을 필요가 없는 것입니다. 형제의 죄도 용서하려면 깨끗이 묻어 버리듯 용서해야지 일부분을 남겨 놓을 필요가 없습니다. 그러나 우리 삶 속에는 땅 위로 삐죽 나온 개의 꼬리가 여기저기 흩어져 있는 것을 볼 수 있습니다.

왜 우리가 형제를 완전히 용서하지 못하고 고통받습니까? 가장 큰 이유는 형제로 인해 받은 상처에 계속 분노를 느끼기 때문입니다. 형제가 빌려 간 돈을 갚지 않아서 자기의 사업이 망하고 가정이 몰락하면 그 형제의 빚을 탕감해 주고 용서하는 것이 결코 쉽지 않을 것입니다. 죄를 빚이라고 표현하는 이유도 바로 형제가 입힌 손해나 피해를 염두에 두고 있기 때문입니다. 아우구스불거는 이러한 말을 했습니다. "용서해 주는 사람은 엄청난 대가를, 즉 자기가 손해 본 만큼의 대가를 지불해야 용서할 수 있다."

아우구스불거가 지적한 것처럼 형제나 나 자신에게 입힌 모든 손해를 스스로 짊어지는 대가 지불이 없이는 절대 형제를 용서하지 못합니다. 이것이 우리에게 어려운 이유입니다. 그러나 우리는 어떠한 대가를 지불하고서라도 반드시 형제를 용서해야 합니다. 만약 용서 못하겠다면 하나님께서 우리를 향해 이렇게 질책할 것입니다. '네가 나에게 끼친 손해를 생각해 보았느냐?' 그러므로 하나님의 자녀 된 사람은 형제를 무조건 용서해야 합니다.

우리가 형제를 용서하기 어려운 이유가 또 하나가 있습니다. 그것은 한 번 용서하는 것으로 끝나는 것이 아니라 반복해서 계속 용서해야 할 필요성을 느끼게 만드는 형제들이 주변에 많다는 것입니다. 특히 가족이나 가까운 사람 간에 이런 경우가 많습니다. 한두 번 용서하는 것은 쉬운 일입니다. 그러나 날마다 용서해야 한다면 그것은 인간의 능력으로는 감당하기 어려울 것입니다. 저는 얼마 전에 외국의 30대 주부가 쓴 글을 읽고 느끼는 바가 많았습니다. 에밀리 브란트라는 여인이 자기 자신을 분석하여 솔직하게 표현해 놓은 글이었습니다.

에밀리 브란트는 성장과정 탓인지 어려서부터 어머니에 대한 증오심을 품고 있었습니다. 아마 복잡한 여건 속에서 성장했나 봅니다. 그런데 그 증오심은 나이가 들수록 이글이글 타오르는 숯불처럼 점점 강해지기만 했습니다. 그의 말을 빌린다면 어머니가 자기를 부르는 소리만 들려도 위가 뒤틀리고 두통이 생길 정도라고 했고, 사자 굴에 떨어지는 다니엘처럼 긴장했다고 합니다. 모녀 사이에 얼마나 증오가 심했는지 알 만합니다. 그는 고민하던 끝에 교회에 나가게 되었습니다. 그리고 목사님의 권유에 따라 말씀을 읽고 기도하면서 이 문제를 해결해 보려고 무척 노력을 했습니다. 하루는 말씀을 통해서 자기가 어머니를 용서하지 않고 있다는 사실을 깨닫게 되었습니다.

에밀리 브란트는 깨달은 바가 있어서 이제 어머니를 용서해야겠다고 결심했습니다. 그리고 어머니가 달라질 것이라고 은근히 기대도 했습니다. 그런데 사태는 여의치 않았습니다. 자기는 어머니를 용서했지만, 어머니는 전혀 달라지지 않았습니다. 어머니는 여전히 자기를 향해 욕하고 미워했습니다. 그녀는 어머니를 용서하는 것이 한 번으로 끝나는 문제가 아닌 것을 알게 되었습니다. 그래서 하나님 앞에 한 번은 몰라도 날마다 용서는 못 하겠노라고 떼를 쓰기 시작했습니다.

그러던 어느 날 하나님은 그녀에게 진리를 깨닫는 눈을 열어 주셨습니다. 하나님으로부터 용서를 배우지 않고 자기 힘으로 문제를 해결하려고 한 것이 잘못이었다는 것을 알게 하신 것입니다. 그녀는 그다음부터 어머니를 무조건 용서하기로 했습니다. 용서하는 것만 아니라 어머니의 마음을 기쁘게 하려고 생전 해보지 않던 행동을 했습니다. 선물도 가끔 사 드리고 카드도 써서 보냈습니다. 그러나 어머니는 달라지는 것이 보이지 않았습니다. 그러나 자기는 하나님의 용서를 체험한 사람으로서 몇 번이고 용서하는 것이 당연하다고 생각했습니다.

그래서 그녀는 자기 글의 마지막에 이런 말을 남겼습니다. "날마다 눈을 뜰 때마다 인간의 용서가 부스러지기 쉬운 것이라는 것을 실감한다. 내가 용서를 자연스럽게 실천하기 위해서는 하나님과 밀접하게 동행해야 한다는 것을 알았다." 바로 무조건적이고 계속적인 용서는 은혜의 능력을 가질 때만 가능하다는 진리를 배운 것입니다.

우리는 형제를 용서해야 합니다. 반드시 형제를 용서해야 할 의무와 책임이 있습니다. 왜냐하면 우리는 모두 하나님 앞에 일만 달란트의 빚을 탕감 받은 사람이기 때문입니다. 그러므로 백 데나리온 빚진 사람을 용서해 주어야 합니다.

우리는 형제를 용서해야 합니다. 우리는 날마다 범죄하기 쉬운 사람들이기 때문입니다. 하나님 앞으로 나와서 용서를 받으려면 반드시 형제를 용서해야 합니다. 고의로 형제를 불쌍히 여기지 않는 사람은 하나님도 고의로 용서하지 않는다고 분명히 말씀하셨습니다. 아무리 큰 상처를 입힌 사람이라도, 아무리 큰 손해를 보게 한 사람이라도 그 모든 손해와 상처를 여러분이 감수하면서까지 용서해야 합니다. 용서할 수 없다는 생각이 들 때마다 자신이 하나님으로부터 얼마나 용서받고 있는가를 생각하십시오. 그리고 자신이 주기도문을 드려야 한다는 것을 기억하십시오. 더 나아가서 용서의 능력을 간절히 구하십시오. 넘쳐흐르는 하나님의 은혜 안에서는 안 되는 법이 없기 때문입니다.

8

경고:
밟으면
터집니다!

사탄은 예수님께서 복음을 전하려 하면 할수록 더욱 악랄해졌고,
초대 교회 성도들이 하나님의 나라가 이 땅 위에 임하는 일을 위해
헌신하려 하면 할수록 더욱 집요하게 유혹했습니다.

마태복음 6:13
우리를 시험에 들게 하지 마시옵고 다만 악에서 구하시옵소서
(나라와 권세와 영광이 아버지께 영원히 있사옵나이다 아멘)

경고 :
밟으면 터집니다!

사실 우리는 하나님 앞에 무슨 기도부터 먼저 드려야 할지 잘 모를 때가 많고, 어떤 기도가 하나님 앞에 가장 중요한 기도인지도 제대로 분별하지 못하곤 합니다. 우리의 이러한 연약함을 주님께서 미리 아시고 자신이 세상에 계시면서 여러 가지 육신의 연약함을 통해 체험하신 것을 바탕으로 우리에게 꼭 필요한 기도를 세 가지 가르쳐 주셨습니다.

"시험에 들게 하지 마시옵고"라는 기도를 바로 이해하기 위해서는 시험이 무엇인지 다시 한번 검토해야 합니다. 성경에는 '시험하는 자'의 의미로서 시험이라는 단어가 많이 나오는데 대략 대여섯 가지 뜻으로 나누어집니다. 이번 장에서는 주기도문과 관련하여 우리가 꼭 알아야 할 시험에 대해 두 가지 의미를 설명하고자 합니다.

성경에 나오는 첫 번째 유형의 시험은 하나님께서 그의 자녀들을 검사하는 시험입니다. 이것은 자기 자녀들이 얼마나 충성되고 진실한가 알아보기 위해 하나님이 주시는 시험입니다. 아브라함에게 아들을 바치라고 한 시험이 바로 여기에 해당합니다(창 22장 참조). 하나님이 욥의 재산을 전부 거두어 가시고 그에게 질병으로 고통받는 연단기를 허락하신 것도 좋은 예가 될 수 있습니다(욥 1-2장 참조). 애굽에서 해방을 받은 이스라엘 백성을 무서운 광야로 몰아넣어서 그들을 어떨 때는 목마르게 하고 어떨 때는 양식이 없어서 배고프게 한 것도 이스라엘 백성이 얼마만큼 진실하게 하나님을 의지하는가를 보기 위한 시험이었습니다(신 8:1-6 참조).

이런 시험은 하나님이 특별한 목적을 두고 하시는 시험이기 때문에 모든 사람에게 적용되는 것이 아닙니다. 어떤 의미에서는 별 볼 일 없는 우리는 그런 시험을 받을 자격조차 없는지도 모릅니다. 그러나 이런 시험이 있다는 것을 우리는 알고 있어야 합니다.

성경에 나오는 두 번째 유형의 시험은 사탄이 하나님의 자녀들을 유혹하는 시험입니다. 사탄이 우리 마음속에 있는 부패한 본성을 자극하여 죄에 빠지게 하는 일도 있고, 세상의 아름다운 것들로 우리의 눈을 현혹해서 하나님을 떠나게 하는 시험도 있고, 더 나아가서는 세상의 악한 자들을 동원해서 환난과 핍박으로 몰아넣는 시험도 있습니다. 이 시험들은 그 배후에서 사탄이 조종한다는 점에서 동일합니다.

그러면 이상 두 가지 중 주님이 주기도문에서 우리에게 경고하신 시험은 어느 편에 해당되는 것입니까? 두말할 것 없이 그것은 하나님의 자녀인 우리를 사탄이 시험하는 것입니다. 그러므로 이 기도를 다른 말로 바꾸면 "하나님, 사탄의 시험에서 우리를 건지시옵소서", "사탄의 시험에 들지 않게 하시옵소서"라고 할 수 있습니다.

우리가 신앙생활을 하면서 절감하는 것이 하나 있는데, 그것은 이 세상에 시험이 너무 많다는 것입니다. 혹시 휴전선 근처에 가 보신 적이 있습니까? 휴전선에는 철책이 있고 그 철책 전후방에는 온통 지뢰밭입니다. 그렇기 때문에 거기에 갔을 때는 공식적으로 허용된 공간 외에는 함부로 발을 들여놓아서는 안 됩니다. 꽃이 아름답게 피었다고 해서 무심히 그곳으로 뛰어들었다가는 생명을 잃기가 쉽습니다. 경치가 좋다고 해서 아무 바위나 올라갔다가는 다시 돌아오지 못하는 일도 있습니다.

이 세상은 마치 지뢰밭과 같습니다. 마귀가 곳곳에 지뢰를 묻어 놨습니다. 하나님의 자녀가 조금만 발을 잘못 들여놓으면 그 지뢰는 사정없이 터져 버립니다. 이것이 세상입니다. 하나님의 자녀라고 해서 이 세상에서 시험을 면제받을 수는 없습니다. 시험이 가득한 이 세상에 살면서 시험이 없기를 바란다면 그것은 죽음을 의미하는 것이나 다름이 없습니다. 그리고 예수님을 믿는 사람이 시험을 면제받을 수 있다고 생각한다면, 그 사람은 자기가 예수님보다 더 완전하다고 주장하는 무서운 올무에 걸리게 될 것입니다.

예수 그리스도는 죄가 없는 분입니다. 그러면서도 세상에 오시는 그 순간부터 이 세상을 떠나는 마지막 순간까지 시험과 씨름하지 않으면 안 되었습니다. 사탄이 얼마나 집요하게 그를 쫓아다니면서 시험했습니까! 예수님은 누가복음 22장에서 제자들에게 이런 말씀을 하셨습니다.

너희는 나의 모든 시험 중에 항상 나와 함께한 자들인즉_눅 22:28

예수님도 세상에서는 시험을 피하지 못하셨습니다. 예수님이 금식하고 계시는 거룩한 자리에도 사탄은 찾아왔고, 예수님 혼자 기도하는 곳에도 사탄은 끊임없이 쫓아다녔습니다. 그가 말씀을 선포하고 가르치는 은혜로운 장소에도 사탄은 침입했고, 심지어는 가이사랴 빌립보와 같은 한적한 곳에서 제자들과 함께 하나님 나라와 그 영광을 이야기하는 자리에도 마귀는 와 있었습니다. 그리고 주님이 전 인류의 죄를 짊어지고 십자가에서 피를 흘리시며 속죄양이 되는 그 자리까지 사탄은 찾아와 있었습니다. 얼마나 집요합니까? 이런 사탄이 오늘날 가만히 있겠습니까? 오늘날 사탄이 얼마나 우리를 무섭게 쫓아다니면서 시험하는지 모릅니다. 아직도 이것을 모르는 사람이라면 그는 어린아이 신앙을 가진 사람이라고 해야 할 것입니다.

그런데 우리가 분명히 알아야 할 것은 예수님께서 복음을 전하려 하면 할수록 사탄은 더욱 악랄해졌고 초대 교회 성도들이 하나님의 나라가 이 땅 위에 임하는 일을 위해 헌신하려 하면 할수록 사탄은 더욱 집요하게 역사하려 했다는 사실입니다. 기도를 많이 하는 사람에게서 사탄이 멀리 떠난다고 생각하십니까? 믿음이 좋으면 사탄은 절대 시험하지 않는다고 생각하십니까? 교회의 중요한 직분을 가진 사람에게는 사탄이 지레 겁먹고 접근하지 못한다고 생각하십니까? 오히려 정반대입니다. 기도를 많이 하는 사람일수록 사탄은 더 집요하게 그를 괴롭히고, 믿음이 좋아질수록 사탄은 더욱더 그 사람과 겨루려고 대기하고 있습니다. 이렇게 사탄이 온 사방에 덫을 놓아둔 이 세상에서 우리가 기도하지 않고 어떻게 살 수 있습니까? 그런 까닭으로 주님이 우리에게 "시험에 들게 하지 마시옵고"라는 기도를 가르쳐 주셨습니다.

신앙생활은 전투입니다. 하나님 나라에 갈 때까지 정신 바짝 차려야 하는 것이 신앙생활입니다. 그런데 "시험에 들게 하지 마시옵고" 하는 번역은 자칫 오해의 소지가 있습니다. 영어 성경에는 이 본문이 "우리를 시험으로 인도하지 마시옵고"라고 번역되어 있습니다. 그래서 마치 하나님께서 우리를 시험으로 끌고 가는 듯한 인상을 줍니다.

그러나 그것은 표현이 불완전하기 때문일 뿐이며, 본래의 의미는 우리가 시험에 빠지지 말게 해달라는 뜻으로 보아야 합니다. 하나님은 우리를 시험에 밀어 넣으면서 기도하라고 강요하는 이중 행위를 하시지 않습니다. 우리를 시험에 끌어넣는 것은 어디까지나 사탄입니다. 그렇기 때문에 주님이 우리에게 이와 같은 시험에 빠지지 않도록 기도하라고 명령하신 것입니다.

그리고 "다만 악에서 구하시옵소서"라는 말씀이 그다음에 따라 나오는데, 이 '다만'이라는 단어가 왜 붙었는지 잘 알 수가 없습니다. 원문대로라면 "시험에 들게 하지 마시옵고 악에서 구하시옵소서"라는 말로 모든 내용이 다 표현되고 있습니다. 그런데 우리말로 번역하면서 '다만'이라는 말을 사용한 데는 강조의 의미가 있지 않았나 생각됩니다. 물론 그 말이 들어가서 의미가 왜곡되는 것은 아닙니다.

그러면 이 기도 중에 나오는 악(惡)은 무엇을 뜻하는지 보겠습니다. 성경에 기록된 원문을 보면 '악'이라는 단어 앞에 정관사가 붙어 있습니다. 달리 말해, '그 악'으로 표기되어 있습니다. 헬라어는 단어 하나하나에 성을 붙이는데, 여기에 붙은 '그'라는 정관사는 남성명사에도 사용할 수 있고, 중성명사에도 사용할 수 있는 묘한 정관사입니다. '그 악'을 남성으로 본다면 사탄을 말하는 것이 됩니다. 따라서 "악에서 구하시옵소서"라는 말은 "사탄에게서 구하시옵소서"라는 말로 해석됩니다. 그것을 중성명사로 해석하면 악한 행위를 말합니다. 따라서 "그 범죄에서 구원해 주시옵소서"라는 해석이 됩니다. 성경을 해석하는 처지에서 보면 어느 편을 택하느냐 하는 고민에 빠질 수밖에 없습니다.

학자 중에는 그 악을 사탄이라고 해석하는 사람도 있습니다. 종교개혁자 루터는 사탄이라고 해석했습니다. 반면에 어거스틴은 악한 행위로 해석했습니다. 그런가 하면 칼뱅은 사탄이 될 수도 있고, 악한 행위도 될 수 있다고 양쪽을 다 받아들이는 견해를 밝혔습니다. 제 견해는 칼뱅 쪽에 가깝습니다. 사실 사탄이라고 해석하든 범죄 행위라고 해석하든 따지고 보면 마찬가지입니다. 우리가 범죄를 저질렀을 때 사탄의 정체를 알게 됩니다. 그렇기 때문에 그 악을 사탄이라고 하든지 악한 행위라고 하든지 그 뿌리가 같다는 것입니다. 우리가 주기도문을 외울 때, "악에서 구하시옵소서"라는 기도가 "사탄에게서 구하시옵소서"라는 의미도 되고 또 "우리가 빠지는 범죄행위에서 구원해 주시옵소서"라는 말도 된다는 것을 알고 있으면 기도하는 데 도움이 될 것입니다.

주님은 우리에게 "시험에 들게 하지 마시옵고" 하는 기도 외에도 "악에서 구하시옵소서" 하는 기도를 덧붙여 사탄을 쫓는 이중적인 안전장치를 해 주셨습니다. 지뢰밭처럼 시험이 깔려 있는 이 세상에서 하나님의 자녀로 살아가는 우리가 너무 힘든 것을 아시고 주님은 이 부분에 대해서는 기도를 이중적으로 가르쳐 주셨습니다.

시험에 빠지기 전에는 무슨 기도를 해야 합니까? "시험에 들게 하지 마시옵고" 하고 기도해야 합니다. 우리 중에 아무도 시험에 빠지는 일이 없이 인생을 사는 사람이 없습니다. 그러면 시험에 빠지고 나서는 무슨 기도를 해야 합니까? "악에서 구하시옵소서"라는 기도를 해야 합니다. 하나님께서 우리 형편을 너무 잘 아시고 시험에 빠지기 전에는 "시험에 들게 하지 마시옵고" 하고 기도하라고 하시고, 시험에 빠진 다음에는 주저하지 말고 "악에서 구해 달라"라고 하나님께 기도하라는 말로 받아들여집니다.

우리 자신만으로 보면 시험에 대항할 만한 능력을 전혀 갖고 있지 않습니다. 마귀는 우리에게 환난과 핍박으로 시험할 때도 있고 또 어떨 때는 평안할 때 우리를 시험하는 방법이 있습니다. 그러나 환난 때나 평안할 때나 그 시험을 이기는 것이 힘든 것은 마찬가지입니다. 환난 때 마귀가 시험하는 그 시험의 특징은 공포에 있습니다. 너무너무 무섭습니다. 아마 오늘날 환난과 핍박이 온 사방에 몰아친다면 주일날 이처럼 가득하게 모여서 예배드리는 감격은 찾기 어려울지 모릅니다. 환난의 시험은 굉장히 무섭습니다. 반면에 평안할 때 주는 시험은 무서운 것이 없습니다만, 그 특징이 음흉하고 간교합니다.

무서운 시험이든지 음흉하고 간교한 시험이든지 우리로서는 다 대처하기 힘듭니다. 우리는 그 시험을 감당할 만한 능력이 전혀 없습니다. 그러니까 주님이 기도하라고 하신 것입니다. 주님의 능력이 아니고는 도무지 이기지 못합니다. 하나님이 주시는 지혜와 용기와 하나님이 주시는 믿음을 가지지 않으면 아무도 이 사탄의 시험과 맞설 수 없습니다. 그러므로 기도하라는 것입니다.

우리에게는 기도하지 않으면 안 될 취약점이 있습니다. 첫째, 우리에게는 시험의 정체조차 분별하지 못하는 연약함이 있습니다. 그것이 시험인지 아닌지 분간할 수 없습니다. 하와가 처음에 사탄으로부터 시험을 받을 때는 그것이 시험인지 알지 못했습니다. 그래서 뱀이 질문하는 대로 대답하고 뱀이 가자는 대로 따라갔습니다. 그렇게 시험에 빠지고 나서야 시험인 줄 알았습니다.

오늘 우리에게도 이와 같은 연약함이 있습니다. 예수님께서 가이사랴 빌립보에서 제자들에게 십자가의 고난과 부활의 영광을 설명하는 자리에 사탄이 몰래 와 있었습니다. 즉 베드로는 주님의 십자가의 죽음을 적극적으로 만류했는데, 그것이 사탄의 역사라는 사실을 모르는 것입니다. 그러나 주님은 아셨습니다. "사탄아, 내 뒤로 물러가라.

너는 나를 넘어지게 하는 자다"라고 주님이 말씀하셨습니다(마 16:23 참조). 사탄의 시험이 간교하기 때문에 그것이 시험인지 아닌지 미처 모른다는 것이 오늘날 우리가 모두 가진 약점이요, 무능함이요, 문제점입니다. 그래서 기도하라는 것입니다.

둘째, 설혹 그것이 시험이라는 것을 알았다 해도 우리 중 대부분은 알면서도 끌려 들어간다는 사실입니다. 시험인 줄 알면서도 돌아서지 못하는 것이 우리의 문제점입니다.

> 오직 각 사람이 시험을 받는 것은 자기 욕심에 끌려 미혹됨이니
> _약 1:14

중생받은 하나님의 자녀치고 마음에 다른 욕망이 생길 때 그것이 시험일 수 있다는 것을 모르는 바보가 있겠습니까? 그러나 알면서도 끌려 들어가는 것입니다. 고린도전서 7장에 보면 이상한 본문(1-5절 참조)이 있습니다. 특별히 젊은 부부에게 말씀하시는 것 같습니다. 일단 남녀가 결혼하고 나면 이유 여하를 막론하고 분방하지 말라고 하셨습니다. 서로 헤어져서 분방하고 있을 때 마귀가 시험할 수 있기 때문에 기회를 주지 않기 위해서 항상 같이 있으라고 하셨습니다.

이것을 보면 하나님께서 우리의 연약함을 잘 이해하고 계시고 우리를 너무나 소상히 알고 계신다는 것을 절감하게 됩니다. 가정에서 부부가 부득이한 사정으로 떨어져 있어야 하는 경우를 생각해 봅시다. 그럴 때 믿음 좋은 남편에게 자기도 모르게 관심이 쏠리는 여자가 생겼다면 '아, 이거 시험이구나' 하고 깨닫지 못하는 남편이 어디 있습니까? 그런데 이상하게도 시험인 줄 알면서 꾸역꾸역 끌려든다는 것입니다. 우리가 이렇게 약합니다.

한번은 공중파 방송을 통해 어떤 고집스러운 사람이 현실 세계를 등지고 혼자 북미의 깊은 산중에 들어가 자연과 함께 사는 이야기가 방영되었습니다. 그중에 한 장면은 망원 카메라로 생생하게 사실 그대로 잡은 것이었습니다. 한 떼의 순록이 풀을 뜯다가 곰이 다가오자 모두 도망을 갔습니다. 그런데 순록 중에 위풍당당한 뿔을 가진 수놈 하나가 갑자기 달아나던 발걸음을 돌려 먹이를 놓치고 허탈하게 서 있는 곰에게로 접근하는 것이었습니다. 곰과 순록 사이에는 두말할 것도 없이 처절한 생존의 싸움이 시작되었습니다. 처음에는 큰 뿔을 가진 순록이 곰을 걸어 올리면서 이길 듯하였지만, 잠깐 사이에 곰이 순록의 두 뿔 사이로 몸을 날려 목덜미를 물고 늘어지자 순록이 아무리 기를 써도 소용이 없었습니다. 그 큰 순록의 몸뚱이가 벌렁 땅에 나동그라지고 말았습니다. 순록이 패배하자 곰은 자기 새끼 몇 마리를 데려와서 순록을 뼈다귀만 남겨 놓고 다 먹어 버렸습니다.

그때 그 광경을 멀리서 지켜보고 있던 주인공이 이렇게 말했습니다. "나는 은근히 네가 이겨 주길 바랐다. 그런데 너는 왜 다시 돌아왔니? 무엇이 너의 발걸음을 돌리게 했니? 안전하게 몸을 피하다가 죽음과 맞선 이유가 무엇이었니?"

우리 예수님을 믿는 사람들 가운데서도 이 순록 같은 사람이 많습니다. 시험인 줄 알면서도 빠져들어 가는 사람이 많다는 말입니다. 그래서 주님은 우리에게 기도하라고 하셨습니다. 예수님도 이 세상에 오셨을 때 그가 시험을 이기는 방법은 기도밖에 없었습니다. 혹시 '내가 지금 시험에 빠진 것이 아닐까?'라는 생각이 든다면, 지체하지 말고 기도하십시오. '내가 요즈음 시험 앞에서 어정거리고 있지 않나?' 하는 불안이 느껴진다면 주저 말고 기도하십시오. "하나님, 시험에 들게 하지 마시옵고 악에서 구하시옵소서"라고 기도하십시오. 차를 타고 가면서도 기도하십시오. 눈을 뜨고도 기도하십시오. 일하다가도 기도하십시오. 우리는 하나님이 주시는 능력, 하나님이 주시는 지혜, 하나님이 주시는 믿음을 가질 때만 사탄과 대결할 수 있고 시험에서 이길 수 있습니다. 이런 의미에서 기도하지 않는 사람만큼 교만한 사람은 없습니다.

우리가 기도하면 하나님은 여러 가지 방법으로 그 시험을 피하게 해 주십니다. 하나님은 지혜로우셔서 그때마다 시험을 이길 수 있는 최선의 길을 열어 주십니다. 예를 들면, 평소에 없던 공포증을 주셔서 아예 시험이 될 만한 것에 접근하지 못하도록 예방해 주시는 때도 있습니다. 어떤 사람과 만날 때는 시험인 줄 몰랐는데, 갑자기 '그 사람 만나면 큰일나겠구나' 하는 공포증을 주셔서 시험에서 벗어나게 해 주시기도 한다는 것입니다. 어떨 때는 예수님의 사랑에 깊이 빠지게 해서 우리를 시험에서 벗어나게 해 주십니다. 예수님의 사랑에 마음이 사로잡히면 세상의 것이 눈에 잘 들어오지 않습니다. 욕심이 없어집니다. 마음이 통하지 않는데 무슨 재주로 마귀가 나를 시험합니까? 하나님께서 그런 식으로 우리를 피하게 해 주실 때도 있습니다.

생활이 너무 한가하고 여유가 많아서 시험에 빠질 것 같으면 아침부터 저녁까지 정신없이 일하고 밤에 집으로 돌아와 코를 골며 잠을 자야 하는 상황을 만들어 주시기도 합니다. 어떨 때는 사람을 두려워하거나 세상을 무서워하는 마음을 제거해 주시고 얼굴에 철판을 깐 것 같은 담대함을 우리에게 주실 때도 있습니다. 우리가 시험을 이기기 위해서입니다. 이와 같은 사례를 일컬어 성경에서는 피할 길을 열어 주신다는 표현을 쓰고 있습니다.

사람이 감당할 시험 밖에는 너희가 당한 것이 없나니 오직 하나님은

미쁘사 너희가 감당하지 못할 시험 당함을 허락하지 아니하시고 시
험 당할 즈음에 또한 피할 길을 내사 너희로 능히 감당하게 하시느
니라_고전 10:13

시험에 들지 않기를 기도하는 자를 하나님은 돕습니다. 악에 **빠졌**을 때 건져 달라고 기도하는 자를 하나님은 돕습니다. 그러나 기도하지 않는 자를 하나님은 돕지 않습니다. 주님이 왜 이 기도를 가르쳐 주셨습니까? 우리의 연약함을 아시기 때문입니다.

그럼에도 불구하고 날마다 시시때때로 "우리를 시험에 들게 하지 마시옵고 다만 악에서 구하시옵소서"라고 기도하지 않는다면 그는 곰을 다시 찾아오는 어리석은 순록 같은 사람입니다. 우리는 마귀에게 끌려가지 말아야 합니다. 시험에 빠지지 말아야 합니다. 여러분은 혹시 시험의 덫에 걸려 있는 사람이 아닙니까? 기도해야 합니다. 기도하면 하나님께서 그 모든 시험에서 여러분을 건져 주실 것입니다.

9

아름다운
찬양의 피날레

나라와 권세와 영광이 영원히 아버지의 것이기 때문에 우리는 날마다 기도해야 합니다.
우리는 그 아버지로부터 날마다 얻을 줄을 확신합니다.
이런 아버지가 계시기 때문에 우리는 날마다
그 하나님을 위해 사는 기쁨을 누리게 되는 것입니다.

마태복음 6:13

우리를 시험에 들게 하지 마시옵고 다만 악에서 구하시옵소서
(나라와 권세와 영광이 아버지께 영원히 있사옵나이다 아멘)

아름다운
찬양의 피날레

우리는 주기도문을 하나님께 드릴 때 마지막 끝맺음을 이렇게 합니다. "대개 나라와 권세와 영광이 아버지께 영원히 있사옵나이다 아멘"(설교 당시 사용한 주기도문에는 "대개"라는 말이 쓰였다. – 편집자주)

그런데 성경을 조금이라도 주의 깊게 읽은 분들이라면 여기에 몇 가지 의문을 품습니다. 왜 마태복음에서는 이 부분을 괄호 안에다 넣어 놓았을까? 왜 권위 있는 현대판 영어 성경에서는 이 내용을 삭제하여 버렸을까? 왜 누가복음에는 이 부분이 들어 있지 않은가? 그리고 '대개'라는 말은 원래 없는 말인데 어디서 나온 것이며 그 의미가 무엇인가?

그런데 이런 것들은 평신도에게 별 흥미가 없는 질문인지도 모릅니다. 이 문제는 성경학자나 교회 지도자들이 관심을 가지고 연구하는 것이지 우리가 알아서 뭐 하겠냐는 식으로 넘겨 버릴 수도 있습니다. 그러나 우리가 날마다 하나님께 드리는 기도문이기 때문에 조금도 흐릿한 구석이 있어서는 안 됩니다. 우리가 의미를 바로 알아야 할 것은 반드시 알고 넘어가야 하고 또 우리가 분명히 확인해야 할 것은 명확히 확인할 필요가 있습니다. 달리 말하면, 주기도문으로 하나님께 나아가는 자는 그 기도에 관한 한, 무엇이든지 알 권리가 있는 것입니다. 우리는 아는 기도를 해야지, 모르는 기도를 할 수가 없습니다. 이것은 기도하는 사람의 책임이기도 합니다.

흔히들 "나라와 권세와 영광이 아버지께 영원히 있사옵나이다" 하는 이 본문을 영광송이라고 부릅니다. 마태복음에서 이 본문을 괄호 안에 넣은 이유는 신약성경의 원문이라고 할 수 있는 권위 있는 사본 중에 이 부분이 빠져 있기 때문입니다. 마태복음의 사본은 수백 개가 되는데 그 사본 가운데서 가장 역사가 오래되고 또 초대 교회 때 널리 읽히고 인정을 받았던 사본에서는 이 영광송이 빠져 있습니다. 그런데 좀 후대에 기록된 사본들 가운데서는 이 영광송이 들어 있습니다.

따라서 이 영광송은 예수님이 가르쳐 주신 원래의 원문에는 없으나 초대 교회가 나중에 첨가한 것으로 보는 것이 지배적인 견해입니다. 오래전부터 유대교에서는 기도를 드리고 나서 하나님께 올리는 찬양으로 기도를 마무리하는 것이 전통 중 하나였습니다. 이 관습에 따라 초대 교회 성도들이 이 영광송을 붙였다고 보는 것이 가장 바람직한 해석이 아닌가 합니다. 기도를 드리고 난 후 금방 일어나지 않고 하나님의 영광을 찬송하던 유대교의 관습은 사도 바울에게까지 그대로 이어지는 것을 봅니다. 바울서신에 가끔 등장하는, 하나님을 찬양하는 말씀이 바로 그것입니다.

그에게 영광이 세세무궁토록 있을지어다 아멘_딤후 4:18하

영광송이 원문에는 없는 것이라 할지라도 초대 교회 성도들처럼 기

도를 마치면서 하나님께 찬양을 돌리는 것은 매우 아름다운 일입니다. 사실 우리 기도는 하나님 앞에서 처음부터 마지막까지 "달라, 달라" 하는 것으로 일관하기 쉽습니다. 우리가 이런 기도만 늘어놓고 일어서려면 하나님 앞에 겸연쩍은 생각이 들지 않겠습니까? 우리는 기도를 마치고 모든 주권이 하나님께 있음을 찬양하고 고백해야 합니다. 진정한 기도자는 어떤 사람입니까? 내 기도를 들으시는 하나님이 어떤 분인가를 생각하면서 기도가 끝날 때 그 하나님을 찬송하고 감사하고 싶은 충동을 느끼는 사람입니다. 그런 까닭으로 초대 교회 성도들은 이 영광송을 즐겁게 사용했습니다.

우리가 기도를 하고 생각 없이 일어나는 것보다 그 기도를 들으시는 하나님의 이름을 찬양하고 그에게 영광을 돌리는 것이 얼마나 아름다운 일인지 모릅니다. 이와 같은 영광송을 주기도문에 붙여서 우리에게 전해준 조상들에게 감사를 드려야 할 것입니다.

주기도문을 주님 앞에 드리면서 우리 한국 사람들은 좀 어색하게 생각하는 것이 하나 있는데 그것이 소위 '대개'라는 단어입니다. '대개'라는 말은 현재 우리가 사용하는 찬송가 표지 안에 삽입한 주기도문에서만 발견할 수 있는 특이한 것입니다. 그것은 마태복음에서는 전혀 찾을 수 없는 단어입니다. 그리고 사실 원문상으로 볼 때 대개라는 말이 꼭 들어가야 하느냐는 점에서 역시 분명하지 않습니다.

영어 성경의 원조인 킹제임스 판(King James Version)을 보면 거기에 '왜냐하면(for)'이라는 접속사가 붙어 있습니다. "왜냐하면 나라와 권세와 영광이 영원히 아버지의 것이기 때문입니다"라는 의미로 나와 있는데, 수십 년 전에 우리 조상들이 성경을 번역하면서 '왜냐하면'이라는 의미 대신에 '대개'라고 붙이지 않았나 하고 생각합니다. 사전에는

'대개'가 "일의 큰 원칙으로 말하건대"라고 풀이되어 있습니다. 이 말을 좀 더 요약하면 '요컨대'라는 뜻이라고 생각되는데, 아무튼 이 단어가 별 뚜렷한 의미가 없이 주기도문에 붙어 있다는 사실을 깨닫게 됩니다. 그래서 저는 언제부터인가 이 단어를 사용하지 않게 되었고, 제가 시무하는 사랑의교회에서도 이 단어를 사용하지 않고 있습니다.

제가 '대개'를 사용하지 않는 이유에는 다음과 같은 두 가지 까닭이 있습니다. 첫째는, 무슨 뜻인지 의미도 모르는 단어를 그냥 습관적으로 횡설수설하듯이 하나님께 기도할 수 없다는 것입니다. 이것은 중언부언하지 말라는 기도 원칙에 어긋나는 것입니다. 둘째는, 한국 교회에 문제의식을 던져 주기 위해서라고 말하고 싶습니다. 수십 년 전에 번역된 기도문이기 때문에 현대인들이 이해하기에 문제가 있다면 다듬어서 분명하게 다시 깨우쳐 주어야 하지 않겠습니까? 주기도문을 성도들이 습관적으로 그냥 외우는 것을 방치한 채 조금도 주의를 기울이지 않는 한국 교회에 문제의식을 심어 주기 위해서 저는 '대개'라는 말을 사용하지 않습니다.

우리는 주기도문 첫머리에 이렇게 기도합니다. "나라가 임하시오며." 또 우리는 주기도문 끝에 있는 영광송에서도 "나라가 영원히 아버지의 것입니다"라고 찬양합니다. 우리가 기도하는 나라는 어떤 나라입니까? 우리 하나님이 다스리시는 나라입니다. 하나님은 그 나라의 주권자이십니다. 기도하는 우리는 단지 그의 백성이요, 종일 뿐입니다. 기도의 응답은 주권자이신 하나님의 뜻에 달려 있습니다. 그러므로 우리가 기도를 마치면서 "아버지여, 이 세계와 장차 나타날 영원한 나라의 모든 주권이 하나님 아버지 손에 있음을 믿습니다. 이 하나님이 내 기도를 들어주심을 감사합니다"라는 뜨거운 마음을 가지고 일어난다는 것은 매우 벅찬 일입니다.

우리는 또 주기도문 첫머리에 이렇게 기도합니다. "주의 뜻이 하늘에서 이루어진 것 같이 땅에서도 이루어지이다." 그렇게 기도하기 때문에 마지막 영광송에서도 "권세가 아버지께 영원히 있사옵나이다" 하면서 찬양을 드리게 되어 있습니다. 그렇습니다. 하나님은 전능하신 분입니다. 하나님은 영광 중에 권세를 가지신 분이라 그분이 원하시는 것은 하늘에서 펴시고 땅에서도 펴시는 분입니다. 그의 뜻을 펴지 못할 이유가 전혀 없습니다. 이 놀라운 능력을 가지신 하나님 앞에 우리의 마음에 있는 모든 기도를 드린 다음, 조용히 마음을 열고 하나님을 향해 "권세가 우리 아버지께 영원히 있기를 기원합니다"라는 찬양을 드리는 것은 너무나 아름다운 일입니다.

우리는 또 주기도문 첫머리에 이런 기도를 드립니다. "하나님의 이름이 거룩히 여김을 받으시옵소서." 그렇기 때문에 기도를 마치면서 "영광이 아버지께 영원히 있사옵나이다" 하는 기도로써 하나님을 찬양하는 것은 너무나 좋은 일입니다. 영광이라는 말은 하나님에게만 사용할 수 있는 독특한 말입니다. 우리 하나님은 유일하신 분입니다. 그 이름이 영원히 높임을 받고 영원히 경배와 영광을 받으실 분입니다. 그 놀라우신 분에게 우리가 기도하는데 어찌 영광을 노래하고 찬양하지 않겠습니까?

자식을 키워보신 분은 잘 아실 것입니다. 부모 생각은 안 하고 날마다 '달라, 달라'고만 하는 자식은 미운 법입니다. 그러나 부모를 존경하는 자식은 달라고 해도 그 자식이 절대 밉지 않습니다.

이처럼 하나님 앞에 기도드리는 것도 좋지만 하나님의 마음에 드는 기도자가 되어야 합니다. 하나님의 마음에 드는 기도자는 '달라, 달라' 하고 그대로 일어나는 사람이 아닙니다. 마음에 있는 것을 주님께

다 아뢴 다음에 그 기도를 들으시는 우리 하나님이 어떤 분인가를 생각할 때 너무 기뻐서 하나님의 이름을 찬양하는 사람입니다. "나라와 권세와 영광이 아버지의 것입니다. 주여, 이것을 믿을 때 나는 기쁩니다. 내 기도를 하나님이 들어주심을 나는 감사합니다" 하고 하나님께 찬양하는 자가 하나님의 마음에 드는 기도자입니다.

나라와 권세와 영광이 영원히 아버지의 것이기 때문에 우리는 날마다 기도해야 합니다. 우리는 그 아버지로부터 날마다 얻을 줄을 확신합니다. 이런 아버지가 계시기 때문에 우리는 날마다 그 하나님을 위해 사는 기쁨을 누리게 되는 것입니다.

10

남을 위해
드리는 기도

중보 기도란 내가 중간 역할을 한다는 말이 아닙니다.
다른 사람의 문제를 가지고 하나님 앞에 엎드려 간구함으로써
그 사람을 옆에서 돕는다는 말입니다. 그러므로 중보 기도는 자기희생을 의미합니다.

야고보서 5:13-18

13 너희 중에 고난 당하는 자가 있느냐 그는 기도할 것이요 즐거워하는 자가 있느냐 그는 찬송할지니라 14 너희 중에 병든 자가 있느냐 그는 교회의 장로들을 청할 것이요 그들은 주의 이름으로 기름을 바르며 그를 위하여 기도할지니라 15 믿음의 기도는 병든 자를 구원하리니 주께서 그를 일으키시리라 혹시 죄를 범하였을지라도 사하심을 받으리라 16 그러므로 너희 죄를 서로 고백하며 병이 낫기를 위하여 서로 기도하라 의인의 간구는 역사하는 힘이 큼이니라 17 엘리야는 우리와 성정이 같은 사람이로되 그가 비가 오지 않기를 간절히 기도한즉 삼 년 육 개월 동안 땅에 비가 오지 아니하고 18 다시 기도하니 하늘이 비를 주고 땅이 열매를 맺었느니라

남을 위해
드리는 기도

본문 말씀은 우리에게 중요한 질문을 하나 던져주고 있습니다. '너희 중에 고난을 겪는 자가 있느냐?'라는 질문입니다. 이와 같은 질문에 "저는 아무 문제가 없어요. 저는 고난을 모르는 사람입니다"라고 자신 있게 대답할 수 있는 사람이 있습니까? 인생을 살면서 고난을 겪어보지 않은 사람이 어디에 있겠습니까? 개인마다 정도의 차이는 있을지 모르지만, 사람은 누구나 다 예외 없이 고난을 겪으며 인생을 살아가기 마련입니다. 이것은 야고보서를 받아 보던 초대 교회 신자들도 마찬가지였습니다. 야고보서 1장을 읽어 보시면 금방 알 수 있습니다.

이 본문을 받아 읽던 그 당시의 신자들은 어떤 처지에 놓여 있습니까? 그들은 하루하루 고통을 참고 견디지 않으면 도저히 살아갈 수 없을 만큼 어려운 여건 속에 있었습니다. 밖으로는 시험이요, 안으로는 무서운 유혹이 계속 그들을 향해 인내하라고 가르쳤던 것을 볼 수 있습니다.

제가 시무하는 사랑의교회는 금요 철야 기도회 때 형제자매들의 간절한 기도 제목을 놓고 기도하는 시간이 있습니다. 지난주에도 수십 장의 기도 요청 카드가 제출되었는데 제가 그 기도 제목을 전부 읽어 보면서, 겉으로는 누구보다 행복해 보이는 분들이 속으로 너무 가슴 아픈 일들을 안고 괴로워하는 것을 알게 되었습니다. '인간은 별수가 없구나. 부유하든 가난하든, 건강하든 병약하든 어떤 경우에라도 고통을 벗어나서 살 수 없는 것이 인생이구나' 하는 쓸쓸한 감회에 빠지는 것은 어쩔 수가 없었습니다. 어느 작가의 말이 기억납니다.

> "나에게 속지 마십시오. 나는 천의 마스크를 쓰고 다니는 사람입니다. 그중에 어느 하나도 내 진실한 자아는 아닙니다. 나는 이 거짓된 마스크를 벗고 싶지만 다른 사람들이 그 밑에 숨어 있는 내 진실한 자아를 볼까 두려워 벗을 수가 없습니다. 무엇인가 분노가 치밀어 오르는 내 본래의 자아를 사람들 앞에 내놓기가 싫습니다."

이 작가의 말에 공감이 가지 않습니까? 우리는 겉으로는 얼마든지 태연하게 가장할 수 있습니다. 그러나 깊은 내면의 고통은 도저히 숨길 수 없습니다. 이처럼 인간이면 누구나 고난을 겪는 사실을 부정할 수가 없는데, 하나님은 특별히 고난을 겪는 자들을 향하여 무엇이라고 말씀하고 계십니까?

> 너희 중에 고난 당하는 자가 있느냐 그는 기도할 것이요 즐거워하는 자가 있느냐 그는 찬송할지니라_약 5:13

하나님은 고난을 겪는 자들에게 기도하라고 가르쳐 주셨습니다. 그리고 인간이 당하는 여러 가지 고난 중에서 한 가지 예를 드셨는데 그것이 14절 이하에 나오는 병든 자의 예입니다. 우리가 이 땅 위에서 당하는 고난에는 여러 종류가 있겠지만, 그중에서 육체의 질병으로 고생하는 것만큼 그 사람을 약하게, 슬프게, 고독하게 만드는 고난이 없습니다. 어느 날 갑자기 병상에 쓰러졌다고 가정해 보십시오. 그간에 꿈꾸고 계획하던 일들은 한순간에 무너지고 회복될 기미가 보이지 않는다면 인간은 누구나 자신의 존재가 넓은 바다에서 이리저리 떠밀려 다니는 한 조각 가랑잎에 지나지 않는다는 것을 절감하게 되는 것입니다.

저는 목사이기 때문에 종종 환자들을 찾아뵙습니다. 그런데 평소에 건강 문제만큼은 자신만만해하며 무척이나 패기만만하던 사람들이 한순간에 쓰러져 오랫동안 병상을 떠나지 못하는 경우를 여러 번 보았습니다. 건강하고 자신 넘치던 그 모습은 어디로 가고 약해질 대로 약해져 버린 환자의 모습을 보면서 저는 인간의 무력함을 느끼며 깊은 시름에 잠기지 않을 수가 없었습니다. 이처럼 육체의 질병은 우리에게 큰 고통을 안겨줍니다. 하나님이 우리의 이러한 형편을 잘 아시고 육체의 병이 든 자를 특별히 예로 든 것입니다.

그리고 기도를 하되 좀더 효과적으로 할 수 있는 방법을 가르쳐 주셨습니다. 그것은 고난을 겪을 때 교회의 장로들을 청하여 기도하라고 한 것입니다.

> 너희 중에 병든 자가 있느냐 그는 교회의 장로들을 청할 것이요
> _약 5:14상

장로는 교회의 대표자들입니다. 그 당시 초대 교회에서 장로는 목사이기도 하고 성경을 가르치는 어른이기도 했습니다. 따라서 교회의

장로들을 청하라는 말은 잘못하면 오해하기 쉬운 말씀입니다. 고난을 겪는 자가 기도를 요청할 때 교회의 교역자나 장로님들 같은 특별한 지도자들만 청해야 하느냐고 의문을 가지기가 쉽습니다.

그러나 오해할 필요가 없습니다. 당시 초대 교회 형편으로 보아 믿음이 어린 교인들은 매사에 지도자의 도움이 필요로 하고 있었습니다. 병상에서 장로들의 기도를 요청한다는 것은 너무나 당연한 일이 아닐 수 없었습니다. 그리고 양 무리의 감독자 된 지도자의 기도를 통해 특별한 치유의 은총이 많이 있었던 것도 사실입니다. 따라서 이 말씀이 병자를 위해 평신도끼리 기도하는 봉사를 안 해도 된다는 의미가 아님을 알아야 합니다. 우리는 성도가 마음을 모아 함께 하나님께 기도하면 하나님께서 큰 응답을 주신다는 것을 잘 알고 있습니다. 그리고 하나님은 병든 자를 위해 기도할 때 어떤 방법으로 기도할 것인가를 가르쳐 주고 계십니다.

> 그들은 주의 이름으로 기름을 바르며 그를 위하여 기도할지니라
> _약 5:14하

여기에서 기름을 바른다는 말을 두 가지로 해석할 수 있습니다. 하나는 글자 그대로 받아들이는 것입니다. 그것은 환자를 위하여 기도할 때 실제로 이마에다 기름을 바르면서 기도해야 한다는 것입니다. 이 같은 글자 그대로의 해석을 잘못되었다고 말할 수는 없습니다. 또 성경을 잘못 해석한다고 비판해서도 안 됩니다. 그러나 저는 그 해석에 동의하지는 않습니다.

초대 교회 당시에는 의약품을 대표하는 것으로서 기름을 들 수 있었습니다. 따라서 이 본문을 더 자연스럽게 풀이하자면 "너희는 환자

들이 있을 때 교회 장로들, 성도들을 청할 것이요. 또 물리적인 치료가 필요한 경우에는 물리적인 치료를 하면서 함께 기도하라"라는 의미로 해석하는 편이 훨씬 바람직하다고 생각합니다.

그런데 어떤 분들은 "약을 쓰는 것은 믿음이 아니다. 약을 끊고 기도해라"라고 가르치는 경우를 봅니다. 저는 그 사람들을 나무라고 싶지는 않습니다. 그 사람들의 믿음이 그렇다면 해볼 만한 일입니다. 그러나 성경은 그 한 가지만 일방적으로 가르치지 않습니다. 저도 과거에 병을 앓을 때 주위에서 기도해 주시던 분들이 약 끊고 기도하라고 권고하셔서 몇 달 동안 약을 끊고 기도만 하다가 병이 심해져 5년을 더 고생한 경험이 있습니다. 결국 약을 다시 먹으며 기도한 결과 하나님께서 저의 병을 완전히 고쳐 주셨습니다. 그 이후로 저는 이 야고보서의 말씀을 근거하여 의술과 약도 하나님이 주신 신유의 수단으로 믿게 되었습니다.

또 하나님은 본문을 통해서 우리가 어떤 태도로 기도해야 할 것인가를 가르쳐 주셨습니다. 그것은 장로들을 청해서 기도할 때 막연히 기도하지 말고, 서로 병 낫기를 위하여 먼저 죄를 고백하고 기도하라고 가르쳐 주신 것입니다. 병든 사람의 죄만 고백하는 것이 아니라 기도해 주는 장로들의 죄도 고백하고 하나님 앞에서 용서받으라고 했습니다. 우리가 기도하되 이와 같이 효과적으로 기도를 한다면 훨씬 더 쉽게 고난을 물리칠 수 있을 것입니다.

이렇게 고난을 겪는 자를 위해서 함께 기도하는 것을 가리켜 중보 기도라고 합니다. 중보 기도란 '가운데서 기도해 준다', 혹은 '남을 도와주는 기도를 해 준다'라는 뜻입니다. 하나님이 우리에게 중보 기도를 허락하신 것은 마치 '내가 너를 너무 사랑하니까 무슨 기도 제목이라도 가지고 오렴. 네 문제뿐만 아니라 다른 사람의 문제라도 가지고 나에게 와서 청탁하면 내가 너의 얼굴을 봐서 들어줄게' 하는 말씀과 꼭 같은 것입니다. 얼마나 기가 막힌 하나님의 은혜입니까?

하나님은 우리에게 왕 같은 제사장의 신분을 허락하셨습니다. 그러므로 우리는 하나님 앞으로 직접 나갈 수 있고 또 언제든지 하나님을 만날 수 있는 특권을 부여받았습니다. 특별한 은혜를 받은 사람들입니다. 그런데 이것뿐만 아니라 더욱더 놀라운 특권은 우리가 다른 사람의 문제를 가지고 하나님께 나아가도 하나님이 들어주겠다고 약속하신 것입니다. 중보 기도란 내가 중간 역할을 한다는 말이 아닙니다. 다른 사람의 문제를 가지고 하나님 앞에 엎드려 간구함으로써 그 사람을 옆에서 돕는다는 말입니다. 그러므로 중보 기도는 자기희생을 의미합니다.

왜 제사장에게 있어서 중보 기도가 불가분의 관계를 갖는 것입니까? 구약시대에는 짐승을 끌고 와서 희생 제물로 드렸지만, 주님은 자기 몸을 십자가에 바쳐서 희생하는 제사를 드렸습니다. 그러므로 신약시대의 왕 같은 제사장들도 자기를 희생시켜서 제물로 드리는 사람들입니다. 중보 기도를 하는 것은 자기가 희생 제물이 된다는 것입니다. 자기희생 없이 중보 기도를 해 줄 수 없기 때문에 고난을 겪는 자를 위해 기도해 주는 것이 쉬운 일이 아니라는 것을 잘 알 수 있습니다. 우리가 경험적으로 잘 알고 있지 않습니까? 남을 위해서 기도한다는 것은 결코 쉬운 일이 아닙니다.

그런데 우리는 여기에서 한 가지 의문을 품습니다. 어떻게 고난을 겪는 이웃을 위해 희생하는 것이 곧 하나님께 제사 지내는 것이 될 수 있느냐 하는 문제입니다. 이것은 예수님이 우리에게 주신 비유의 말씀을 가지고 생각해 보면 금방 깨달을 수가 있습니다. 마태복음 25장에 나오는 마지막 심판 좌석에서의 일을 상기해 보십시오. 오른쪽에는 주님을 잘 섬기는 성도들, 즉 양을 모아 놓고, 왼쪽에는 주님을 잘 믿지 않은 사람들, 즉 염소를 모아 놓았습니다. 재판장이신 우리 주님이 오른편에 있는 양들에게 하시는 말씀을 한번 들어 보십시오.

> 그때에 임금이 그 오른편에 있는 자들에게 이르시되 내 아버지께 복 받을 자들이여 나아와 창세로부터 너희를 위하여 예비된 나라를 상 속받으라 내가 주릴 때에 너희가 먹을 것을 주었고 목마를 때에 마 시게 하였고 나그네 되었을 때에 영접하였고 헐벗었을 때에 옷을 입 혔고 병들었을 때에 돌보았고 옥에 갇혔을 때에 와서 보았느니라
> _마 25:34-36

이 말씀을 들은 양들은 "주님, 너무 황송한 말씀입니다. 우리가 언제 주님이 헐벗었을 때 옷을 들고 갔으며 언제 주님이 굶주렸을 때 먹을 것을 가지고 갔습니까? 언제 주님이 병들었을 때 우리가 찾아가 보았습니까? 주여, 그것은 너무나 황송한 말씀입니다"라고 대답했습니다(37-39절 참조). 주님은 양들에게 다시금 이렇게 깨우쳐 주셨습니다.

> 임금이 대답하여 이르시되 내가 진실로 너희에게 이르노니 너희가 여기 내 형제 중에 지극히 작은 자 하나에게 한 것이 곧 내게 한 것 이니라 하시고_마 25:40

주님의 관심을 끄는 사람은 큰 자가 아닙니다. 높은 자도 아닙니다. 지극히 작은 자, 무시당하는 자, 세상 사람들에 의해 소외된 자들을 주님은 관심을 두고 사랑하십니다. 그런 사람들에게 관심을 베풀고 도와준 것이 곧 주님에게 한 것입니다. 세상이 거들떠보지도 않는

지극히 초라한 사람에게 관심을 보이며, 그들의 고난을 함께 지고 도 와주며 봉사하며 같이 눈물 흘리는 것이 쉬운 일이 아닙니다. 그러므 로 형제에게 하는 것은 곧 주님에게 하는 것이요, 형제를 위해 희생하 는 것이 곧 주님에게 희생하는 것이요, 형제에게 봉사하는 것이 곧 주 님을 섬기는 것입니다.

그런데 왼편의 염소들을 한번 보십시오. 주님이 꼭 같은 말씀을 하 셨을 때 이 뻔뻔스러운 염소들은 "아니, 주여 우리가 언제 주님이 굶 주렸을 때 먹을 것을 드리지 않았습니까? 우리가 언제 주님이 헐벗었 을 때 옷가지를 주지 않았습니까? 언제 주님이 병들었을 때 찾아가 보 지 않았습니까?"라고 대꾸했습니다(44절 참조). 이 염소의 말을 듣고 주 님은 무엇이라고 말씀하십니까?

> 이 지극히 작은 자 하나에게 하지 아니한 것이 곧 내게 하지 아니한
> 것이니라_마 25:45하

우리는 모두 왕 같은 제사장들입니다. 그러므로 우리가 하나님께 희생의 제사를 드리려면 그 희생은 바로 이웃과 연결되는 희생이 되 어야 합니다. 이웃의 고난을 함께 지고 함께 아파하며 함께 기도해야 합니다. 이것이 제사장의 신분에 어울리는 아름다운 일이요, 거룩한 일입니다. 그런데 이러한 일을 하기가 쉽지 않습니다. 목사라고 해도 이 일은 너무나 어렵습니다. 아마 여러분도 마찬가지일 것입니다. 교 회 안에서 인정을 받고 여러 가지 교회 일로 분주하게 뛰어다니기 시 작하면 고난을 겪는 지극히 작은 자를 돌볼 여유가 없어집니다. 그래 서 주님이 비유로 하신 그 말씀이 정말 우리의 가슴을 찌릅니다.

누가복음 10장을 보십시오. 예루살렘에서 여리고로 가던 사람이

강도를 만나 쓰러졌을 때 누가 지나갔습니까? 제사장과 성전에서 일하는 레위인이 지나갔습니다. 그러나 그들은 거들떠보지도 않았습니다. 아마 제사장이 지나갈 때 속으로 이렇게 말했을 것입니다. "아이고, 지금 제사 지낼 시간인데 저 사람 붙들고 시간 보내다가는 내가 맡은 일을 못 하게 될 텐데 그냥 눈감고 지나가자." 아마 레위인도 지나가면서 이렇게 생각했을 것입니다. "아, 내가 오늘 굉장히 할 일이 많은데 여기서 시간을 빼앗기면 어떻게 하나. 그저 모른 척하자." 이렇게 두 사람 모두 하나님을 위한다는 변명을 하며 무심히 지나갔습니다(눅 10:23-35 참조). 이것은 꾸며낸 이야기가 아닙니다. 사실입니다. 21세기가 되어도 그것은 진리입니다.

근본적인 것을 놓쳐서는 안 됩니다. 하나님은 제사보다도 자비를 더 원하신다고 하셨습니다(마 12:7 참조). 오늘날 교회 안에서 예수님을 잘 믿는다는 사람들이 잘못하면 이런 과오를 범할 수가 있습니다. 우리가 이런 점을 마음속에 깊이 새겨야 하겠습니다.

그런데 하나님 앞에 참 감사한 것은 이 제사장 역할을 잘 감당할 수 있도록 성령께서 우리 안에서 늘 도와주신다는 것입니다. 예수님을 믿고 은혜를 받으면 특별히 두드러지게 달라지는 것이 있는데 그것은 이웃에 관한 관심이 많아지고, 이웃의 상황에 비상하게 예민해진다는 것입니다. 성령은 우리 안에서 지극히 작은 자 하나를 놓치지 못하도록 우리를 이끌어 갑니다. 이것을 성경적인 용어로 'compassion'이라고 합니다. 주님이 표현하신 대로 '민망히 여긴다' '불쌍히 여긴다'라는 말과 같습니다.

만약 여러분이 기도하려고 무릎을 꿇었을 때 계속 어떤 사람이 떠오른다면 그것은 이웃에 관한 관심을 계속 계발하는 성령의 역사입니다. 그럴 때 여러분은 어떻게 해야 합니까? 그 사람의 문제를 하나님 앞에 들고 나가야 합니다. 아무리 시간이 바빠도 기도해 주어야 합니다. 하나님이 여러분에게 중보 기도의 특권을 주셨기 때문에 그 사람을 위해 기도하라는 뜻에 순종해야 합니다. 성령께서 생각나게 하실 때는 그 사람을 위해 기도하라는 성령의 뜻인 것을 우리가 알아야 합니다.

이런 중보 기도의 특권 때문에 한스 큉(Hans Küng, 1928-2021)이라는 학자는 매우 의미 있는 말을 했습니다.

> "우리 각 사람은 다른 사람을 위해 하나님께 나아가는 자임을 알고 있다. 그리고 나 자신을 위해서는 다른 사람들이 또 하나님 앞에 나아가는 것을 알고 있다. 우리는 각자 다른 형제들을 책임지고 있는 것이다. 고통과 고난을 함께 나누며 죄 짐을 같이 지며 매사에 동고(同苦)하기 위해 부름을 받은 사람들이 바로 우리 제사장들이다. 그러므로 제사장직이란 자신을 위해 살지 않고 하나님 앞에서 다른 사람을 위해서 살며, 그 대신 우리 자신들은 다른 사람들의 도움을 받아 가면서 사는 것을 의미한다."

이 말을 달리 바꾸면, '너 없이 나 못 살고, 나 없이 너 못 산다'라는 의미가 될 것입니다. 사실 한 몸의 지체된 성도 사이는 이 같은 생명의 관계가 몇 겹으로 연결된 것입니다. 그러므로 신자가 극단적인 이기주의에 빠지면 그것만큼 자기 신분에 어울리지 않는 추한 꼴이 없습니다. 날마다 자기 기도밖에 할 줄 모르고, 자기 가정이나 자기 주변에 있는 것에만 관심을 두고 기도하는 사람이라면 그는 신분에 도무지 어울리지 않는 옹졸한 신자가 아닐 수 없습니다.

교회를 위해 주신 하나님의 원칙은 너 없으면 나 없고 나 없으면 너도 없다는 것입니다. 너와 나 사이에 관계가 끊어지면 너도 없고 나도 없다고 합니다. 이것이 성도들 간의 관계입니다. 우리 생각에는 너 없어도 나는 있을 수 있다고 할지 모르지만, 성경의 원리는 그렇지 않습니다. 그러므로 중보 기도가 중요하다는 것입니다. 이 중보 기도의 능력이 얼마나 대단한 것인지 아십니까?

> 그러므로 너희 죄를 서로 고백하며 병 낫기를 위하여 서로 기도하라 의인의 간구는 역사하는 힘이 큼이니라 엘리야는 우리와 성정이 같은 사람이로되 그가 비 오지 않기를 간절히 기도한즉 삼 년 육 개월 동안 땅에 비가 오지 아니하고_약 5:16-17

우리가 기도하면 엘리야의 기도와 같은 능력이 나타날 수 있습니다. 그러나 이 엄청난 기도의 능력을 나 하나만을 위해서 사용해서는 안 됩니다. 예를 들어, 청평 수력발전소와 같은 엄청난 시설을 만들어 놓고 그 전력을 날마다 어떤 가정집에만 공급해서 사용하게 한다면 얼마나 말이 안 되는 이야기입니까? 큰 발전소를 개인이 혼자서 쓰고 있다니 얼마나 큰 손해입니까? 기도도 이와 마찬가지입니다. 이 기도의 능력을 가지고 나만을 위해 사용한다는 것은 제사장의 신분에 어울리지 않는 일일 뿐만 아니라 기도의 능력 자체에도 걸맞지 않는 것입니다.

우리 주변에 육체의 병든 자가 많습니다. 우리가 그들을 위하여 합심해서 기도를 하지 않아서 그들이 오랫동안 고생을 하고 있다는 사실을 알아야 합니다. 우리 주변에 가난한 자가 많습니다. 우리가 합심하여 기도해 주었다면 벌써 그 가난이 물러났을지도 모릅니다. 우리 가운데 여러 가지 어려운 문제를 안고 신음하며 고통받는 가정이 있습니다. 우리가 그들을 외면하지 않고 그 짐을 함께 지고 함께 울며 기도했더라면 그 가정들이 벌써 고통에서 해방되었을 텐데, 우리가 중보의 희생을 하지 않았기 때문에 많은 가정이 고통 속에서 허덕이고 있다는 사실을 양심의 가책으로 받아들여야 합니다.

이 밖에도 우리가 기도해 주어야 할 일들이 얼마나 많습니까? 당장 나라를 위해서 우리가 기도해야 할 시급한 기도 제목이 얼마나 첩첩이 쌓여 있습니까? 기도해야 합니다. 기도를 게을리해서 우리는 너무 큰 손해를 보았습니다. 이러한 사실을 알고도 기도하지 않을 수는 없을 것입니다. 제가 이 중보 기도의 예를 어떻게 하면 잘 설명할 수 있을까 하고 고심하다가 〈카드박스〉에서 어떤 예화를 하나 찾아냈습니다. 중보 기도의 필요성을 절감할 수 있는 좋은 자료라고 생각하기에 소개를 하고자 합니다.

미국의 아리조나(Arizona)주에 사는 이블린이라는 부인은 예수를 믿지 않는 사람이었습니다. 그에게는 열여섯 살이 된 티모시라는 아들이 하나 있었습니다. 그런데 어느 날 불행하게도 아들의 친구가 쏜 총탄에 두 모자가 쓰러졌습니다. 엄마는 사경을 헤매다가 겨우 의식을 되찾았지만, 아들은 이미 무덤에 들어가 있었습니다. 그때부터 이블린 부인은 하나님을 향해서 미친 듯이 저주를 퍼부었습니다.

그의 아들은 죽기 몇 달 전부터 친구를 따라 교회에 나가기 시작했었습니다. 교회를 다닌 지 얼마 되지 않았는데도 얼마나 은혜를 많이 받았는지 그 아들의 변화된 모습을 보고 부인은 자기도 교회를 나가야겠다고 생각하고 가끔 교회에 나가기도 했습니다. 그러나 아들의 비극적인 죽음 앞에서 부인은 하나님을 원망하며 욕했습니다.

어느 날 아들이 다니던 교회의 목사 부인과 교인들이 병상으로 찾아와 부인을 위해서 간절히 기도해 주었습니다. 그리고 "아들의 아름다운 정신은 그 무덤 속에 있지 않습니다. 티모시는 죽지 않고 하나님과 함께 살아 있답니다"라고 위로하는 그들에게 이블린 부인은 냉소를 보내며 거칠게 쫓아내었습니다.

얼마 후 그 부인은 퇴원을 했습니다. 그는 집에 돌아와서 매일 신경 안정제를 복용하고 술을 마시며 하나님을 저주했습니다. 티모시가 다니던 교회에서는 부인을 찾아와서 기도해 주려고 했지만, 그 부인은 다시는 찾아오지 말라고 소리쳤습니다. 목사 부인은 "당신의 인격을 존중해서 찾아오지 않겠습니다. 그러나 당신을 위해서 우리가 기도하고 있다는 사실을 잊지 마세요"라고 말하며 돌아갔습니다.

사고가 난 지 2년 후 이블린 부인은 남편의 직장을 따라서 다른 곳으로 이사를 가게 되었습니다. 그는 이사 준비를 하면서 눈에 보이는 성경책은 모두 쓰레기통에 버렸습니다. 그런데 한 권만은 버리지 못했습니다. 그것은 아들이 다니던 교회에서 아들에게 기증한 성경책이었습니다. 이사한 후에는 아들의 무덤에 자주 와 볼 수 없을 테니 그 대신 아들의 이름이 적혀 있는 성경책을 이삿짐에 넣어 가기로 했습니다. 그곳에 이사 가서도 부인의 비정상적인 생활은 계속되었습니다. 몸은 여윌 대로 여위고 나중에는 마약중독자가 되었습니다. 하루는 술을 끊어 보겠다고 발버둥을 치다가 입이 돌아가고 손이 떨리며 견딜 수 없는 통증을 느끼게 되었습니다. 부인은 자기도 모르게 아들의 이름이 적혀 있는 성경책을 끌어안고 쓰러졌습니다. 그리고 "오 하나님, 나를 좀 살려 주세요" 하고 하나님을 찾았습니다. 이어서 소파에 앉아서 성경책을 뒤졌습니다. 그 성경책 표지 안쪽에는 고난을 겪는 사람을 위한 성경 구절을 선별해서 기록해 놓은 항목이 있었나 봅니다. 거기에 '가족 중에 사랑하는 자가 죽었을 때'라는 제목 아래 몇 가지 성경 구절이 있었습니다.

너희는 마음에 근심하지 말라 하나님을 믿으니 또 나를 믿으라 내 아버지 집에 거할 곳이 많도다_요 14:1-2상

모든 눈물을 그 눈에서 닦아 주시니 다시는 사망이 없고 애통하는 것이나 곡하는 것이나 아픈 것이 다시 있지 아니하리니 처음 것들이 다 지나갔음이러라_계 21:4

부인은 이 성경 구절을 몇 번이나 거듭 읽었습니다. 드디어 그의 마음속에 빛이 들어왔습니다. 하나님의 놀라운 역사가 일어났습니다. "주여, 나는 죄인입니다. 나를 살려 주세요. 구원해 주세요" 하고 부인은 하나님께 매달렸습니다. 아들이 죽지 않고 하나님과 함께 살아 있다는 확신을 가진 후에 부인은 변하여 새사람이 되었습니다.

그는 아들이 다니던 교회에 전화했습니다. 목사 부인과 교인들이 찾아와서 그가 어떻게 변화되었는지를 보았습니다. 그때 목사 부인은 이렇게 말했습니다. "이블린 부인, 이것은 조금도 이상한 일이 아닙니다. 우리는 3년 동안 당신을 위해서 계속 기도해 왔습니다."

이 놀라운 중보 기도의 능력은 오늘도 살아 있습니다. 사랑하는 형제여! 우리는 자신을 희생해서 하나님 앞에 드려야 할 책임을 지고 있는 제사장들입니다. 이웃에 있는 지극히 작은 자, 고난을 겪는 자를 등한히 하고는 하나님 앞에 제사를 드릴 수가 없습니다. 그들의 고난을 함께 지고 눈물을 흘리며 하나님께 나아갈 때 하나님이 그 제사를 기쁘게 받으십니다. 하나님이 우리의 기도를 들으시고 우리 이웃에게 놀라운 기적이 일어나도록 역사하십니다. 왜 우리가 이와 같은 놀라운 신분과 특권을 땅에 묻어 놓고 살아야 합니까? 이 중보 기도의 능

력을 알면서도 우리가 잠잠히 기도하지 않고 있을 수 있습니까? 여러분이 이 중보 기도의 특권을 잘 감당하는 성도가 되도록 하나님께서 은혜 베풀어 주시기를 축원합니다.

| 일러두기 |

본문의 성경은 《성경전서 개역개정판》을 주로 사용하였습니다.

이보다 좋은 복이 없다

옥한흠 지음

국제제자훈련원

행복한 사람

"하나님을 믿는 사람은 행복해야 합니다. 교회를 다니는 사람은 표정이 밝아야 합니다." 제가 이런 말을 하면 고개를 갸웃거리는 분들이 있습니다.

'행복? 그래, 좋다. 그런데 현실과는 왜 이렇게 동떨어진 말처럼 들리지?'

'결국 기독교도 행복을 찾는 종교인가?'

'하나님을 오랫동안 믿어왔지만 난 하나도 행복하지 않은데, 거짓 웃음이라도 지으라는 건가?'

'그리스도인이라서 행복하다, 행복하다, 이렇게 최면을 걸다가 보면 진짜 행복해질까?'

'아무리 기도하고 하나님을 외쳐 불러도 고생 끝, 행복 시작은 아니던데?'

이 모든 의문에 저 역시 한 인간으로서 고개를 끄덕이지 않을 수 없습니다. 믿는 우리에게도 이해할 수 없는 일이 닥쳐와 고통을 겪기도 하고, 좌절과 무력감을 느끼며 인생의 쓴맛을 보기도 합니다. 사실 하나님을 따르려는 사람일수록 행복하지도, 밝게 웃고 싶지도 않을 때가 더 많은 것이 현실입니다. 그런데도 믿는 사람은 행복하고 밝아야 한다고 하니 난감하게 들릴 수밖에 없습니다.

* * *

저는 예수님을 만나 행복해진 한 사람을 알고 있습니다. 그는 볼품없는 외모와 강한 성격의 소유자로, 한때는 꽤 잘나가기도 했지만 언제부터인가 세상은 그를 향해 등을 돌렸습니다. 열심히 일했지만 늘 가난했고, 이상하게 사람들의 미움을 받는 데다가 삶의 질곡이 많은 사람이었습니다. 제가 그를 알게 된 것은 억울하게 갇힌 감옥에서 그가 쓴 편지들 때문입니다.

글쎄요, 정신이 온전한 사람이라면 이런 상황에서 하나님께 이렇게 기도했을 것입니다. "하나님, 도와주십시오! 제가 얼마나 억울한지 아시지 않습니까? 저를 속히 석방해 주시고, 이 일을 통해 하나님이 영광 받으옵소서."

사람들은 하나님의 도우심으로 닥쳐올 재난을 피했다든지, 시험에 합격했다든지, 사업에서 성공을 거뒀다든지 할 때는 '믿음의 승리'라고 생각합니다만, 세상이 볼 때 실패라고 여겨지는 일에 대해서는 단박에 하나님의 존재를 의심하며 어떻게 이러실 수 있느냐고 대드는 것이 보통입니다. 그런데 그는 감옥에 갇혀 이런 편지를 썼습니다.

"우리 주 하나님을 찬송합니다. 하나님께서는 하늘에 속한 온갖 신령한 복을 우리에게 주셨습니다!" 이 남자를 이토록 행복하게 만든 그 복이라는 게 도대체 무엇입니까?

* * *

여기서 우리가 짚고 넘어가야 할 것이 있습니다. 우리 머릿속에는 은연중에 '신앙생활=무사복락(無事福樂)'이라는 공식이 깊이 뿌리박혀 있습니다. '내가 하나님을 믿었으니, 하나님이 적어도 이 정도는 해 주셔야 하지 않을까?' 하는 생각 말입니다.

물론 신앙생활을 잘하면 세상에서도 복을 받습니다. 미국의 한 의학 연구에 따르면, 교회에 정기적으로 출석하고 경건하게 신앙생활을 하는 사람들이 정신적으로나 육체적으로 훨씬 잘 산다고 합니다. 또 그 자손들도 잘되는 경우가 많습니다.

한 예로 18세기 미국의 위대한 철학자이자 신학자이며, 목사인 조나단 에드워즈(Jonathan Edwards, 1703-1758)는 자녀를 11명을 두었습니다. 약 백 년이 지나 학자들이 그의 자손들을 조사해 보니 대학 총장이 13명, 교수가 65명, 변호사가 백 명, 판사가 30명, 의사가 66명, 부통령, 주지사 등 고급 공무원이 80명으로, 총 1,400명 중 30% 이상이 사회와 국가의 지도자적 역할을 하고 있었습니다. 예수님을 잘 믿는 경건한 가정의 자손들은 잘됩니다. 당장은 좀 안 되는 것 같아도 반드시 하나님이 은혜를 주십니다.

그리고 예수님을 잘 믿으면 건강의 축복도 받습니다. 믿음이 좋은 사람치고 알코올 중독인 사람을 봤습니까? 믿음 생활 잘하는 사람치고 날마다 담배를 입에 물고 사는 골초나 마약에 손대는 사람을 봤습니까? 믿음이 좋은 사람치고 여자들만 따라다니면서 인생을 허비하는 사람을 봤습니까? 없습니다. 그러니까 건강이 좋은 겁니다.

또 예수님을 잘 믿으면 결혼 생활도 훨씬 더 행복합니다. 어떤 여론 조사에 보니까 "당신이 만약 이 세상에 다시 태어난다면 지금 살고 있는 남편 또는 아내와 다시 결혼하겠습니까?" 하고 물었습니다. 지겹습니까? 지겹습니다. 그런데 다시 태어나도 내 남편, 내 아내와 결혼하겠다고 대답한 사람 중에서 믿는 사람이 안 믿는 사람보다 두 배 더 많았다고 합니다. 그만큼 가정이 행복하다는 겁니다. 예수님을 믿으면 복을 받습니다. 육적인 것, 세상적인 것도 하나님이 다 때를 따라 주십니다.

그러나 하나님이 주시는 진짜 복은 이런 것들이 아닙니다. 세상에 있는 육적인 복들은 하나님 말씀에 순종하며 살 때 결과적으로 따라오는 복이며, 결과적으로 나타나는 열매입니다. 하나님이 믿는 자에게 그런 복을 '꼭 주겠다'라고 약속하시지는 않았습니다. 왜 그러셨습니까? 왜 하나님이 세상에 속한 복을 우리에게 약속하시지 않았습니까? 한마디로 허무한 것이기 때문입니다.

* * *

하나님은 솔로몬이라는 위대한 왕을 사용해 세상적이고 육적인 복이 얼마나 허무하고 마음을 쏟을 만한 것이 못 되는지 전부 다 드러내셨습니다. 우리가 잘 아는 바와 같이 솔로몬은 지구상에 태어난 사람 중에 부귀영화를 가장 많이 누린 자입니다. 일국의 황제이니 무엇이든 하고 싶은 것은 다 할 수 있었을 겁니다. 그래서 스스로 한번 시험을 해 보기로 했습니다.

"내 눈으로 보아 좋은 것은 다 내가 소유하리라. 내 마음에 무언가 하고 싶은 것이 있으면 다 해 보리라. 그래서 무엇이 인생의 즐거움인지, 무엇이 인생의 쾌락인지 내가 알아봐야겠다"(전 2:1 참조). 그래서 자기가 마음에 원하는 것을 다 했습니다. 심지어 아내도 3백 명, 후궁까지 합하면 천 명의 미녀들을 거느렸습니다. 그러나 결국 그가 내린 결론은 이것입니다.

> 그 후에 내가 생각해 본즉 내 손으로 한 모든 일과 내가 수고한 모든 것이 다 헛되어 바람을 잡는 것이며 해 아래에서 무익한 것이로다
> _전 2:11

다 맛을 보고, 원 없이 해 보고, 다 손에 쥔 다음에 보니 그 모든 것이 바람을 잡는 것과 같았다고 합니다. 여러분, 바람 한번 잡아 보셨습니까? 잡는 순간 다 빠져나갑니다. 태풍이 불어올 때 나가서 두 팔을 들고 손에 뭐가 잡히는지 한번 잡아 보시기를 바랍니다. 인생의 쾌락, 명성, 부요, 눈에 보이는 모든 아름다운 것들을 좇아 사는 것이 다 바람을 잡으려고 애쓰는 것과 같다고 합니다. 솔로몬 왕이 상당히 지혜로운 사람 같은데 사실은 어리석은 사람입니다. 경험해 보기 전에 이런 것쯤은 알아야 하는데, 다 해 보고 나서 알았다고 합니다. 그런데 사실 이런 게 인간입니다. 다 해 보고 나서야 헛된 것을 깨닫습니다.

우리 역시 인생이, 세상의 복락이 얼마나 허무하고 무가치한지 깨닫기가 너무너무 어렵습니다. 10대, 20대 때는 마치 영원히 살 것처럼 행동하며 인생을 살아갑니다. 그리고 30대, 40대가 되면 경력을 쌓고 성공이라는 목표를 향해 달리기 급급해서 인생의 참된 의미조차 생각해 볼 틈도 없이, 한마디로 정신없이 살아갑니다. 50대가 되면 좀 인생을 돌아볼 만도 한데, 굽이쳐 흘러가는 세월의 급류 소리를 듣지 못하고 어느덧 60대가 됩니다. 머리에 흰 서리가 내리고 얼굴에 주름이

패고 뱃살이 두꺼워지고 숨이 가빠지고, 자기도 모르게 '내가 젊었을 때는 말이야' 하는 말이 자꾸 튀어나오는 그런 때가 되면 비로소 '아, 인생이라는 게 별거 아니구나' 하고 조금 깨닫습니다. 솔로몬처럼 '그 후에야' 깨닫습니다. 이게 인간입니다.

늦게 깨닫든 빨리 깨닫든, 인생의 참모습, 즉 세상에 있는 육적인 것의 실체를 깨닫기 시작하면 허무함이 우리의 가슴을 그냥 쓸어갑니다. 허망하기 그지없습니다. 이런 것을 하나님이 왜 우리에게 주시겠습니까? 왜 하나님이 이런 복을 우리에게 약속하시겠습니까? 우리가 이런 복 때문에 예수님을 믿는다면 얼마나 멍청한 사람입니까?

* * *

아까 그 남자의 이야기로 돌아가 봅시다. 감옥에 갇힌 그를 지키는 간수가 있었습니다. 간수가 볼 때 그 남자의 미래는 불투명합니다. 목숨이 간당간당한 상황에서 불안하고 초조해 보여야 마땅한데 그에게는 뭔가 좀 남다른 구석이 있습니다. 일단 얼굴이 편안해 보입니다. 곧잘 노래도 흥얼거립니다. 지인들에게 보내는 글을 쓰면서 무언가 감격에 겨워 눈물을 흘리는 모습도 보입니다. 보통 이상한 사람이 아닙니다. 처음에는 바보가 아니면 현실과 동떨어져 딴 세상을 사는 사람일 거라 치부했지만, 날이 갈수록 자꾸만 궁금해집니다. '무엇이 저 사람을 저토록 편안하고 행복하게 만들까? 내게 없는 무언가가 저 사람에게는 있는 것 같은데….'

그 비밀은 그가 쓴 편지에 고스란히 담겨 있습니다.

찬송하리로다 하나님 곧 우리 주 예수 그리스도의 아버지께서 그리

스도 안에서 하늘에 속한 모든 신령한 복을 우리에게 주시되 곧 창
세 전에 그리스도 안에서 우리를 택하사 우리로 사랑 안에서 그 앞
에 거룩하고 흠이 없게 하시려고 그 기쁘신 뜻대로 우리를 예정하사
예수 그리스도로 말미암아 자기의 아들들이 되게 하셨으니 이는 그
가 사랑하시는 자 안에서 우리에게 거저 주시는 바 그의 은혜의 영
광을 찬송하게 하려는 것이라 우리는 그리스도 안에서 그의 은혜의
풍성함을 따라 그의 피로 말미암아 속량 곧 죄 사함을 받았느니라…
모든 일을 그의 뜻의 결정대로 일하시는 이의 계획을 따라 우리가
예정을 입어 그 안에서 기업이 되었으니_엡 1:3-7, 11

'하늘에 속한 모든 신령한 복', 이 복이 얼마나 좋은지 바울은 차가
운 감옥 안에서도 행복하다고, 감사하다고 고백합니다. 아니, 감격에
겨워 하나님을 소리 높여 찬양합니다.

하늘에 속한 신령한 복이 무엇입니까? 바로 예수님을 믿고 우리가
얻은 구원입니다. 이것이 하나님이 자기 이름을 걸고 약속하신 복입
니다. 우리 인간이 누릴 수 있는 영원한 복, 최고의 복입니다. 그래서
바울은 이렇게 기도합니다.

"하나님이여, 우리 마음의 눈을 열어 하나님이 누구이신지 좀 더 알
게 해 주소서. 하나님이여, 우리에게 지혜와 계시의 영을 주셔서 하나
님이 주신 그 부르심의 소망이 무엇인지 좀 알게 해 주소서. 하나님 나
라에서 우리가 누릴 그 기업의 영광이 얼마나 풍성한지 좀 더 느낄 수
있게 해 주소서. 하나님이여, 하나님이여, 성령을 통해 우리에게 주신
지극히 크신 능력을 좀 더 가까이서 볼 수 있게 해 주소서"(엡 1:17-19
참조).

저도 자주 이런 기도를 합니다. 이 좋은 복을 주신 하나님을 더 알

고 싶고, 더 가까이 가서 그 복을 들여다보고 싶어서입니다. 내가 받은 복을 아는 만큼 나는 더 행복한 사람이 될 것이 아닙니까? 그래야 허무한 세상에 눈 돌리지 않고, 영원한 것을 향해서 남은 생을 투자할 것이 아닙니까? 그리고 인생의 허무한 것에 매달려 사는 불쌍한 사람들을 주님 앞으로 인도하고 싶은 자비로운 마음을 내가 가질 수 있지 않겠습니까?

오늘 우리는 다시 행복해질 수 있습니다. 이 세상 그 누구보다 행복해질 수 있습니다. 이미 우리는 하늘에 속한 신령한 복을 다 갖고 있습니다. 예수님을 믿기 때문에 그 복이 이미 우리 것이 되었습니다. 그런데도 아직 그것이 얼마나 좋은 것인지 알지 못하고 세상을 허덕이며 살고 있다면 이 책을 꼭 읽으시기를 바랍니다.

자신이 세상에서 가장 좋은 복을 받은 사람이고, 가장 행복한 사람이라고 느낄 수 있을 만큼 예수 그리스도가 주신 은혜를 내 마음에 가득 채워야 합니다. 하나님이 이런 복을 우리 모두에게 주시기를 간절히 바랍니다.

2009. 1
옥한흠

차례

Part
01

하늘의 복

I

하나님의
선택을 받다

예수님이 하나님 곁에서 이렇게 말씀하셨습니다.
"아버지, 제가 책임지고 대가를 치를게요, 그러니 선택하세요!"

에베소서 1:4-5

4 곧 창세 전에 그리스도 안에서 우리를 택하사 … 5 그 기쁘신 뜻대로 우리를 예정하사
예수 그리스도로 말미암아 자기의 아들들이 되게 하셨으니

하나님의
선택을 받다

나는 누구인가

우리가 짧은 한 생을 살면서 꼭 한 번 생각해 봐야 할 중요한 질문이 있습니다. 이 질문에 어떻게 대답하느냐에 따라 우리의 행동도 좀 달라지고, 삶의 질도 좀 달라집니다. 그 질문이 뭐냐 하면 "나는 누구인가? 나는 얼마나 소중한 존재인가?" 하는 것입니다. 바꾸어 말하면 "나는 내 신분이 어떠하다고 생각하느냐?" 하는 것입니다.

"나는 아주 소중한 존재다. 나는 정말 소중한 사람이다" 하고 언제든지 자신 있게 말하는 사람은 벌써 행동부터 남다릅니다. 그러나 "내가 뭐 별 볼 일 있나? 이렇게 살다가 가는 거지 뭐" 이런 말을 자기도 모르게 내뱉는 사람들은 가만히 보면 행동도 그 말대로 따라갑니다. 그러므로 자신의 정체성을 묻는 말에 어떤 대답을 하고 있느냐가 인생을 살아가는 데 참 중요합니다.

세상에서는 흔히들, 성공했다든지 또 명성을 얻었다든지 남다른 권력을 쥐고 있다든지 하면 그것이 그 사람을 평가하는 잣대가 됩니다. 그래서 그만큼 중요한 사람이라고 인정을 합니다. 피할 수 없는 일입니다. 왜냐하면 우리가 눈으로 보고 귀로 듣고 손으로 만지고 판단하는 물질세계에 갇혀 살아가고 있으니 자연히 눈에 드러나는 무엇이 있으면 그것으로 그 사람을 평가할 수밖에 없습니다.

그러나 하나님의 말씀을 보십시오. 하나님은 우리를 그런 식으로 평가하지 않으십니다. 성공 여부로 평가하지 않습니다. 권력이나 명성으로도 평가하지 않습니다. 하나님은 그분 자신이 우리를 누구로 보시느냐 하는 것으로 우리의 존재가 결정된다고 말씀하십니다.

하나님이 나를 어떻게 생각하시고, 누구로 인정하시고, 얼마나 귀한 존재로 보시느냐에 따라서 나의 존재 가치가 달라진다는 말입니다. 이런 의미에서 온 세상이 나를 중요하게 여긴다고 할지라도 하나님이 나를 그렇게 안 보시면 아무 소용이 없습니다. 온 세상이 알아주는 사람이라도 하나님이 알아주지 않는 사람이면 의미 없는 사람입니다. 이것이 하나님께서 말씀을 통해 우리에게 가르쳐 주시는 중요한 진리입니다.

내 믿음의 근원, 하나님의 선택

에베소서 1장에서 하나님은 우리에게 하늘에 속한 신령한 복을 주신다고 말씀하셨는데, 그 복 가운데 첫째가 하나님의 자녀가 되는 복입니다. 우리를 하나님의 자녀로 삼으시는 겁니다. 우리의 신분을 하나님의 자녀로 격상시켜 주시는 복, 이것이 하나님이 우리에게 주시는 복입니다.

그렇다면 이 복을 설명하는 핵심적인 용어들을 살펴봅시다. 먼저

'예정'이라는 단어를 주목하십시오.

그 기쁘신 뜻대로 우리를 예정하사_엡 1:5상

　여기서 '예정'과 '선택'의 차이를 잠시 살펴보면 '예정'이란 하나님의 마스터플랜, 하나님의 구원 계획을 가리킵니다. 그렇다면 '선택'은 무엇입니까? 하나님이 예정하신 일을 이루는 하나의 방편입니다. 그러므로 우리가 선택된 것은 하루아침에 된 일이 아니고, 하나님이 오래 전부터 마음속에 두고 있던 큰 계획(예정)이 현실로 이루어진 것입니다.

　통계를 보니 65억이 넘는 세계 인구 중에 기독교 인구는 33%이지만, 예수 그리스도를 진심으로 믿고 거듭난 그리스도인답게 살고자 애쓰는 사람은 전체 인구의 약 6% 정도라고 합니다. 하나님이 자녀를 선택하시는데, 백 명 중 6명에 내가 들어갔다는 이야기입니다. 그것도 하나님의 거대한 계획 가운데 일어난 일이라니 결코 과소평가할 수 없는 사건입니다. 이 사실을 어떻게 아무런 감격 없이 넘길 수가 있겠습니까?

　그런데 어떤 사람들은 생각만 해도 감격스러운 선택 교리에 대해 비판하고 반박하고, 심지어 하나님의 얼굴에 침을 뱉으려고 합니다. 또 교회를 다니는 분들 가운데서도 "하나님은 사랑이시다"라는 메시지에는 고개를 끄덕끄덕하면서도 "하나님이 당신을 선택하셔서 하나님의 자녀로 삼으셨습니다"라고 하면 왠지 모를 불편한 마음을 갖는 분들이 많습니다.

　왜 그럴까요? 제가 생각하기로는 하나님이 우리를 선택해 주셨다는 이 교리가 너무나 값지고 은혜로워서 사탄이 가급적이면 이 교리를 받아들이지 못하도록 사람들의 마음을 흩뜨려 놓는 것 같습니다.

그래서 만세 전에 하나님이 당신을 자녀로 선택하셨으나 누군가는 선택하시지 않았다는 이야기를 들으면 비위가 상하는 것입니다.

사실 인간적인 측면에서 솔직하게 말한다면, 이 교리는 우리의 이성으로 속 시원하게 설명할 수도 없고, 그에 관한 까다로운 질문에 다 대답할 수도 없습니다. 이성의 잣대를 가지고는 그 큰 진리를 잴 수가 없습니다.

왜 한 태 안에 있는 쌍둥이를 놓고 형 에서는 택하지 않으시고 동생 야곱을 택하셨느냐고 묻는다면 대답할 길이 없습니다. 두 여자가 맷돌을 가는데 왜 한 여자는 구원해서 데려가시고 한 여자는 내버려 두시는지 설명하라고 한다면 아무도 합리적인 설명할 재간이 없습니다. 또한 '인간에게 자유의지를 주셨으면서 왜 일방적으로 하나님이 선택해서 구원하십니까? 왜 자유의지를 완전히 무시하십니까?' 하고 묻는다면 이것도 대답하기가 좀 어렵습니다.

이처럼 선택 교리에는 인간의 이성으로 추적할 수 없는 고지가 있습니다. 그래서 사람들은 '선택'에 관한 이야기만 나오면 촉각을 곤두세우고 예민하게 반응합니다. 그런데 하나님은 선택 교리가 우리의 이성이나 지성으로 감당할 수 없는 차원임을 아시고 성경에서 항상 설명 없이 사실만 던져 주십니다. 우리와 논쟁하지도 않으십니다. 우리의 질문에 일일이 답하려고 하지도 않으십니다. 그래서 바울은 이렇게 설명합니다. "토기가 토기장이한테 왜 자신을 간장 그릇으로 만들었느냐고 따진다면 말이 됩니까?"(롬 9:20-21 참조)

어린 자녀가 아빠, 엄마가 하시는 일에 대해 자꾸 물으면서 참견을 합니다. "엄마, 이건 왜 이렇게 해? 저렇게 하면 안 돼?" 아이가 이해할 수 있는 일에 대해서는 부모가 차근차근 설명해 주겠지만 아직 아이가 감당할 수 없는 일이라면 일일이 설명하지 않고 해야 할 일만 알려 줍니다. 그런데도 아이가 계속 참견하면서 자기 멋대로 하려고 떼를 쓰면 어떻게 합니까? "요 녀석, 입 다물고 가만히 있어. 넌 엄마가 시키는 대로만 하면 돼."

하나님이 우리에게 하시는 것도 마찬가지입니다. 우리가 이해할 수 있는 것에 대해서는 아주 자상하게 설명해 주시지만, 우리의 이성과 사고를 뛰어넘는 것에 대해서는 사실만 이야기하실 뿐입니다. "하나님! 왜 뱃속에 든 쌍둥이 중에서 하나는 택하고 하나는 버리셨나요? 그럼 선택받지 못한 사람은 어쩌죠?" "삼위일체에 대해서 이해할 수가 없어요. 어떻게 하나님이 한 분이면서 셋이 될 수 있어요?" 이런 문제에 대해 하나님은 침묵하십니다.

분명한 사실은 하나님이 우리를 택하셨다는 것입니다. 인간의 논리로 설명하거나 과학적으로 입증할 수는 없지만, 하나님이 나를 택하셨다는 진리를 그대로 받아들여 믿기만 하면 그것이 내 마음 가운데 능력이 됩니다. 혹시 이러한 선택에 대해 아직 받아들이지 못하는 분이 있다면, 이 시간 성령님이 그 불편한 마음을 잠재워 주시고 '나를 선택하셨다'는 은혜 앞에 무릎 꿇고 감사할 수 있게 해 주시길 바랍니다.

∘ ∘ ∘ ∘ ∘ ∘ ∘ ∘
창세 전에 선택하심

하나님의 선택에는 세 가지 특징이 있습니다. 첫째로, 하나님이 우리를 선택하신 시점은 '창세 전'이라고 합니다(엡 1:4). 창세 전에 선택하셨다니? 참 이해하기도 어렵고, 설명하기도 어렵습니다. 이 땅에 태어나 역사의 일부가 되기도 전에, 영원무궁 전부터 하나님은 우리를 당신의 영광스러운 아들딸로 가슴속에 새겨 두셨다는 말입니다. 육신의 부모가 낳아 사랑하기도 전에, 하나님은 이미 우리를 존귀한 자로 보시고, 사랑 어린 눈길로 주목하고 계셨다는 것입니다. 하나님의 경륜, 우리를 향한 꿈과 계획을 생각하면 기가 막힐 따름입니다.

과연 이 말씀이 진리일까요? 우리 생각으로는 도무지 믿기 어렵습니다. 그러나 하나님은 사람이 아니시니 거짓말을 하지 않으십니다(민 23:19). 그렇게 하셨으니까 그렇다고 말씀하시는 것입니다.

하나님은 모든 일을 영원 속에서 계획하시고 영원 속에서 이루십니다. 하나님에게는 '시간'이라는 개념이 없습니다. 시간 역시 그분의 창조물일 뿐입니다. 그분은 영원하시며 스스로 존재하시는 분입니다. 그러므로 세상을 만들기 전에 하나님이 나를 자녀로 선택하셨다는 이야기가 우리 생각에는 잘 이해되지 않습니다만, 시간을 초월해서 존재하시는 하나님 앞에서는 전혀 문제가 안 되는 이야기입니다.

> 내 형질이 이루어지기 전에 주의 눈이 보셨으며_시 139:16상

어머니 뱃속에 생기기도 전에 하나님이 나를 보셨다는 말입니다. 다른 말로 바꾸면 무(無)에서 나를 보셨다는 것입니다. 이 말을 이해할 수 있습니까? 존재가 없는 무(無)에서 나를 보셨다니, 이것이 바로 창세 전에 나를 자녀로 선택하셨다는 말씀과 통하는 말입니다.

사람은 형체가 생기기 전에는 존재라는 말을 쓰지 않습니다. 그러나 하나님은 형체 이전의 존재를 이미 알고 계십니다. '형체 이전의 나'라는 개체를 이미 알고 계셨다는 것입니다.

> 나를 위하여 정한 날이 하루도 되기 전에 주의 책에 다 기록이 되었나이다_시 139:16하

나의 역사가 시작되기도 전에 하나님이 미리 기록하셨다는 이야기입니다. 무엇이든지 역사가 있어야 기록이 따르지 않습니까? 그런데 나의 역사가 시작되기도 전에 기록이 앞선다는 것은 논리적으로 이해가 되지 않습니다. 그러나 하나님은 내 역사가 시작되기 전에 이미 기록하셨다고 말씀합니다.

　우리는 하나님의 영원하심과 자존적인 속성과 전지전능하신 속성을 분명히 알아야 합니다. 하나님은 세상을 만들기 전에 나를 아시고 자녀로 선택하신 다음, 이 우주 만물을 창조하셨습니다. 재깍재깍 흐르는 시간은 내가 예수님을 믿고 하나님의 자녀로 돌아올 때를 맞추어 놓은 것에 지나지 않습니다. 이 세상의 역사 안에 일어나는 모든 일은 하나님이 창세 전에 선택하신 그 시간표에 따라 때를 맞추어 일어나는 것일 뿐입니다.

　저는 이같이 놀라운 사실 앞에 하나님을 찬양합니다. 만약에 하나님이 창세 전에 나를 택하지 않으시고 마음에 들 때 즉흥적으로 선택해서 예수님을 믿게 하셨다면 별로 놀랍지 않을 것입니다. 그런데 세상을 만들기 전에 하나님이 나를 먼저 아셨다니 얼마나 신나는 이야기입니까? 내 역사가 시작되기 전에 하나님이 나의 역사를 이미 기록하셨다니 얼마나 가슴이 뜁니까? 만약 하나님이 어쩌다 나를 구원하셨다면 어쩌다 버리실 수도 있다는 불안에 휩싸이지 않겠습니까? 내가 예수님을 믿고 하나님의 자녀가 된 것은 하나님의 치밀하고 영원한 계획에서 비롯된 사건입니다. 생각만 해도 안심이 됩니다.

　학창 시절부터 연인 사이였던 남녀가 결혼을 앞두게 되었습니다. 하루는 데이트하는데, 난데없이 여자가 남자에게 이런 말을 합니다. "자기한테 한 가지 물어볼 게 있는데, 솔직하게 말해 봐." 남자는 지레 겁을 먹으며 되묻습니다. "뭔데?" "자기, 날 정말 사랑해? 혹시 이 여자 저 여자 찍어 보다가 넘어오는 여자가 없으니까 나한테 매달리는 거 아냐?" 남자는 속으로 뜨끔하지만, 시치미를 뚝 떼고 오히려 발끈합니다. "뭐? 대체 무슨 말을 하는 거야! 나는 널 교실에서 처음 본 그 순간부터 마음속에 점찍었거든? 얼마나 어렵게 네 마음을 얻었는데, 뭐 어째?" 그 말을 듣는 여자는 남자가 아무리 목소리를 높여도 마음이 흐뭇합니다. '그러면 그렇지.'

우리도 마찬가지 아닙니까? 만약 하나님이 세상에서 이 사람, 저 사람 찾다가 하나님 뜻대로 잘 안 되니까 그제야 어쩔 수 없이 "옜다, 너나 예수 믿어라!" 하고 선택하셨다면 좋겠습니까? 그런데 하나님이 내가 태어나기도 전에, 아니 세상을 만드시기도 전에 나를 점찍어 두셨다니 이 얼마나 신나는 일입니까?

기쁘신 뜻대로 선택하심

둘째로, 하나님은 우리를 '기쁘신 뜻대로' 선택하셨습니다. 좀 더 쉬운 말로 표현하자면, 하나님이 좋아서 마음대로 우리를 뽑으셨다는 이야기입니다.

> 모든 일을 그의 뜻의 결정대로 일하시는 이의 계획을 따라 우리가
> 예정을 입어 그 안에서 기업이 되었으니_엡 1:11

하나님은 어떤 분입니까? 모든 일을 자기 마음대로 하실 수 있는 분입니다. 이것을 하나님의 '절대주권'이라고 합니다. 누가 시켜서 선택하신 것도, 무슨 조건을 보고 선택하신 것도 아닙니다. 하나님이 좋아서 우리를 자녀로 선택하신 것입니다.

주의 손에 권세와 능력이 있사오니 능히 주와 맞설 사람이 없나이
다_대하 20:6하

하나님은 하나님이 원하시는 대로, 마음에 합한 대로 하십니다. 어떤 사람들은 하나님의 이런 일방적인 결정을 매우 언짢아합니다. '나에게도 자유의지가 있는데, 왜 내 동의도 없이 일방적으로 선택하신 거야?' 하고 말입니다. 인간의 자유의지를 받들어 모시는 사람들입니다.

저는 그 생각에 반대입니다. 만약에 하나님이 저의 자유의지를 존중하셔서 저와 의논한 후에 택하신다면, 제가 좀 철이 들 때까지 꼼짝없이 기다리셔야 합니다. 그럼 철이 든 후에 물어보셨다면 제가 순순히 믿겠다고 대답했겠습니까? 천만의 말씀입니다. 인간치고 자진해서 하나님을 믿겠다고 나설 사람은 없습니다. 아마 미안한 마음에 이렇게 대답했을 겁니다. "하나님! 믿기는 믿을 건데 지금은 좀 이릅니다. 조금 더 있다가 믿겠습니다." 결국 한 70세나 되어서야 믿으려고 했을지 모릅니다.

우리 가운데 상당수가 고난 속에서 부들부들 떨며 하나님께 나아왔든지, 아니면 천부여 의지 없어서 손들고 나아왔든지, 별로 내키지 않는데 어쩌다 보니 나온 사람들입니다. 혹은 믿는 집안에서 태어나 어쩔 수 없이 신자가 된 사람들입니다. 자신의 자유의지로 기꺼이 결단해서 예수님을 믿은 사람이 얼마나 되겠습니까? 그러니 하나님이 우리에게 의논하고 선택하지 않으신 게 얼마나 다행입니까. 이런 점에서 저는 하나님이 자신의 '기쁘신 뜻대로' 선택하신 것에 감사와 찬양을 올립니다.

《천로역정》(*The Pilgrim's Progress*)을 쓴 존 번연(John Bunyan, 1628-1688)이 재미있는 예를 들었습니다. 노아가 120년 동안 방주를 짓자 하나님이

온갖 동물을 방주에 태우라고 명령하십니다. "깨끗한 동물은 일곱 쌍씩 싣고, 부정한 동물은 두 쌍씩 실어라." 하나님의 명령을 받은 노아와 그의 아들들이 어떻게 그 많은 동물을 붙잡아 방주에 태웠습니까? 공중에는 거대한 그물을 치고, 숲에는 덫을 대량으로 놓아서 잡았겠습니까?

〈에반 올마이티〉(Evan Almighty)라는 영화에서 보듯이 동물들이 원근 각지에서 스스로 모여들었습니다. 지진이 일어나기 전 동물들이 떼를 지어 황급히 이동하듯이 말입니다. 그런데 어떤 동물들이 방주로 찾아왔겠습니까? 선택된 동물들만 일곱 쌍씩, 혹은 두 쌍씩 왔습니다. 하나님이 보내신 것입니다. 동물들로서는 본능에 따른 것이었겠지만, 하나님 입장에서는 점찍어 놓은 동물들이 온 것입니다.

우리도 마찬가지입니다. 수많은 사람 가운데 왜 내가 예수님을 믿었습니까? 하나님이 창세 전에 '기쁘신 뜻대로' 나를 선택하셨기 때문에, 어떤 계기를 통해 예수님을 믿겠다고 고백한 것입니다. 내 의지로 하나님을 선택했다고 생각하십니까? 그런 교만은 버리시기를 바랍니다.

미국의 탁월한 강해 설교자인 존 맥아더(John Fullerton MacArthur Jr.) 목사님은 이런 예를 들었습니다. 폐차장 같은 곳에서 쓰는 기중기는 전기만 넣으면 자력이 생깁니다. 그걸 갖다 대면 쇠붙이가 쫙 끌려와 달라붙습니다. 그런데 알루미늄 같은 것은 아무리 끌어당겨도 꿈쩍하지 않습니다. 쇠붙이들은 우르르 끌려가는데, 전혀 움직이지도 않고 그대로 있습니다. 그와 같이 하나님은 때가 되면 택한 사람들이 예수님에게 이끌리도록 해 주십니다.

나를 보내신 아버지께서 이끌지 아니하시면 아무도 내게 올 수 없으니_요 6:44상 예수님께 가고 싶다고 해서 아무나 갈 수 있는 것이 아닙니다. 하나님이 끌어당기셔야 갈 수 있습니다. 그러면 하나님이 어떤 사람을 이끄십니까? 창세 전에 선택해 놓은 사람을 이끌어 주십니다. 하나님이 우리를 선택하셨는데 어느 누가 우리를 하나님으로부터 떼어 놓을 수 있겠습니까?

그리스도 안에서 선택하심

셋째로, 하나님은 '그리스도 안에서'(엡 1:3-4) 우리를 선택하셨습니다. '그리스도 안에서' '그리스도로 말미암아'(엡 1:5), '그가 사랑하시는 자 안에서'(엡 1:6)는 다 동일한 표현입니다. '그리스도 안에서'라는 말은 에베소서 전체에 서른네 번이나 나오는 아주 중요한 표현입니다.

거룩하시고 공의로우신 하나님이, 죄로 더러워져 하나님과 원수된 우리를 자녀로 삼으실 때는 아무 근거도 없이 하신 것이 아닙니다. 그렇다면 그 근거가 무엇입니까? 바로 하나님의 아들 예수 그리스도의 대속입니다.

하나님이 "내가 옥한흠을 아들로 선택할까?" 하실 때 그 곁에서 예수님이 대답하십니다. "예. 그렇게 하십시오. 제가 책임지고 대신 값을 지불하겠습니다. 그러니 선택하십시오." 그래서 하나님이 기쁘게 나를 선택하신 것입니다. 언제입니까? 창세 전입니다! 얼마나 놀라운 이야기입니까? 세상에 그 무엇이 존재하기도 전에, 그 어떤 사건이 일어나기도 전에 예수님의 보증을 근거로 하나님이 날 기쁘게 선택하셨습니다.

아버지께서 아들에게 주신 모든 사람에게_요 17:2상

여기서 하나님이 예수님께 주신 사람들이란 누구입니까? 창세 전에 예수님이 보증을 서 주신 사람들, 그래서 하나님이 예수님께 맡긴 사람들입니다. 그 사람들만 예수님의 십자가 보혈로 죄 씻음을 받고, 장차 오실 주님과 함께 영광의 나라에 들어가게 되어 있습니다. 그 영광스러운 사람들 속에 내가 끼어 있는 것입니다. 그러니 이 사실 앞에서 어떻게 기뻐하지 않겠습니까?

구원을 받으려면 무엇이 있어야 합니까? 믿음이 있어야 합니다. 그런데 창세 전에 하나님이 우리를 선택하실 때 우리에게 믿음이 있었습니까? 없었습니까? 없었습니다. 구원의 절대 조건이라 할 수 있는 믿음조차 없을 때 예수 그리스도의 보증으로 나를 하나님의 자녀로 선택하셨습니다. 그렇게 하신 일이니 아무리 세상이 소용돌이쳐도 하나님과 나 사이를 끊을 자가 없습니다. 비록 세상에서는 초라하고 가난하고 보잘것없어 보여도 온 우주 만물이 생기기 이전에, 하나님이 기쁘신 뜻대로, 그리스도 안에서 자녀로 선택해 놓으신 나는 보통 위대한 존재가 아닙니다.

가슴에 손을 얹고 스스로 말해 보십시오. "나는 보통 위대한 존재가 아니다!" 이것이 예수님을 믿는 자들의 자존심입니다. 하나님께서 우리에게 선택받은 자로서의 긍지와 기쁨을 넘치도록 부어 주시기를 바랍니다.

하나님 아버지, 정말 감사합니다. 온 우주 만물을 만드시기도 전에 나라는 존재가 하나님의 눈에 들어왔다니 참 불가사의한 일입니다. 그러나 창세 전에 그리스도의 보증으로 택했다고 성경에 분명히 기록해 놓으셨습니다. 하나님의 자녀로 선택해 주신 은혜에 감사하며 찬양과 영광을 돌립니다. 이러한 확신이 없는 자에게 지금 그 의혹을 주님이 흩어 주시고 하나님 앞에 무릎 꿇고 경배할 수 있는 은혜를 베풀어 주소서. 예수님 이름으로 기도합니다. 아멘.

이렇게 생각하는 분들을 위해

1. 내 삶에 일어나는 모든 일은 우연과 내 노력의 조합으로 이루어지는 것이다?

2. 내 삶은 내 것이니 무엇이든 내 의지대로 하면 되고, 내가 착하게 살면 이 땅에서도 잘되고 죽어서도 좋은 곳에 갈 것이다?

하늘의 복을 소개합니다.

1. 하나님은 창세 전에 여러분을 선택하셨으며, 여러분의 삶을 계획하셨습니다.

   내 형질이 이루어지기 전에 주의 눈이 보셨으며 나를 위하여 정한 날이 하루도 되기 전에 주의 책에 다 기록이 되었나이다_시 139:16

2. 하나님은 여러분의 자유의지가 아닌 하나님의 뜻대로 여러분을 선택하셨으며, 여러분의 어떠함과 상관없이 여러분을 하나님의 자녀로 삼으셨습니다.

   모든 일을 그의 뜻의 결정대로 일하시는 이의 계획을 따라 우리가 예정을 입어 그 안에서 기업이 되었으니_엡 1:11

2

거룩한 자녀가
되다

하나님이 우리를 보실 때 찾으시는 것이 있습니다.
바로 하나님을 닮은 구석입니다.
자녀는 부모를 닮기 마련이기 때문입니다.

에베소서 1:4하

우리로 사랑 안에서 그 앞에 거룩하고 흠이 없게 하시려고

거룩한 자녀가
되다

○ ○ ○ ○ ○ ○ ○ ○ ○ ○
하나님의 자녀라는 신분

　　　　　　　　　자녀를 둔 부모라면 모두 이런 경험
을 한 적이 있을 것입니다. 신생아 때는 다 비슷비슷해 보이지만 아이
가 한 6개월쯤 자란 후에 보면 이목구비가 좀 뚜렷해집니다. 그러면
아빠랑 엄마는 아기를 놓고 눈, 코, 입, 귀, 손, 심지어 가르마까지 여
기저기 살핍니다. 서로 말은 하지 않지만 각자 찾는 것이 있습니다.
'우리 아기, 어디가 날 닮았나?' 아이에게서 자신을 닮은 구석을 발견
할 때마다 신기하기도 하고 흐뭇하기도 합니다. 반대로, 아이가 아내
와는 똑 닮았는데 아빠인 나와는 하나도 안 닮았다는 소리를 들으면
묘하게 섭섭해집니다.

　하나님의 선택에 따라 우리는 하나님의 자녀가 되었습니다. 아무
것도 아닌 존재에서 온 세상의 주인이신 하나님의 자녀가 되었습니
다. 그런데 우리의 아버지이신 하나님 역시 우리를 보면서 찾으시는
것이 있습니다. 바로 하나님을 닮은 구석입니다. 우리가 거룩하고 완

전하신 하나님을 닮아 거룩하고 흠이 없는 자녀가 되길 바라시는 것입니다. 우리의 삶에서 거룩한 모습이 나타나길 간절히 기대하십니다. 이것이 우리를 향하신 하나님의 분명한 뜻입니다. 하나님이 세상을 향해 가지고 계신 뜻은 모든 사람을 구원하시는 것입니다. 그런데 이미 구원받은 우리를 향해 가지고 계신 뜻은 모든 성도가 거룩하고 흠 없는 사람이 되는 것입니다.

보통 "왜 예수님을 믿습니까?"라고 물으면 일반적으로 "구원받고 영생을 얻으려고요"라고 대답합니다. 물론 맞는 말입니다. 그러나 이 완벽한 대답 뒤에 위험이 도사리고 있습니다. 우리가 하나님이라는 존재를 의식하지 않고 막연히 구원받고 천국에서 영생을 누릴 생각만 한다면 여느 종교의 내세관과 다를 바 없습니다. "구원이 무엇입니까?", "죄 많은 세상에서 건져냄을 받는 것이지요.", "그럼, 영생이 무엇입니까?", "오래오래 사는 것이지요.", "천국은 무엇입니까?", "죽으면 가는 곳이지요." 불교나 회교도 이런 식으로 다 말할 수 있습니다.

우리에게 중요한 것은 천국도 아니요, 영생도 아닙니다. 중요한 것은 하나님입니다. 하나님이 계신 곳이 천국이며, 하나님과 함께하기 때문에 영생을 누립니다. 이 모든 것은 하나님 때문에 우리에게 영광이자 기쁨이 됩니다. 우리가 하나님의 존재를 과소평가한다면 구원도, 천국도, 영생도 그만큼 의미가 퇴색해 버리고 맙니다. 천사도 아니요, 먼저 간 성도도 아니요, 하나님과 함께 영원히 사는 것이 바로 구원입니다.

그렇다면 하나님과 함께 거할 수 있을 만한 신분과 자격이 우리에게 있습니까? 일단 우리의 신분은 창세 전에 이루어진 하나님의 선택으로 인해 하나님의 자녀라는 신분으로 격상되었습니다. 그렇다면 남은 것은 자격입니다. 자격을 갖추어야 하나님과 함께할 수 있습니다.

에덴동산에서 죄를 범한 아담과 하와를 보십시오. 하나님과 함께 살 수 있는 자격을 잃어버리니까 하나님이 가까이 오시는 것도 견디지 못해 나무 뒤로 숨지 않습니까? 하나님을 보고 싶지도, 보려고 하지도 않습니다. 공포에 짓눌려 피하려고만 합니다. 그렇다면 하나님과 마음 놓고 교제하며 하나님의 존재로 인해 온전히 행복을 누리려면 어떤 자격이 필요합니까? 바로 거룩하고 흠이 없는 자녀가 되는 것입니다.

신분에 걸맞은 자격

하나님과 함께 영원히 살 수 있는 자격이 '거룩함'과 '흠 없음'이라면, 먼저 거룩함에 대해 살펴봅시다. 하나님의 속성 가운데 하나이기도 한 이 거룩함이란 과연 무엇입니까? 흔히 신학자들은 '모든 악으로부터 철저하게 자유로운 상태'라고 정의합니다. 좀 어려운 표현입니다만 마음에 담아 두시기를 바랍니다.

하나님은 죄로 오염되는 일이 없으십니다. 악에 영향을 받으시는 일도 없습니다. 또한 악과 동거하실 수 없습니다. 완전히 악에서 초연하고 자유로운 상태에 계신 분이 하나님입니다. 그래서 요한계시록을 보면 하나님을 모시는 천상의 영물들이 지금도 쉬지 않고 하나님을 향해 경배합니다.

거룩하다 거룩하다 거룩하다 주 하나님 곧 전능하신 이여_계 4:8중

흠이 없다는 말은 무슨 뜻입니까? 이것은 제사 용어로 '절대적으로 완전하다'라는 의미입니다. 구약시대에 하나님 앞에 제사를 드리기

위해서는 제물을 가지고 가야 했습니다. 하나님은 "제물에는 절대 흠이 있어서는 안 된다. 눈이 빠졌다든지 다리를 절룩거린다든지 피부에 흠이 있다든지 하는 결함이 있는 제물은 받지 않겠다"라고 하셨습니다(레 22:22-25; 신 17:1 참조). 그래서 이스라엘 백성들은 동물들 가운데서 온전한 것을 찾아야 했습니다. 그렇게 고른 동물은 얼마 동안 따로 두어 어떤 결함도 생기지 않도록 잘 관리했습니다.

하나님은 완전하신 분입니다. 그분에게는 결함도, 부족함도, 연약함도 없습니다. 완전히 충족된 상태입니다. 그러나 하나님 외에는 그 어떤 존재도 흠이 없다며, 자신 있게 말할 수 없습니다. 그런데도 하나님은 우리에게 그와 같은 거룩함과 흠 없음을 요구하십니다.

> 너희는 거룩하라 이는 나 여호와 너희 하나님이 거룩함이니라
> _레 19:2하

창세 전에 하나님이 우리를 자녀로 선택하실 때, 그분은 어떤 일이 있더라도 자녀인 우리를 거룩하고 흠 없는 존재로 만들겠다는 결심을 하셨습니다. 아무도 이런 하나님의 의지에 도전할 수 없습니다.

그런데 이런 이야기를 들으면 이상한 논리에 빠지는 사람들이 있습니다. '하나님이 창세 전에 나를 자녀로 이미 선택하셨고, 선택받은 사람은 구원을 얻는 것이 사실이라면, 내가 세상에서 거룩하게 살지 않는다고 해서 구원받는 데 문제가 되지는 않겠지? 나는 이미 택함을 받았으니까 일탈을 하든 죄를 짓든, 결국에는 어떻게든 구원을 받을 것이 아닌가?'

논리상으로는 그럴듯합니다만 하나님의 말씀을 앞에 놓고 살피면 이처럼 어처구니없는 생각도 없습니다. 하나님이 우리를 자녀로 선택

하신 목적은 아버지처럼 거룩하고 흠이 없게 하시려는 것입니다. 그러므로 하나님은 선택받은 사람이 방종하게 사는 것을 결코 허용하지 않으십니다. 정말 하나님의 선택을 받은 사람이라면 아무리 타락하고 싶어도 함부로 타락할 수 없다는 말입니다.

복음주의 학자들이 이구동성으로 하는 이야기가 이것입니다. 선택을 받았다면 그 증거가 있어야 하지 않겠습니까? 가시나무에서 포도를 딸 수는 없습니다. 포도는 포도나무에서만 딸 수 있듯이, 선택받은 사람에게는 반드시 거룩함이라는 열매가 맺히게 되어 있습니다.

반대로 선택받지 못한 사람에게서는 거룩함이라는 열매가 나타날 수 없습니다. 아무리 신앙고백을 잘한다 해도, 대단한 체험을 했다고 해도, 교회에서 남달리 열심히 섬긴다 해도 하나님이 요구하시는 거룩함이 보이지 않는다면 그는 선택받지 못한 사람입니다.

자녀를 위한 아버지의 선처

그런데 우리 가운데 그 누가 하나님과 같은 거룩함과 완전함에 도달할 수 있겠습니까? 놀랍게도 하나님은 불완전한 우리를 거룩하고 흠 없게 하시기 위해 은혜의 길을 이미 열어 주셨습니다. 어린 자녀를 위한 아버지의 선처입니다.

창세 전에 하나님이 자녀로 선택한 사람은 어떤 계기를 통해 마음 속에 예수님을 믿어야겠다는 의지가 생깁니다. 선택받은 사람에게 성령님이 역사하시기 때문입니다. 성령님은 우리가 예수님을 믿을 수 있도록 우리 마음에 기초 작업을 하십니다. 그래서 자기도 모르게 '아, 내가 그동안 헛살았구나. 예수님을 믿어서 마음의 평안함이라도 얻어야겠다' 하는 마음이 생깁니다. 이렇게 해서 예수님을 자신의 주인으로 고백하는 순간, 기적이 일어납니다. 바로 하나님의 자녀로 소생하는 것입니다. 이를 일컬어 중생, 곧 거듭남이라고 합니다. 그러면 일단 하나님의 자녀라는 신분은 확보가 되었습니다.

이렇게 하나님의 자녀가 된 우리에게 하나님이 내리시는 처방이 있습니다. 바로 십자가에서 흘리신 예수 그리스도의 피로 우리의 모든 죄를 깨끗이 씻어 주시고 우리를 의롭다고 보시는 것입니다. 아담부터 시작된 원죄도, 내가 살면서 지은 고범죄도, 장차 하나님 나라에 가기까지 나도 모르게 범할 수 있는 그 어떤 죄도, 모두 예수님의 공로로 깨끗이 용서하시고 우리를 항상 의로운 자로 인정하신다는 것입니다.

이처럼 거듭나고 의롭다 함을 받은 것은 틀림이 없는데, 살다 보니 고민이 한둘이 아닙니다. 하나님이 죄가 없다고 여기시고 하나님의 자녀라는 영광스러운 호칭을 주셨지만, 스스로 자신을 돌아보면 자녀 될 자격이 전혀 없는 것처럼 보입니다. 바울이 로마서 7장에 기록했듯이, 옛사람과 새사람의 갈등이 끊임없이 계속됩니다. 우리의 마음이 성령의 소욕과 육체의 소욕이 다투는 전쟁터가 된 것입니다. 신분은 있되 자격은 없으니 그야말로 모순입니다.

예전에 정기적으로 사랑의교회를 찾아오시는 손님들이 있었습니다. 교회에 와서 얼마씩 얻어 가는 40대 남자 네댓 분이었는데, 어느 주일에 저와 딱 마주쳤습니다. 그래서 제가 이야기를 했습니다. "오늘은 주일인데, 돈만 얻어 가서 되겠습니까? 30분만 지나면 예배가 시작되니까 예배드리고 예수님 믿으세요." 그랬더니 그중 한 분이 문을 열고 나가면서 이렇게 말합니다. "목사님, 이렇게 높은 분들이 많이 드나드는 교회에 우리 같은 사람이 어떻게 들어갑니까?" 뭐 여기까지는 종종 듣는 말이니 그렇다 쳐도 그다음 이야기가 인상적이었습니다.

"만약에 우리가 예배드린다고 들어가 앉아 있으면 사람들이 냄새난다고 쫓아낼걸요." 생각해 보니 정말 그럴 것 같았습니다. 오랫동안 목욕도 하지 않고, 빨지도 않은 옷을 입은 분들이라 옆에 가면 냄새가 날 것은 틀림없습니다. 그것도 4, 5명이 앉아 있으면 사방으로 악취가 물씬물씬 풍길 겁니다. 쫓겨날 게 뻔하다는 말도 과언이 아닙니다.

그 말을 들으면서 우리도 하나님 앞에서 비슷한 입장이라는 생각을 했습니다. 우리가 하나님의 자녀라는 신분은 얻었지만 계속 속에서 썩는 냄새가 납니다. 이것이 우리의 고민입니다. 그러니 하나님처럼 거룩하고 흠이 없게 된다는 것은 까마득한 얘기처럼 들립니다. 어떻게 그 수준까지 올라갑니까? 어떻게 해야 하나님이 코를 막으시는 일이 없어지겠습니까? 그런데 하나님은 우리의 이러한 고민을 정확하게 꿰뚫어 보시고, 우리를 거룩하고 흠이 없는 하나님의 자녀로 만드는 과정에 기가 막힌 원칙 두 가지를 세워 놓으셨습니다.

○ ○ ○ ○ ○ ○ ○ ○ ○ ○ ○ ○
완전함에 이르는 두 가지 원칙

첫째는, '점진적으로'라는 원칙입니다. 하나님은 하루아침에 우리에게 하나님처럼 되라고 하시지 않습니다. 육체를 입고 이 세상을 살아가는 나약한 인간들을 너무 잘 아시기에, '순간'이 아니라 '차츰'을 택하신 것입니다. 하나님처럼 거룩하고 완전하게 되는 것이 이 세상을 사는 우리의 목표이되, 결국에는 완성할 수 있게 해 주셨습니다.

저는 이 사실이 얼마나 위로가 되는지 모릅니다. 때때로 제 안에 연약함과 죄 된 본성을 발견하고 몸부림칠 때도 있지만, 이것도 시간과 함께 반드시 처리될 것을 알고 있습니다. 우리의 냄새나는 부분들만 보면 절망과 낙담에 빠질 수밖에 없지만, 하나님의 '점진적인' 원칙을 생각하면 희망이 있습니다. 이 원리를 기억하고 내가 포기하지만 않는다면 점진적으로 그 문제가 처리되고 결국에는 하나님처럼 거룩하고 흠이 없는 자가 될 날이 올 것이기 때문입니다.

둘째는, '상호 협력'의 원칙입니다. 혼자 힘으로는 하나님이 세워 놓은 목표에 도달할 수 없음을 아시고 우리를 도와줄 분을 보내 주셨습니다. 누구입니까? 바로 성령님입니다. 눈에 보이지는 않지만, 성령님이 오셔서 우리 마음속에 내주하고 계십니다. 하나님처럼 거룩하고 흠이 없는 상태에 이르기까지 때로는 말씀을 깨우쳐 주기도 하시고, 때로는 책망하기도 하시고, 때로는 근심하기도 하십니다. 때로는 우리에게 진리의 기쁨을 안겨 주기도 하시고, 때로는 하나님의 사랑을 깨닫는 놀라운 황홀경으로 이끌기도 하십니다. 그러면서 계속 앞에 있는 고지를 향해 나아가게 하십니다. '너는 하나님처럼 거룩해질 사람이야.' 그리고 우리 힘으로 할 수 없는 부분들을 고쳐 주십니다. 내 힘으로 끊을 수 없는 습관을 끊게 하시며, 아무리 회개해도 사라지지 않는 숨은 죄를 뿌리째 뽑아내도록 도와주십니다.

이렇게 돕는 분을 주셨으니, 우리로서는 어떻게 해야 하겠습니까? 성령님이 인도하시는 대로 순종해야 합니다. 순종하지 않으면 상호 협력이 되지 않습니다. 아무리 성령님이 우리를 거룩하게 만들려고 해도 우리가 순종 안 하고 버티면 어쩔 도리가 없습니다. 이렇게 하나님은 성령님과 상호 협력하게 해 주셨습니다. 우리가 비록 불완전하지만, 성령님이 우리를 돕고 계심을 믿고 낙심하지 맙시다. 그리고 성령님이 명하시는 것에 순종합시다. 그러면 하나님처럼 거룩하고 흠이 없게 되는 것은 시간문제입니다.

우리에겐 꿈이 있습니다

그렇다면 우리가 명심해야 할 것이 두 가지입니다. 첫째는, 우리에게 하나님의 자녀로서 거룩한 증거가 나타나야 한다는 점입니다. 부모가 자식에게서 닮은 구석을 기대하듯이 하나님도 우리에게서 닮은 구석을 발견하기를 원하십니다. 그런데 이러한 증거가 전혀 보이지 않는다면 그 사람은 선택받았다는 말을 함부로 할 수 없습니다. 정말 하나님의 자녀라면 완전하지는 않더라도 나날이 하나님을 닮아 가는 모습이 보이는 것이 정상입니다.

제자훈련을 하던 중 한 자매가 이런 말을 했습니다. "목사님, 제자훈련을 받고서 믿음이 점점 자라다 보니 사는 게 재미가 없어요." 예수님을 믿고 사는 게 재미가 없다니, 이게 무슨 말인가 싶었습니다. "예수님을 믿기 전에는 세상에 재밌는 게 너무 많았어요. 날마다 여기저기 다니면서 즐기던 것들이 수두룩했는데, 이젠 그런 것들이 다 시시하게 보여요."

요지는 이것입니다. 이전에 그녀의 마음을 만족시키던 세상의 가치들이 더 이상 그 마음을 만족시킬 수 없게 되었다는 것입니다. 오직 하나님만이 자신에게 진정한 기쁨과 소망이 된다는 것입니다.

하나님 편에서 볼 때, 집 사고 자동차 사고, 여기저기 쇼핑하고 흥청망청 쾌락을 좇는 삶을 어떻게 생각하시겠습니까? 하나님이 그런 것을 부러워하시겠습니까? 하나님께는 그 모든 것이 시시껄렁한 일입니다. 그러니 예수님을 믿고 점점 자라 갈수록 예전에 좋던 것들이 시시껄렁하게 느껴지는 것입니다. 그보다는 더 값지고 보람 있고 의미 있는 일을 찾아 행하려는 거룩한 욕망이 생깁니다. 누구를 닮았습니까? 바로 하나님 아버지를 닮아 가는 것입니다.

그런데 만일 하나님의 자녀로 선택된 자가 날마다 성령의 도움을 받아 하나님을 닮아 가는 과정에서 순종하지 않고 계속 고집을 부리면 어떻게 되겠습니까? 그때부터는 하나님이 매를 드십니다. 사랑하는 자기 자식이기 때문에 잘못된 길로 가면 돌이키도록 훈계하십니다. 자기 자식은 때려서라도 바로잡으려는 게 부모의 마음입니다.

한 가지 더 기억할 것은, 우리에겐 꿈이 있다는 사실입니다. 언젠가는 하나님처럼 완전히 거룩하고 흠 없는 존재가 될 것이라는 꿈입니다. 다른 말로 하면, 우리가 하나님처럼, 또 예수님처럼 된다는 이야기입니다. 너무나 대단하고 어마어마한 꿈입니다.

우리는 절대 보통 사람들이 아닙니다. 장차 하나님처럼 될 큰 꿈을 가지고 계속 하나님을 닮아 가는 대단한 존재입니다. 확신과 기대를 하십시오. 이 꿈을 품으면 거룩하게 사는 데 굉장히 도움이 됩니다. '내가 얼마나 귀한 존재인데 그런 일을 할 수 있겠어?' 하고 외칠 힘이 생깁니다.

어떤 사람이 백 세까지 장수하겠다는 꿈을 가졌습니다. 그래서 장수하는 비결을 배우기 위해 장수한 사람들의 기록을 찾아보았습니다.

90세가 넘도록 정정한 어느 노인의 장수 비결을 보니 그는 40세부터 아내와 각방을 쓴 것이었습니다. 얼마나 무서운 노력입니까? 어떻게든 건강하게 오래오래 살려는 사람들에게는 남이 꺾을 수 없는 대단한 의지가 있습니다.

장수하겠다는 꿈을 위해서도 자신이 좋아하던 것을 가차 없이 끊어 버리는데, 하나님처럼 거룩하고 흠 없는 완전한 사람이 되겠다는 엄청난 꿈을 가지고 있다면 뭐가 달라도 다른 티가 납니다.

하나님처럼 될 사람이 어떻게 말을 함부로 할 수 있습니까? 어떻게 나쁜 습관에서 빠져나오지 못합니까? 어떻게 세상 사람들이 하는 대로 따라서 행동할 수 있겠습니까? 우리의 신분이 세상 사람들과 다르다는 것을 다시 한번 확인하고, 하나님처럼 흠이 없고 완전하게 되는 고지를 향해 지금도 올라가고 있다는 사실을 잊지 마시기를 바랍니다.

거룩한 꿈을 품고서, 성령님의 도우심으로 끊을 것은 끊고 하나님의 자녀답게 삽시다. 이것이 거룩한 하나님이 자기 자녀를 향해 품은 꿈입니다.

영광 가운데 계시는 하나님 아버지, 감사합니다. 비천한 자리에 앉아 날마다 죄만 짓고 있는 티끌만도 못한 우리를 창세 전에 하나님의 자녀로 선택하시고, 그리스도 안에서 우리를 부르사 거룩하고 흠이 없는 하나님의 자녀로 영원토록 찬송하고 기뻐하며 살 수 있게 하신 것을 감사합니다. 이러한 신분에 걸맞은 자격을 갖추고 싶습니다. 날이 갈수록 아버지를 닮아 가는 자녀가 되고 싶습니다. 아버지이신 하나님처럼 거룩하고 흠 없이 온전해지겠다는 거룩한 꿈을 품게 하소서. 날마다 성령님의 도우심으로 하나님의 자녀 된 증거를 삶으로 나타내게 도와주소서. 예수님 이름으로 기도합니다. 아멘.

이렇게 생각하는 분들을 위해
1. 하나님이 나를 자녀로 이미 선택하셨다면 내가 세상에서 어떻게 살든 구원은 따 놓은 당상이다?
2. 아무리 노력해도 하나님처럼 거룩하게 살 수 없는데 골머리를 썩이느니 그냥 속 편히 사는 것이 낫다?

하늘의 복을 소개합니다.
1. 여러분이 하나님의 자녀라면 하나님을 닮은 거룩함을 갖게 됩니다.

그러므로 형제들아 내가 하나님의 모든 자비하심으로 너희를 권하노니 너희 몸을 하나님이 기뻐하시는 거룩한 산 제물로 드리라 이는 너희가 드릴 영적 예배니라_롬 12:1

2. 하나님은 여러분의 연약함을 아시고 진노를 늦추시며 인내로 기다리십니다. 그리고 여러분이 조금씩 자라가는 모습을 볼 때마다 크게 기뻐하십니다.

우리에게 있는 대제사장은 우리의 연약함을 동정하지 못하실 이가 아니요 모든 일에 우리와 똑같이 시험을 받으신 이로되 죄는 없으시니라_히 4:15

3

죄를 벗고
의의 옷을 입다

갈보리 십자가에서 예수님이 우리와 자리를 바꾸셨습니다.
예수님은 죄인의 자리에, 우리는 의인의 자리에 서게 되었습니다.

에베소서 1:7
우리는 그리스도 안에서 그의 은혜의 풍성함을 따라 그의 피로 말미암아 속량 곧
죄 사함을 받았느니라

죄를 벗고
의의 옷을 입다

존재론적 딜레마

　　　　　　가끔 인사청문회를 지켜보면, 저명한 분들이 자신의 치부가 드러나 어려움을 겪는 모습에 안타까울 때가 많습니다. '털어서 먼지 안 나는 사람이 아무도 없구나!' 하는 생각도 들고, 사회적 명망가일수록 그 인격이나 도덕성에 거품이 많다는 생각도 듭니다.

　그런데 만일 하나님이 나를 세워 놓고 털기 시작하면 어떻게 되겠습니까? 사탄이 옆에서 남이 모르던 나의 죄들을 고자질하고, 그 모든 것을 하나님이 추궁하신다면 과연 어떻게 되겠습니까? 이것은 막연한 공상이 아닙니다. 하나님은 이 세상 끝날, 전 인류가 말실수 하나까지도 그분 앞에서 심판을 받는다고 분명히 말씀하셨습니다. 그게 바로 천국 청문회 아니겠습니까? 물론 우리는 예수님을 믿기 때문에 그런 일은 겪지 않습니다.

　그러나 주변에 있는 사람들을 한번 생각해 보십시오. 하나님이 누구인지도 모르고 사는 사람들은 결국 그런 자리에 서게 될 텐데 어떻게 견뎌 내겠습니까? 토지 투기나 위장 전입 정도로 그치면 차라리 다행일 것입니다. 천국 청문회에서는 숨겨졌던 오만 가지 죄가 다 드러날 텐데 어떻게 견디겠습니까? 그래서 저는 청문회를 보면서 '참 대단하겠다. 천국 청문회가 벌어지면 제정신 멀쩡할 사람 아무도 없겠다'라는 생각을 했습니다.

하나님은 인류 가운데서 얼마를 택하셔서 당신의 영광스러운 자녀로 삼기로 작정하셨습니다. 삼으시되, 거룩하고 온전한 하나님처럼 흠과 티가 없는 자녀로 삼기로 계획하고 우리를 부르셨습니다. 그런데 이 일을 이루기 위해서 먼저 넘어야 할 장벽이 있습니다. 바로 '죄'라는 문제입니다.

죄 문제를 해결하지 않고는 절대 그 누구도 자녀로 삼을 수 없을 뿐 아니라, 자녀로 삼았다 해도 하나님과의 진정한 부모와 자식 관계를 유지할 수 없습니다. 그러므로 하나님 입장에서 죄 문제는 반드시, 완전하게 처리해야 할 중요한 문제입니다.

처음에 하나님은 인간을 도덕적 주체자로 만드셨습니다. 말을 좀 바꾸면, 독자적으로 선과 악을 자유롭게 선택할 수 있는 존재로 만드셨다는 말입니다. 그래서 하나님의 뜻에 순종할 수도 있고, 하나님의 뜻에 거역할 수도 있는 것입니다.

어린 자녀가 대여섯 살이 될 때까지는 어머니가 매일 방을 청소해주지 않습니까? 그러다가 학교에 들어갈 나이쯤 되면 아이를 불러 놓고 가르칩니다. "지금까지는 엄마가 해주었지만, 이제 네 방 청소는 네가 해야 돼. 엄마가 어떻게 청소하는지 봤지? 너도 그렇게 하렴." 어떤 날은 아이가 엄마가 하던 대로 방을 깨끗이 정리해 놓습니다. 그러나 때로는 엉망으로 흩어 놓기도 합니다. 엄마는 아이가 이럴 수도 있고, 저럴 수도 있다는 사실을 미리 다 알고 맡긴 것입니다. 왜냐하면 아이는 자유의지를 가진 인격이기 때문입니다. 하나님이 우리를 그렇게 창조하셨습니다.

그런데 불행하게도 우리 조상 아담은 하나님께 순종하는 편이 아닌, 하나님을 거역하는 쪽으로 자유의지를 사용했습니다. 그 결과 모든 인류가 타락하고 말았습니다. 타락했다는 말은 하나님께 순종하는 의지는 아주 약해지고 하나님을 거역하는 의지가 강해졌다는 뜻입니다. 결국 인류는 아담을 따라서 허물과 죄로 비참한 운명에 처하게 되었습니다(엡 2:1). 선을 행할 의지는 제 기능을 못 하고, 악을 행할 의지만 남아 공중의 권세 잡은 사탄이 시키는 대로 따라가게 된 것입니다. 사탄은 우리를 어떻게 유혹합니까?

> 전에는 우리도 다 그 가운데서 우리 육체의 욕심을 따라 지내며 육
> 체와 마음의 원하는 것을 하여 다른 이들과 같이 본질상 진노의 자
> 녀이었더니_엡 2:3

사탄은 우리 육체의 욕심을 자극하여 뭐든지 욕심대로 행하게 합니다. 그렇게 해서 하나님을 거역하고 순종하지 못하게 합니다. 이제 우리는 자아를 가장 우선시하고, 중요하게 여기는 존재가 되었습니다. 제일 좋은 자리에 나를 앉히려고 합니다. 나 자신이 우상이 되어 무엇이든 내가 원하는 대로 하려고 합니다. 나를 기쁘게 하는 일이 삶에서 가장 소중한 목표가 되었습니다. 이 사실을 부인할 사람은 아무도 없을 것입니다.

가장 중요한 자리에 자신을 앉혀 놓고 살지 않습니까? 자기 자신을 가장 사랑하지 않습니까? 이것이 하나님께 반역하는 죄라는 것을 모

죄를 벗고 의의 옷을 입다

201

르기 때문에 우리가 심각하게 여기지 않는 것이지, 실제로 이것은 우상숭배입니다. 우리 모두가 이런 자리에 떨어지고 말았습니다. 그 결과 우리 인간은 존재론적 딜레마에 빠졌습니다. 이에 대해 명쾌하게 설명한 C. S. 루이스(C.S. Lewis, 1899-1963)의 말을 좀 풀어 보겠습니다.

> "하나님은 절대선입니다. 만일 절대선이신 하나님이 이 우주를 다스리지 않는다면, 우리가 아무리 노력하고 애쓴다 한들 아무런 소망이 없습니다. 절대악인 사탄이 다스린다고 생각해 보십시오. 거기에 무슨 소망이 있겠습니까? 그러므로 반드시 절대선이신 하나님이 우주를 다스리셔야 합니다. 그런데 절대선이신 하나님이 우주를 다스리신다면 날마다 죄를 범하는 우리는 하나님의 원수가 되고 맙니다. 자연적으로 우리는 하나님과 함께 거할 수도 없고, 그렇다고 하나님 없이 살 수도 없는 아주 묘한 존재가 되고 말았습니다. 하나님은 우리에게 가장 필요한 존재이면서도, 동시에 우리가 제일 멀리하고 싶은 존재가 되었습니다."

이것이 죄 가운데 사는 우리의 딜레마입니다. 절대선이신 하나님 앞에 선 죄인 된 우리의 모습입니다.

죄를 해결하기 위한 하나님의 묘안

이런 딜레마에서 벗어날 수 있는 길은 죄의 문제를 해결하고 언제든지 "아빠, 아버지"라고 부르면서 품에 안길 수 있는 아름다운 부자 관계로 회복되는 것입니다. 그런데 어떻게 죄의 문제를 깨끗이 용서받고 하나님의 아들이 될 수 있습니까? 남보다 선하게 살아도, 고행을 하고 도를 닦아도 소용이 없습니다. 죄를 범하지 못하게 손발을 묶어 둔다고 해도 해결되지 않습니다. 우리 스스로는 자신의 죄를 처리하지 못합니다.

알베르트 스피어(Albert Speer, 1905~1981)는 2차 세계대전 당시, 독일의 공장을 100% 가동하는 데 천부적인 지혜를 발휘했던 공학자입니다. 전쟁이 끝난 후, 전범 24명이 재판을 받았는데 그 가운데서 오직 스피어만 자신의 죄를 인정해서 20년 동안 감옥살이를 했습니다. 석방이 되자 그는 여러 권의 책을 썼습니다. 한번은 미국 ABC방송 기자가 인터뷰했습니다.

"스피어 씨, 초창기에 쓴 책을 보면 '나의 죄는 절대로 용서받을 수도 없고, 용서받아서도 안 된다'라는 말이 있던데요. 지금도 그 생각에는 변함없습니까?" 스피어는 아주 슬픈 기색을 띠고 대답했습니다. "나는 20년 동안 교도소에서 죗값을 치렀고 지금은 자유인입니다. 그러나 내 마음은 여전히 내게 절대 용서받을 수가 없다고, 용서받아서도 안 된다고 말합니다." 그는 처절하게 참회의 길을 찾았지만, 자신의 힘으로는 자유로워질 수 없었습니다. 무섭고 잔인한 죄책감에 시달리다가 며칠 후 세상을 떠나고 말았습니다.

사람이 스스로 자기 죄에서 벗어날 수 있습니까? 양심에 남아 있는 죄책감을 누르고 자유를 누릴 수 있습니까? 죄가 기억에서 사라졌다고 해서 자유로워집니까? 그렇지 않습니다. 죄는 자신에게 범하는 것이 아닙니다. 이웃에게 범하는 것도 아닙니다. 죄는 하나님께 범하는 것입니다. 그러므로 하나님과 관계없이 스스로, 독립적으로 죄 문제를 처리할 수 있는 사람은 아무도 없습니다. 스피어처럼 결국은 죄책감과 씨름하다가 죽는 것이 하나님을 떠난 인간의 운명입니다.

하나님의 입장에서도 우리의 죄 문제는 그리 간단하지 않습니다.

천지만물을 말씀으로 창조하셨던 것처럼 "죄는 없어져라. 내가 용서하노라" 그렇게 말 한마디로 될 일이 아닙니다. 왜 그렇습니까?

하나님은 "피 흘림이 없이는 죄 사함이 없다"라고 사죄의 원칙을 정해 놓으셨습니다(히 9:22 참조). 죄는 인간이 범했으므로 당사자인 인간이 책임을 져야 합니다. 그것도 죄인의 피나 동물의 피가 아닌 의인의 피가 있어야 합니다. 그러니 신이신 하나님이 어떻게 대신 피를 흘리겠습니까? 또한 죄를 범한 사람은 무한하신 하나님의 존재를 거역하는 것입니다. 그러므로 하나님 편에서도 죄를 처리하는 문제는 어려운 것입니다. 그래서 하나님은 이 문제를 해결하기 위해 예수 그리스도와 약속하셨습니다. 하나님의 아들이신 예수님이 사람의 몸을 입고 이 세상에 오셔서 우리의 죄를 담당해 주시기로 아버지와 약속한 것입니다. 그래서 예수님이 세상에 오셨습니다.

○ ○ ○ ○ ○ ○ ○ ○
예수님의 자리바꿈

이제 죄 사함을 받는 길이 열렸습니다. 어떻게 열렸습니까? 인간의 몸을 입고 오신 예수님이 우리를 대신해 십자가에서 의로운 피를 흘리셨습니다.

> 우리는 그리스도 안에서 그의 은혜의 풍성함을 따라 그의 피로 말미암아 속량 곧 죄 사함을 받았느니라_엡 1:7

죄의 값은 영원한 죽음입니다. 영원한 하나님의 진노를 대신 받으시려고 예수님이 십자가에서 죽으셨습니다. 그렇게 해서 나타난 결과가 구속입니다. 옛날에는 주인이 노예에게 자유를 주기 위해 돈을 지불하는 것을 구속이라고 했습니다. 이처럼 예수 그리스도께서 우리의 죗값을 자신의 생명으로 지불하시고 우리를 죄에서 자유롭게 하셨습니다.

이 십자가의 공로, 십자가의 은혜를 가장 잘 설명한 말씀이 있습니다. 이 말씀은 꼭 외우시면 좋겠습니다.

> 하나님이 죄를 알지도 못하신 이를 우리를 대신하여 죄로 삼으신 것
> 은 우리로 하여금 그 안에서 하나님의 의가 되게 하려 하심이라
> _고후 5:21

하나님이 죄를 알지도 못하는 예수님에게 우리를 대신해서 무엇이 되게 하셨습니까? 죄덩어리, 죄 그 자체가 되게 하셨습니다. 왜 그렇게 하셨나요? 우리를 예수님 안에서 하나님의 의가 되도록 하기 위해서입니다.

마르틴 루터(Martin Luther, 1483-1546)는 이 내용을 가지고 "자리바꿈을 하셨다"라고 표현했습니다. 십자가에서 하나님은 예수님과 우리의 자리를 바꾸어 주셨습니다. 죄는 더 이상 우리의 것이 아닌, 예수님의 것이 되었습니다. 의는 더 이상 예수님의 것이 아닌, 우리의 것이 되었습니다. 예수님이 십자가에서 흘리신 피를 보시고 하나님이 우리에게 죄 없다고 선언하셨기 때문입니다. 이것이 예수님은 죄인이 되고 우리는 의인이 된 원리입니다.

미국의 어떤 목사님이 신혼여행을 갔습니다. 평소 그 목사님을 아끼던 분이 선물로 한 고급 식당에 저녁 식사를 예약해 주었습니다. 신이 난 부부는 멋있는 셔츠를 골라 다림질해 입고 식당을 찾아갔습니다. 식당에 들어가려는데 지배인이 막아섭니다. "죄송합니다만 들어

가실 수 없습니다.", "그게 무슨 말씀이죠? 저희는 예약이 되어 있는데요." "저희 식당은 정장을 입어야만 들어가실 수 있습니다." 안타까워서 떠나지도 못하고 멋쩍게 서 있는데 정장 차림의 커플들이 팔짱을 끼고 들어갑니다.

한 3, 40분이 지나니까 자리가 거의 다 찼습니다. 목사님은 지배인에게 마지막으로 사정을 했습니다. "우리가 신혼여행 중인데, 어떻게 좀 안 될까요?" 그러자 지배인이 한참 생각하더니 어디에서 양복저고리 하나를 구해 왔습니다. 그 옷을 빌려 입고 부부는 식당에 들어갈 수 있었다고 합니다.

예수님의 비유가 생각나지 않습니까? 예수님은 하나님 나라를 이렇게 비유하셨습니다. 어떤 임금이 자기 아들의 혼인 잔치를 차려 놓고 사람들을 오라고 청했습니다. 초청받은 사람들이 오지 않자 화가 난 임금은 종들을 시켜 길에서 만난 사람들을 데려다가 자리를 채우게 했습니다. 임금이 들어와서 자리를 둘러보는데, 한 사람이 예복을 입지 않고 앉아 있습니다. "친구여, 왜 예복을 입지 않았습니까?" 그는 할 말이 없었습니다. 임금이 신하에게 명령했습니다. "이 사람을 끌고 나가 바깥 어두운 데 내던져라. 거기서 슬피 울며 이를 갈 것이다." 예복을 입지 않은 죗값을 톡톡히 치를 것이라는 말입니다(마 22:1-14 참조).

예복은 무엇입니까? 바로 예수님의 옷입니다. 예수님을 믿는 순간, 우리에게 죄 없는 예수님의 깨끗한 옷을 입혀 주셨습니다. 이것이 하나님이 주신 놀라운 은혜입니다. 히브리서 기자는 예수님이 한 번 십자가에 못 박혀 죽으심으로 우리를 영원히 온전케 하셨다고 선언했습니다(히 9:26, 28; 10:10 참조). 다시는 하나님이 우리의 죄와 불법을 기억하지 않으신다고 했습니다. 그뿐 아니라 로마서 기자는 하나님이 다 용서하셨기 때문에 아무도 우리를 정죄하지 못한다고 말씀하십니다.

> 누가 능히 하나님께서 택하신 자들을 고발하리요 의롭다 하신 이는
> 하나님이시니 누가 정죄하리요_롬 8:33-34상

하나님이 이렇게 우리의 죄 문제를 깨끗이 해결해 주셨습니다. 할 렐루야! 이것이 하나님이 주신 하늘의 복입니다.

용서받은 사람의 세 가지 반응

예수님의 보혈로 죄를 용서받았다는 믿음이 있다면, 예수님의 옷을 입고 언제나 하나님 앞에 의인으로 설 수 있다는 믿음이 있다면, 하나님 앞에 반드시 세 가지 반응을 보이게 됩니다.

첫째는, 항상 감사하고 기뻐하는 것입니다. 죄를 용서받은 것을 생각하면 자다가도 벌떡 일어나서 찬송할 정도로 우리의 가슴이 감격으로 넘쳐납니다. 가끔 저는 하나님께 묻습니다. "하나님 아버지, 저의 죄가 다 어디로 갔습니까?" 하나님이 대답하십니다. "못 찾겠어. 아무리 뒤져 봐도 없어." 이런 음성을 한번 들어보십시오. 얼마나 가슴이 뛰는지 모릅니다.

때론 용서받은 기쁨을 몽땅 빼앗길 때도 있습니다. 고된 세상살이 때문에 하나님이 용서해 주셨다는 사실이 전혀 기쁘게 느껴지지 않을 때도 분명 있습니다. 그러나 육신적인 한계를 뛰어넘고, 내가 하나님 앞에 언제든지 거룩하고 흠이 없는 자녀로 설 수 있게 되었다는 사실을 되새기고 묵상해 보십시오. 어떤 상황에서도 기뻐할 수 있고 감사할 수 있고 찬송할 수 있는 충분한 이유가 됩니다.

제 이름을 보십시오. 옥한흠, '한없이 흠이 많은 옥(玉)'입니다. 옥은 흠이 많으면 쓸모가 없습니다. 그런데 제가 예수님의 의의 옷을 입은 후에는 '한 개의 흠도 없는 옥'이 되었습니다. 완전히 바뀠습니다. 누가 나를 그렇게 만들었습니까? 하나님이 나를 그렇게 만드셨습니다. 정말 감격적인 일입니다. 〈마음에 가득한 의심을 깨치고〉라는 은혜로운 찬송이 있습니다.

> 금이나 은같이 없어질 보배로 속죄함 받은 것 아니요
> 거룩한 하나님 어린양 예수의 그 피로 속죄함 얻었네
> 나 같은 죄인이 용서함 받아서 주 앞에 옳다 함 얻음은
> 확실히 믿기는 어린양 예수의 그 피로 속죄함 얻었네
> 속죄함 속죄함 주 예수 내 죄를 속했네 할렐루야
> 소리를 합하여 함께 찬송하세 그 피로 속죄함 얻었네

하나님 앞에 돈다발을 들고 가도 속죄 받을 수 없습니다. 오직 예수님의 피를 통해 속죄함을 받고 주 앞에 옳다 함을 받습니다. 이런 찬송이 항상 가슴에서 솟아나야 합니다.

둘째로, 하나님의 거룩한 자녀답게 살려는 의지가 솟아납니다. 가끔 보면 성도 중에 세상에서 죄를 범하는 것을 대수롭지 않게 여기거나 어차피 용서받으니까 괜찮다고 생각하는 사람이 있습니다. 아주 무서운 병에 걸린 사람입니다. 그런 사람은 아직 예수님을 진정으로 믿는다고 할 수 없습니다.

하나님의 용서를 받고 거룩한 자녀가 되었다고 확신하는 사람은 자신을 더럽히는 죄와 함부로 손잡지 않습니다. 죄를 멀리하고 자신을 지키려는 거룩한 본능을 가지고 있습니다. 거룩함을 지키려고 애쓰다

가 잘못했을 때는 하나님 앞에서 회개하면 되지만, 고의로 죄와 짝해서 산다면 근본적으로 문제가 있는 사람입니다.

셋째로, 구원받은 이 은혜와 축복을 다른 사람에게 전하려는 마음이 생깁니다. 세상은 죄인으로 가득합니다. 그들은 저주 아래 있습니다. 가만히 내버려 두면 죄 짐을 지고 천국 청문회에 서게 될 것입니다. 그런 사람들에게 피할 길이 있다는 이야기만큼 복된 소식이 어디 있습니까? 그러므로 우리는 전하지 않을 수가 없습니다. 이 영광스러운 복음을 아직 모르는 사람들에게 속히 전하는 은혜가 있기를 바랍니다.

자비로우신 하나님 아버지, 하나님으로부터 영원히 버림받은 자와 같은 우리를 예수 그리스도의 피로 용서하신 은혜에 감사합니다. 우리의 죄는 예수님이 가져가시고, 예수님의 의를 우리에게 옷 입혀 주셔서 감사합니다. 영원토록 하나님 앞에서 의인으로 인정받아 아무도 정죄할 수 없게 해 주신 것에 감사합니다.

이 놀라운 은혜를 주셨으니 우리에게 기쁨을 주소서. 찬송을 주소서. 거룩한 삶을 살게 해 주소서. 우리 주변에 주님을 모르는 사람들이 우리를 통해 하나님 앞으로 나아와 죄를 용서받고, 함께 주님을 찬양하는 거룩한 백성이 되도록 인도해 주소서.

이 시간 죄책감에 짓눌려 있는 사람은 주님의 십자가 앞에 무릎을 꿇고 다시 한번 죄를 고백하게 하시고, 우리를 대신하여 십자가에 죽으신 주님의 이름을 부르게 해 주소서. 주여, 그럴 때 그들의 죄를 씻으시고 영광스러운 하나님의 자녀 되게 하여 주소서. 예수님의 이름으로 기도합니다. 아멘.

이렇게 생각하는 분들을 위해

1. 하나님은 말씀으로 일주일 만에 뚝딱 세상을 창조하신 분이니 인간의 죄를 해결하는 것도 아주 쉬운 일이다?

2. 내가 지은 죄는 너무나 커서 평생 그에 대한 벌을 받아도 죄책감 에서 벗어날 수 없다?

하늘의 복을 소개합니다.

1. 하나님은 공평하고 의로운 분이시기 때문에 인간의 죄를 그냥 눈감아 주실 수 없습니다. 그래서 하나뿐인 아들이신 예수님을 세상에 보내어 대신 죗값을 치르게 하셨습니다.

   우리는 그리스도 안에서 그의 은혜의 풍성함을 따라 그의 피로 말미암아 속량 곧 죄 사함을 받았느니라_엡 1:7

2. 예수님의 죽음이 여러분의 죄를 영원히 대속했으므로 다시는 하 나님이 여러분의 죄를 기억하지 않으십니다. 여러분 자신도, 누 구도 여러분을 정죄할 수 없습니다.

   누가 능히 하나님께서 택하신 자들을 고발하리요 의롭다 하신 이는 하나 님이시니 누가 정죄하리요_롬 8:33-34상

4

영광의 기업을
상속받다

기업이란 예수 그리스도가 누릴 모든 영광을 말합니다.
우리는 하나님의 자녀인 동시에 하나님의 기업을 상속받을 권한을 가진 자들입니다.
주님과 함께 영광을 누릴 권한을 받았습니다.

에베소서 1:18
너희 마음의 눈을 밝히사
그의 부르심의 소망이 무엇이며 성도 안에서 그 기업의 영광의 풍성함이 무엇이며

영광의 기업을
상속받다

하나님의 상속자가 되다

　　　　　　예수님을 믿는 우리는 왜 좋습니까? 하나님이 하늘에 속한 모든 신령한 복을 우리에게 주셨기 때문입니다. 앞서 살펴본 하늘에 속한 신령한 복이란 먼저, 하나님의 선택을 받아 거룩한 자녀가 된 것입니다. 우리는 보통 사람이 아닙니다. 또한 우리의 모든 죄가 예수님의 피로 깨끗이 해결되었습니다. 인간이 제아무리 발버둥쳐도 풀 수 없는 죄 문제를 하나님이 해결해 주셨다는 것입니다.

　마지막으로 살펴볼 것은, 하나님이 우리에게 상속해 주신 영광스러운 기업에 관한 것입니다. '기업'이라는 단어는 에베소서 1장에서 총 세 번 나옵니다.

　　우리가 예정을 입어 그 안에서 기업이 되었으니_엡 1:11하

영광의 기업을 상속받다

우리 기업의 보증이 되사_엡 1:14상

성도 안에서 그 기업의 영광의 풍성함이 무엇이며_엡 1:18하

그러나 11절에서 '기업'이 되었다는 말은 '선택'을 받았다는 의미로 보는 것이 더 정확합니다. 그러므로 '기업'은 사실 14절과 18절, 두 번만 나오는 것입니다. 기업이 무엇입니까? 기업이란 예수 그리스도가 누릴 모든 영광을 말합니다. 하나님이 예수님에게 모든 좋은 것을 다 주셨습니다. 그 좋은 것들을 예수님과 함께 누리는 영광을 '기업'이라고 합니다. 예수님이 제자들을 위해 마지막으로 해 주신 기도를 기억하십니까?

아버지여 내게 주신 자도 나 있는 곳에 나와 함께 있어 아버지께서 창세 전부터 나를 사랑하시므로 내게 주신 나의 영광을 그들로 보게 하시기를 원하옵나이다_요 17:24

간단히 말해, 예수님이 하나님 나라에서 누리실 모든 영광을 제자들도 같이 누리게 해달라고 하신 것입니다.

자녀이면 또한 상속자 곧 하나님의 상속자요 그리스도와 함께 한 상속자니 우리가 그와 함께 영광을 받기 위하여 고난도 함께 받아야 할 것이니라_롬 8:17

우리는 하나님의 자녀인 동시에 하나님의 기업을 상속받을 권한을 가진 자들입니다. 주님과 함께 영광을 누릴 권한 말입니다. 참 대단한

복 아닙니까? 하나님은 우리를 끔찍이 사랑하시는 아버지이기 때문에 예수님이 누리는 좋은 것을 우리에게도 전부 주고 싶어 하십니다. 그리고 이것을 틀림없이 주시겠다고 보증까지 하셨습니다. 그 보증이 바로 성령님입니다.

> 그 안에서 너희도 진리의 말씀 곧 너희의 구원의 복음을 듣고 그 안에서 또한 믿어 약속의 성령으로 인치심을 받았으니 이는 우리 기업의 보증이 되사 그 얻으신 것을 속량하시고 그의 영광을 찬송하게 하려 하심이라_엡 1:13-14

성령님을 우리 기업의 보증이 되게 하셨다는 것입니다. 여기서 '보증'이란 선불, 곧 보증금과 같은 말입니다. 우리가 부동산을 사고팔 때에 보증금을 지급하지 않습니까? '내가 사겠습니다' 하고 보증금을 내고, 이후에 중도금을 지불하고, 마지막으로 잔금을 치릅니다. 보증금은 무엇을 의미합니까? '이미 그 땅은 내 것이다'라는 확인입니다. 우리가 성령님을 마음속에 모신 것, 이것은 하나님께 보증금을 받은 것과 같습니다. 하나님 나라의 기업을 나에게 반드시 주실 것을 보증해 주는 것입니다. 그래서 우리가 이 세상에 살면서 '혹시 구원받지 못하는 것은 아닐까?' '그 영광스러운 기업을 얻지 못하는 것은 아닐까?' 하고 두려워할 필요가 없습니다. 하나님은 성령님을 통해 영광스러운 기업에 대해 확실히 보증하셨습니다.

그렇다면 '영광스러운 기업'이란 구체적으로 무엇입니까? 구체적으로 알아야 기뻐하고, 믿지 않는 사람들에게 자신 있게 말할 수 있지 않겠습니까? 크게 네 가지로 요약할 수 있습니다. 첫째는 천국, 곧 하나님 나라입니다. 둘째는 영화, 곧 영원히 썩지 않을 새 몸을 입는 것입니다. 셋째는 상급, 넷째는 복락입니다. 이 네 가지가 바로 예수 그리스도와 함께 누릴 영광의 기업, 곧 하나님 아버지가 자녀인 우리에게 상속해 주시는 하늘의 복입니다.

첫째 기업, 하나님 나라

오늘날 세상이 어떻습니까? 우리는 자신이 편안하게 살면 세상을 좋게 보는 경향이 있습니다. 내가 당하지 않은 어려움이나 고통은 별로 크게 와닿지 않습니다. 자연히 밝은 쪽, 좋은 쪽만 보다 보니 세상이 점점 더 살기 좋게 발전한다고 생각할지도 모릅니다. 그러나 하나님은 세상을 보며 탄식하십니다.

> 여호와께서 사람의 죄악이 세상에 가득함과 그의 마음으로 생각하는 모든 계획이 항상 악할 뿐임을 보시고 땅 위에 사람 지으셨음을 한탄하사 마음에 근심하시고_창 6:5-6

창세기부터 이어진 하나님의 탄식은 오늘도 계속되고 있습니다. 여전히 세상은 타락하여 죄를 범하는 인간으로 가득하기 때문입니다. 우리는 이 사실을 솔직하게 인정해야 합니다. 아무리 긍정적이고 낙천적인 사람이라도 현실을 왜곡할 수는 없습니다. 조금만 눈을 크게 뜨고 눈높이를 낮추어서 그늘진 세상을 한번 보십시오. 이 세상이 얼마나 악하고 비참합니까?

음란하고 포악하고, 가진 자들이 끝없는 욕심으로 횡포를 부립니다. 지도자들의 위선과 거짓은 낯부끄러운 줄 모르고 계속되며, 날이 갈수록 더 끔찍한 범죄가 일어납니다. 지금도 세계 곳곳에서는 굶주리고 탄압받는 사람들이 신음하고 있습니다. 수많은 사람이 기본적인 생존권도 보장받지 못하고, 행복을 추구할 권리 같은 건 아예 꿈도 못 꾸고 살아갑니다. GNP가 몇만 불이 되어도 이 세상은 하나님 앞에 소망이 없습니다. 이것이 현실입니다.

그런데도 사탄은 광야에서 예수님을 시험하듯이 우리를 속이려고 합니다. 사탄은 굶주린 예수님을 불러 놓고 이 세상의 온갖 영광을 보여 주면서 말했습니다. "이것이 진짜다. 이것이 인생의 궁극적인 목표요, 이상이다. 내게 절하라. 그러면 이 세상의 모든 영광을 너에게 주마"(마 4:1-11; 눅 4:1-13 참조) 오늘날에도 사탄은 이 세상의 화려한 영광으로 사람들의 눈을 가리고 죽음의 길로 끌고 갑니다. 세기에 1명 나올까 말까 한 천재를 사로잡아 그를 통해 하나님을 부정하는 사상을 세상에 심어 놓습니다.

지난 150년 사이에 가장 성공한 사탄의 도구는 다윈(Charles Robert Darwin, 1809-1882)의 진화론입니다. 그 논리는 간단합니다. 모든 만물이 진화하고 있다고 합니다. 그 밑바탕에는 '사람은 본래 선하다. 노력한다면 사람은 점점 더 선해지고 세상도 점점 좋아져서 유토피아가 올 것이다'라는 사상이 깔려 있습니다. 이것이 정치, 과학, 경제, 교육 등 얼마나 많은 분야에 영향을 끼치고 밑거름이 되었는지 모릅니다.

진화론이 정치에 영향을 미치니까 공산주의 같은 혁명 정치가 가능하지 않았습니까? 교육에 영향을 미치니까 실용주의 교육을 끌어들여 학생들의 마음에서 하나님의 말씀을 깡그리 잊어버리게 하지 않았습니까? 과학자들의 마음에 파고드니까 그들이 과학만능주의에 빠져 과학으로 유토피아를 만들 수 있다고 기고만장합니다. 이렇게 세상에 소망을 두게 하니까 쾌락주의로 인간의 행복을 찾으려는 무수한 젊은 이들이 일어난 것 아닙니까?

이러한 지상낙원의 환상을 요즘 말로 바꾸면 '에스컬레이터 신화'라고 합니다. 밑에서 위로 계속 올라가기만 하는 에스컬레이터처럼 이 세상은 점점 더 좋아진다는 것입니다. 그래서 사람들의 마음과 생각에서 하나님 나라를 철저하게 배제하고 이 세상의 것만 추구하며 살게 합니다.

그러나 지성인의 양심으로 한번 대답해 보십시오. 인간이 정말 선해지고 있습니까? 이 세상은 점점 지상낙원, 유토피아로 바뀌고 있습니까? 정말로 세상이 좋아져서 하나님 나라가 필요 없습니까? 그런 말에 속아서 끌려다니지 맙시다. 하나님은 사랑하는 자녀들에게 이렇게 악하고 믿을 수 없는 비참한 나라를 기업으로 주시지 않습니다.

하나님은 창세 전부터 계획하신 대로 하나님의 나라를 우리에게 주시려고 지금까지 쉬지 않고 일하고 계십니다. 아브라함을 선택하시고, 그와 언약을 맺으셨습니다. 아브라함의 후손인 이스라엘 백성들을 통해 예수 그리스도가 이 세상에 오실 길을 닦으셨습니다. 그리고 마침내 예수님이 세상에 오셔서 우리의 죄를 대신 지고 십자가에서 죽으시고 부활하셨습니다. 이로써 우리가 구원을 받고 하나님의 영광, 하나님의 나라를 상속할 수 있는 길이 열렸습니다. 그리고 하나님은 성령을 보내셔서 우리의 마음을 감동시켜 예수님을 믿고 하나님의 자녀가 되게 하셨습니다.

지금도 하나님은 세계 곳곳에서 하나님을 믿는 거룩한 백성들을 통해 교회를 세우시며, 구원의 복음을 전하십니다. 세계 역사 속에서 수많은 국가나 문명이 나타났다가 소멸하였지만, 하나님 나라의 계획은 태초부터 지금까지 계속 진행되고 있습니다. 그 계획의 마지막은 어떻게 되겠습니까?

> 하늘에 있는 것이나 땅에 있는 것이 다 그리스도 안에서 통일되게
> 하려 하심이라_엡 1:10

하늘도, 땅도 예수님 안에서 새롭게 되는 하나님의 나라가 완성되는 것입니다. 하나님이 이 일을 위해 지금도 교회를 통해 역사하고 계십니다. 우리를 통해 이 계획을 완성해 가고 계십니다.

그 나라가 얼마나 황홀하겠습니까? 이사야가 보았던 환상처럼 사막이 변해서 낙원이 됩니다. 사자들이 어린양과 함께 뒹구는 평화와 즐거움이 있을 것입니다. 그 나라는 해함도 없습니다. 거짓도 없습니다(사 11:6-9 참조). 오직 기쁨과 참사랑과 찬양만 있는 그 나라를 하나님이 우리에게 기업으로 주십니다. 할렐루야! 그러므로 하나님은 세상 나라의 영광에 눈을 돌리지 말라고 경고하십니다.

> 그런즉 너희는 먼저 그의 나라와 그의 의를 구하라_마 6:33상

여기서 '구하라'는 말은 헬라어로 '제테오'(zēteō)라고 하는데, 목표를 설정하고 그것을 얻기 위해 전심전력을 다하는 것을 말합니다. 하나님 나라를 얻기 위해 세상을 곁눈질하지 말고 전심전력을 다하라는 말씀입니다.

둘째 기업, 영화롭게 됨

하나님이 우리에게 주신 또 다른 기업은 우리 몸이 영화롭게 되는 것입니다. 부활하신 예수님의 몸처럼 신령한 몸으로 바뀌는 것입니다. 그 몸은 시간과 공간의 제약을 전혀 받지 않는 몸이었습니다. 주님은

우리도 나중에 그런 몸으로 바뀐다고 말씀하셨습니다.

> 또 미리 정하신 그들을 또한 부르시고 부르신 그들을 또한 의롭다
> 하시고 의롭다 하신 그들을 또한 영화롭게 하셨느니라_롬 8:30

예수님을 믿고 죄 사함을 받은 우리의 몸을 완전히 바꾸어서 예수님의 신령한 몸을 입게 하신다는 말입니다.

> 이 썩을 것이 반드시 썩지 아니할 것을 입겠고 이 죽을 것이 죽지 아
> 니함을 입으리로다_고전 15:53

이런 우스갯소리도 있지 않습니까? 40대가 되면 잘난 인물이든 못난 인물이든 외모가 평준화된다고 합니다. 아무리 관리해 봐야 소용없습니다. 50대가 되면 지식이 평준화된다고 합니다. 젊을 때는 어느 학교 나왔다, 무슨 학위를 받았다며 요란을 떨지만 50이 넘으면 학벌이고 뭐고 별 의미가 없어집니다. 60대가 되면 건강이 평준화됩니다. 50대까지는 거뜬히 산을 오르던 사람도 60 중반이 넘으면 "아이고, 못 가겠다" 하고 주저앉습니다. 이제 70대가 되면 재물의 평준화가 이루어집니다. 돈이 좀 있어도 그만, 없어도 그만이랍니다. 많이 갖고 있어 봤자 별 의미가 없으니까 세상에 자기 이름이라도 남기려고 몇백 억씩 기부도 하고 그러잖습니까. 80대가 되면 죽음의 평준화가 이루어진다고 합니다. 언제 본향으로 돌아갈지 모르는 대기 인생이 된다 그 말입니다.

늙고 병들어 죽을 몸을 가지고 행복하면 얼마나 행복하겠습니까? 그 행복이 가면 얼마나 오래 가겠습니까? 이렇게 아무것도 아닌 것에

하나님이 무슨 복을 주시겠습니까? 하나님은 사람의 육체가 덧없고 헛된 것을 너무도 잘 아시기 때문에 우리에게 새 몸을 주시겠다고 약속하셨습니다. 하나님이 주신 새 몸은 죽지 않는 영원한 몸입니다.

> 그들은 다시 죽을 수도 없나니 이는 천사와 동등이요 부활의 자녀로
> 서 하나님의 자녀임이라_눅 20:36

셋째 기업, 상급

예수님은 우리를 위한 상을 준비하고 계십니다. 성경은 그 상에 대해 자주 언급합니다.

> 보라 내가 속히 오리니 내가 줄 상이 내게 있어 각 사람에게 그가 행
> 한 대로 갚아 주리라_계 22:12

성경을 살펴보면 생명나무 과실, 주인의 즐거움에 참여하는 것, 생명의 면류관, 감추었던 만나, 흰 돌 위에 새겨진 새 이름, 만국을 다스리는 권세, 새벽 별, 흰옷, 이름을 알아주는 명예, 새 예루살렘의 이름, 보좌에 예수님과 함께 앉는 것 등으로 언급되는데, 그 실체는 신비에 가려져 있습니다.

그 상이 어떤 것인지, 얼마나 좋은 것인지, 또 누가 받고 누가 못 받을지는 구체적으로 알 수 없습니다. 또 상을 받는 사람이 천국에서 어떤 특권을 누리는지, 상을 받는 사람과 상을 받지 못한 사람은 어떤 차이가 나는지도 정확히 잘 모릅니다. 그러나 분명한 것은 주님이 우리

에게 상에 대해 여러 번 강조하셨다는 사실입니다.

하나님 나라에는 주님의 특별한 상급을 받는 사람들이 분명히 있습니다. 또한 이것을 믿기에 이 상급을 바라보고 세상에서 남다르게 사는 사람들이 있지 않습니까?

> 믿음이 없이는 하나님을 기쁘시게 하지 못하나니 하나님께 나아가는 자는 반드시 그가 계신 것과 또한 그가 자기를 찾는 자들에게 상 주시는 이심을 믿어야 할지니라_히 11:6

분명 믿음의 삶을 사는 사람에게 주어지는 상이 있습니다. 예전에 연변과학기술대학 10주년 행사에 참석한 적이 있습니다. 그런데 그 가운데 제 마음을 가장 뭉클하게 만들었던 것은 그곳 교수님들의 모습이었습니다. 미국에서 박사학위를 받고 마음만 먹으면 누구 못지않게 대우받고 누리며 살 수 있는 분들인데, 다 내팽개치고 그 연변 연길시에 와서 박봉으로 생활하고 있었습니다.

겨울이 되면 영하 35℃까지 떨어지는 매서운 추위와 싸우고, 종종 새어 나오는 연탄가스 때문에 기관지를 다치기도 하고, 황토물이 그냥 쏟아지는 수돗물을 받아 마시는 어려움을 겪으면서도 그곳에서 10년을 한결같이 충성한 교수님들이 열 분도 더 있었습니다.

내로라하는 그 고생을 하면서 10년 동안 일구어 놓은 열매들을 보고 얼마나 감동을 했는지 모릅니다. 왜 그분들이 그렇게 고생을 마다 않고 삽니까? 천국을 바라보며 사는 겁니다. 하나님 나라에서 받을 상이 있다는 것을 믿기 때문입니다. 그러니 세상에서 누릴 수 있는 안락한 삶을 포기하고 자기 몸을 던져 헌신할 수 있는 것입니다. 하나님이 그런 자녀를 위해 준비한 상이 반드시 있습니다.

° ° ° ° ° °

넷째 기업, 복락

주님이 주시는 기업은 복락입니다. 복락은 하나님 나라에서 영원토록
누리게 될 모든 행복을 가리킵니다. 천국에 들어가면 우리는 어떻게
될까요? 어거스틴(Augustine, 354-430)은 이렇게 말했습니다.

> "천국에 들어가면 우리는 쉬고, 또 쉬면서 보고, 보면서 사랑하고,
> 사랑하면서 찬송할 것이다."

재미있는 말입니다. 천국에는 '쉼'이 있습니다. 일하는 사람들에게
쉼이란 얼마나 매력적인 단어입니까? 하나님도 쉼에 대해 많이 말씀
하셨습니다.

> 주 안에서 죽는 자들은 복이 있도다 하시매 성령이 이르시되 그러하
> 다 그들이 수고를 그치고 쉬리니_계 14:13중

천국에서 우리는 쉽니다. 그러면서 하나님을, 예수님을, 천국에 있
는 모든 영화로운 것을 봅니다. 보면서 사랑합니다. 또 사랑하면서 찬
양합니다. 천국에서 누리는 가장 큰 행복은 하나님을 찬양하고 경배
하는 것입니다. 그곳에서 하나님은 우리와 함께 계십니다.

> 내가 들으니 보좌에서 큰 음성이 나서 이르되 보라 하나님의 장막
> 이 사람들과 함께 있으매 하나님이 그들과 함께 계시리니 그들은 하
> 나님의 백성이 되고 하나님은 친히 그들과 함께 계셔서 모든 눈물을
> 그 눈에서 닦아 주시니 다시는 사망이 없고 애통하는 것이나 곡하는

것이나 아픈 것이 다시 있지 아니하리니 처음 것들이 다 지나갔음이

러라_계 21:3-4

눈에서 눈물을 닦아 주시는 하나님의 따뜻한 손길이 느껴집니까?
세상에서 우리를 불행하게 만들던 근본적인 죄악이 사라지고 인간의
가장 큰 기쁨인 하나님과의 교제를 즐기며 영원히 행복한 것, 이것이
하늘에 속한 복입니다.

제가 모시던 참 훌륭한 목사님이 안타깝게도 40대 후반에 세상을
떠나셨습니다. 사모님이 슬픔을 못 이겨 잠도 제대로 자지 못하고 무
척 고통스러워하셨습니다. 그런데 어느 날 꿈에 목사님이 나타나서 사
모님께 말했습니다. "여보, 슬퍼하지 마. 너무 좋아. 정말 너무나 좋
아." 그 말을 듣고 사모님이 기운을 차리고 일어났습니다. 하나님이 주
시는 복락은 그렇게 좋은 것입니다. 이런 복음성가도 있지 않습니까?

저 하늘에는 눈물이 없네 거기는 슬픔도 없네

저 하늘에는 눈물이 없네 거기는 승리만 있네

고통은 모두 다 사라져 버리고 영광만 가득 차겠네

우리의 주님과 함께 있을 때는 영원한 기쁨 있겠네

− 로버트 아놀트(Robert S. Arnold) 작시

참 기가 막히게 좋습니다. 이런 복락이 지금 우리 앞에 기다리고 있
습니다. 그런데 세상 사람들에게 이런 하늘의 복이 있다고 이야기하
면 왠지 어색해하거나 듣기를 꺼립니다. 잘 모르니까, 생소하니까 그
럴 겁니다. 믿는 우리도 그럴 수 있습니다. 하늘의 복이 어떤 것인지
잘 모르면 세상 사람들과 다를 바 없이 살게 됩니다. 그래서 사도 바울

이 이렇게 기도하지 않습니까?

> 너희 마음의 눈을 밝히사 그의 부르심의 소망이 무엇이며 성도 안에
> 서 그 기업의 영광의 풍성함이 무엇이며 그의 힘의 위력으로 역사하
> 심을 따라 믿는 우리에게 베푸신 능력의 지극히 크심이 어떠한 것을
> 너희로 알게 하시기를 구하노라_엡 1:18-19

하나님이 우리에게 주신 영광의 기업이 얼마나 좋은 복인지 깨닫기
바랍니다.

○ ○ ○ ○ ○ ○ ○
약속의 땅을 보라

모세는 이스라엘의 고된 광야 행진을 40년이나 이끌었던 위대한 지도
자입니다. 그는 하나님이 약속하신 땅, 젖과 꿀이 흐르는 그 땅에 백
성들과 함께 들어가고 싶어서 간절히 하나님 앞에 구했습니다. 그러
나 하나님은 허락하지 않으셨습니다. "너는 그 땅에 들어가지 못한다.
네가 받은 은혜가 족하다"(신 3:23-27 참조). 그런데 어느 날, 마음이 잔
뜩 상해 있는 모세를 하나님이 부르셨습니다.

"모세야, 저기 보이는 느보 산으로 올라오너라. 내가 산꼭대기에서
너를 세우고 네 백성이 들어갈 아름다운 땅을 샅샅이 들여다볼 수 있
게 해주마." 모세가 느보산에 올라가자 하나님은 모세의 눈을 밝혀 브
엘세바부터 헬몬산까지, 지중해부터 유프라테스 강까지 하나님이 주
시려는 땅을 구석구석 볼 수 있게 해 주셨습니다(신 34:1-4 참조). 그것
을 본 모세는 얼마나 황홀했겠습니까!

언제인가 친일파 명단이 발표되었을 때, 우리가 존경하던 지도자

들이 그 명단에 들어 있는 것을 보고 얼마나 충격을 받았습니까? 그런데 저는 이런 생각도 들었습니다. '일본이 그렇게 빨리 망할 줄을, 대한민국이 그렇게 빨리 독립될 줄을 그들이 알았더라면 친일파가 되지 않았을 텐데….' 옥에 끌려가고, 고생하고, 가지고 있던 명예와 권세를 다 빼앗기는 한이 있더라도 참았을 것입니다. 오히려 좌절하는 사람들에게 "곧 독립합니다. 좋은 날이 반드시 옵니다"라며 그들을 격려하지 않았겠습니까? 그런데 일본의 패망과 우리의 독립이 그렇게 빨리 올 줄을 몰랐기에 타협을 하고 만 것입니다.

오늘 세상을 사는 우리도 마찬가지입니다. 하나님이 약속하신 하늘에 속한 신령한 복이 우리의 현실로 드러나는 날은 생각보다 빨리 옵니다. 영원히 그날이 오지 않을 것처럼 세상과 벗하여 살겠습니까? 아니면 낙심한 자들을 격려하고, 이 복음을 알지 못하는 사람들에게 전하며 그날을 기다리겠습니까?

날마다 믿음으로 느보산에 오르십시오. 그 산꼭대기에 서서 말씀을 듣고 구석구석 살피면서 하나님이 내게 주시려는 영광스러운 기업을 바라보십시오. 이렇게 영광스러운 복이 눈앞에 있음을 기억할 때, 세상이 아무리 힘들고 어려워도 이길 수 있습니다. 쓰러질 때도 있겠지만 다시 일어날 수 있습니다. 그곳에서 하나님의 약속을 기억하고 기대하면서 꿋꿋이 세상을 살아갈 힘을 얻으시기 바랍니다.

성령님, 느보산에 올라 가나안 땅을 보았던 모세처럼 이 시간 우리의 눈을 열어 주셔서 하나님이 우리에게 약속하신 영광스러운 기업을 보게 해 주소서. 우리는 거짓된 세상 영광에 마음이 어두워지고 눈이 가려질 때가 많음을 고백합니다. 주여, 사탄에게 속지 말게 하시고, 세상 영광에 속지 말게 하시고, 하나님이 약속하신 이 영광의 기업을

내다보면서 하루하루 성실하게 살게 하소서. 예수님의 이름으로 기도
합니다. 아멘.

이렇게 생각하는 분들을 위해

1. 하나님의 자녀라면 물질의 축복을 받고 건강하게 장수하고 어떤
   어려움도 비켜 가며 두루두루 잘된다?
2. 하나님을 열심히 따르는 사람에겐 고난과 핍박과 죽음만이 기다
   리고 있다?

하늘의 복을 소개합니다.

1. 하나님의 자녀들은 믿음 때문에 고난을 받기도 하고 이유를 알
   수 없는 고통을 당하기도 합니다. 그러나 세상에서 겪는 일시적
   인 고난은 우리의 믿음을 단련시키고 앞으로 주어질 영원한 하
   늘 영광을 바라보게 합니다.

   자녀이면 또한 상속자 곧 하나님의 상속자요 그리스도와 함께한 상속자
   니 우리가 그와 함께 영광을 받기 위하여 고난도 함께 받아야 할 것이니
   라_롬 8:17

2. 하나님은 여러분을 위해 영광스러운 기업을 준비하셨습니다. 여
   러분은 예수님이 하늘에서 누리실 모든 영광을 함께 누릴 것입
   니다.

   아버지여 내게 주신 자도 나 있는 곳에 나와 함께 있어 아버지께서 창세
   전부터 나를 사랑하시므로 내게 주신 나의 영광을 그들로 보게 하시기를
   원하옵나이다_요 17:24

Part
02

누리는 삶

I

하나님의
사랑을 알다

하나님의 사랑은 에로스가 아니라 아가페입니다.
그래서 자로 재듯 성경을 배우고 연구하고 실천하는 사람만이
그 사랑을 느끼고 경험할 수 있습니다.

에베소서 3:17하-19상

17 너희가 사랑 가운데서 뿌리가 박히고 터가 굳어져서 18 능히 모든 성도와 함께 지식에 넘치는 그리스도의 사랑을 알고 19 그 너비와 길이와 높이와 깊이가 어떠함을 깨달아

하나님의
사랑을 알다

그 사랑을 아는가?

　　　　　　　얼마 전 무거운 마음으로 아침 일찍
예배당을 찾은 적이 있습니다. 저 자신의 개인적인 문제로 마음이 무
겁기도 했지만, 제가 아는 성도 가운데 병으로 고통받는 분들, 또 인
생의 여러 문제로 씨름하는 가정들을 떠올리면서 몹시 마음이 무거웠
습니다. 그래서 조용히 앉아 있다가 고개를 들어보니 강단 앞에 "하나
님은 사랑이시다"라는 말씀이 눈에 들어왔습니다.

　새벽 여명에 희미하게 비치는 그 말씀을 바라보면서 '하나님이 나
를 사랑하시는데, 하나님이 나를 아주 많이 사랑하심에 틀림이 없는
데, 왜 그 사랑이 내 마음의 짐을 덜어주는 데는 아무런 효력이 없을
까?' 하는 생각을 나도 모르게 했습니다. '하나님이 정말 나를 사랑하
신다면 근심이 아무리 내 마음을 짓눌러도 어느 순간 새털처럼 가벼
워지는 그런 느낌이 있어야 하는 것이 아닐까? 내 기분이 좋지 않아도
그 사랑을 생각하면 금방 힘이 솟고 기쁨이 넘쳐야 하는데, 나는 왜 그

러지 못할까?' 이런 생각이 제 마음에 계속 맴돌았습니다.

요한일서 2장 15절을 보면 세상을 사랑하는 자는 그 마음에 하나님의 사랑이 머물지 못한다고 했는데, '내가 세상을 너무 사랑하기 때문에 하나님의 사랑이 내 마음속에 설 자리를 잃어버린 것일까?' 그런 생각도 해봤습니다. 그러나 저는 감히 말할 수 있습니다. 저는 세상을 사랑하지 않습니다. '그렇다면 왜 그럴까…?'

다들 이런 고민을 한번쯤 해보셨을 것입니다. 하나님이 나를 사랑하신다는 사실이 나의 어떤 생각이나 감성이나 의지에 전혀 영향을 미치지 못하는 것 같고, 단순히 머릿속에 떠도는 사상에 불과하다는 느낌이 들 때가 있습니다.

성경을 보면 하나님이 우리를 사랑하신다는 사실이 얼마나 화려한 수사로 언급됩니까? 예레미야는 큰 소리로 이렇게 선언합니다. "우리를 향한 하나님의 사랑은 무궁한 사랑이다"(애 3:22-23 참조). 한이 없고 끝이 없는 사랑이라는 말입니다. 요한은 또 뭐라고 말합니까? "하나님은 우리를 사랑하시되 끝까지 사랑하신다"고 말합니다(요 13:1 참조). 중간에 끊어지지 않습니다. 한번 사랑하면 끝까지 가는 겁니다. 사도 바울의 표현은 더 강렬합니다. 하나님의 사랑은, 우리를 향한 그의 사랑은 '죽기까지 사랑하는' 사랑이라고 했습니다. "나를 사랑하사 나를 위하여 자기 자신을 버리시기까지 사랑하신 사랑"이기 때문에 이 사랑을 끊을 자가 없다고 단언합니다(갈 2:20 참조).

그런데도 그 사랑에 대한 우리의 마음이 미지근하고 별 반응이 없다면, 어딘가 모르게 영적으로 심각한 문제가 있다는 생각이 듭니다. 한번 생각해 보십시오. 하나님은 전 우주에 한 분뿐인 신이시며, 천지만물을 창조하신 가장 권세 있는 존재입니다. 예수님은 하늘과 땅의 모든 권세를 다 가진 분이요, 모두 그 발 앞에 엎드려 찬송해야 할 영광의 주, 승리의 구원자이십니다. 그런 분이 지금 나를 사랑하신다고 하십니다.

하나님의 사랑에 우리 마음이 열리기만 한다면, 내 마음에 그 어떤 고통이 있어도 자유로울 수 있는 은혜가 있을 텐데…. 그러나 부끄럽게도 저 자신에게는 한동안 그런 감동이 없었습니다. 아마 에베소교회 성도들도 비슷한 문제를 안고 있었나 봅니다. 그래서 로마 감옥에 갇혀 있던 바울이 에베소 성도들을 생각하면서 이런 기도를 했습니다. 그저 덤덤한 마음으로 의자에 앉아서 조용히 드리는 기도가 아니라, 너무나 안타깝고 걱정스럽고 답답해서 차가운 감옥 바닥에 무릎을 꿇고 머리를 조아리고 하나님 앞에 올리는 기도입니다. "하나님 아버지시여, 하나님 아버지시여, 믿음으로 말미암아 예수 그리스도께서 그들의 마음속에 거하게 하시고, 그들이 사랑 가운데 뿌리가 박히고 터가 굳어져서 능히 모든 성도와 함께 지식에 넘치는 하나님의 사랑을 알게 해 주옵소서. 그 사랑의 너비와 길이와 높이와 깊이가 어떠함을 깨닫게 해 주옵소서. 그리하여 하나님의 충만한 사랑에 이르도록 아버지여 에베소의 성도들을 끌어올려 주시옵소서"(엡 3:17-19 참조).

에베소교회 성도들도 머리로는 하나님의 사랑을 아는데 마음으로 진짜 아느냐고 물으면 자신 있게 대답을 못 하는 부분이 있었나 봅니다. 오늘 우리도 똑같은 문제를 안고 있다면, 하나님 앞에 기도하면서 이 말씀에 마음을 열기 바랍니다.

○ ○ ○ ○ ○ ○ ○
사랑의 터를 다지라

우리도 바울의 기도처럼 하나님의 사랑에 뿌리를 내려야 합니다. 그 사랑의 토양에 내 마음의 뿌리를 박고, 그 토양에 있는 자양분을 다 빨

아들여야 합니다. 하나님의 사랑에 나의 뿌리를 둘 때 우리는 활기를 얻습니다. 모든 것에 만족할 수 있는 은혜를 받게 됩니다. 그래서 보는 눈이 달라지고, 생각하는 것이 달라집니다. 말이 달라지고, 태도가 달라집니다. 하나님의 사랑이 우리를 이렇게 변화시킵니다. 엄청난 능력이 그 속에 있습니다.

저는 그간 제자훈련을 인도하면서 이 말씀이 진리라는 것을 여러 번 체험했습니다. 제자훈련의 성패 여부는 훈련생이 얼마나 하나님의 사랑을 알고, 그 사랑에 깊이 감동하였는가에 달려 있습니다. 예수님이 수제자 베드로에게 마지막으로 물으신 질문도 이것 아닙니까?

> 요한의 아들 시몬아 네가 이 사람들보다 나를 더 사랑하느냐
>
> _요 21:15중

예수님의 사랑에 대한 감격이 있는 사람, 그 사랑에 붙들려 사는 사람은 성경 지식이 좀 부족해도 괜찮습니다. 신앙생활을 한 지 몇 년 되지 않아도 예수님의 사랑만 확실히 알면 삶이 바뀝니다. 오래 믿은 사람이 하지 못한 일을 순식간에 해치우기도 합니다.

'휴, 나도 신앙생활을 잘하고 싶기는 한데 아무리 애를 써도 나아지지 않아'라고 생각하신다면 답을 드리겠습니다. 아직 하나님의 사랑을 아는 수준이 너무 미미하기 때문입니다. 신앙생활을 하면서도 기쁨과 활기가 없고, 하나님의 은혜에 대한 감격과 감사가 없다면 이유는 한 가지입니다. 아직 내 마음에 하나님의 사랑이 채워지지 않았기 때문입니다.

그러면 우리가 그 사랑을 어떻게 받아들일 수 있습니까? 어떻게 그 사랑으로 충만히 채울 수 있습니까?

그 너비와 길이와 높이와 깊이가 어떠함을 깨달아 하나님의 모든 충
만하신 것으로 너희에게 충만하게 하시기를 구하노라_엡 3:19

'깨달아'라는 말은 '자로 잰다'라는 의미입니다. 하나님의 사랑을 알려면 자로 재어 보아야 합니다. 그 사랑의 너비가 얼마나 되는지, 그다음에는 길이가 얼마나 되는지, 그다음에는 높이가 얼마나 되는지, 마지막으로 깊이가 얼마나 되는지 자로 재어 보십시오.

구약성경을 보면 하나님은 에스겔 선지자에게, 포로로 끌려간 이스라엘 백성들을 위로하고 그들에게 소망을 심어 주도록 큰 이상을 보여 주셨습니다. 에스겔은 환상 중에 천사의 인도를 받아 예루살렘 성전으로 갑니다. 그곳에는 포로로 잡혀갈 때 훼파되었던 예루살렘 성전이 아니라, 새 예루살렘 성전이 너무나 아름답게 지어져 있었습니다. 천사가 그를 데리고 다니면서 성전의 크기를 하나하나 재어 봅니다. 고가 얼마, 폭이 얼마, 기장이 얼마, 이런 식으로 측량을 해서 에스겔에게 기록하게 합니다(겔 40장 이후, 특히 40-42장 참조).

눈대중으로 대충 어림짐작하는 것과 실제로 측량하는 것은 엄청난 차이가 있습니다. 하나하나 꼼꼼하게 살피고 재어 보고 확인하다 보면 그 건물이 얼마나 정교하고 아름답게 지어졌는지 더 깊이 감탄하게 됩니다. 그렇게 하나님의 사랑도 자로 재듯 연구하고, 배우고, 검토하는 사람이 먼저 깨달아 알게 됩니다.

"아니 목사님, 사랑을 어떻게 자로 재요? 사랑은 직관적인 거잖아요. 그냥 딱 보면 느껴지는 건데, 머리로 따지고 생각하면 더 복잡해져요." 이렇게 반문하는 분들이 있습니까? 하나님의 사랑을 이성 간의 사랑과 혼동하면 안 됩니다. 하나님의 사랑은 에로스가 아닙니다. 미인을 보면 마음이 저절로 달아오르는 그런 사랑이 아닙니다. 남자

가 여자를 보면 끌리는 그런 사랑이 아니란 말입니다.

하나님의 사랑은 아가페입니다. 아가페 사랑은 자로 재듯 성경을 읽고, 듣고, 배우고, 연구하지 않고서는 접근할 수가 없습니다. 하나님의 사랑을 배우는 학습 장소는 골고다 언덕이요, 학습 자료는 예수 그리스도의 십자가입니다. 십자가는 하나님이 자기 사랑을 확증하신 증거입니다.

> 우리가 아직 죄인 되었을 때에 그리스도께서 우리를 위하여 죽으심으로 하나님께서 우리에 대한 자기의 사랑을 확증하셨느니라_롬 5:8

○ ○ ○ ○ ○ ○ ○ ○
4차원의 사랑을 알다

하나님의 사랑의 너비를 재고 싶습니까? 십자가 앞으로 가십시오. 하나님의 사랑의 길이를 알고 싶습니까? 십자가가 가르쳐 줄 것입니다. 하나님의 사랑이 얼마나 높습니까? 십자가를 바라보십시오. 하나님의 사랑이 얼마나 깊습니까? 십자가 아래 엎드려 보시기 바랍니다.

하나님은 세상 모든 사람을 빠짐없이 다 사랑할 수 있는 넓은 품을 가지셨습니다. 어떤 죄인도 다 품어 주실 수 있는 넉넉한 품, 이것이 하나님의 사랑의 너비입니다. 그렇다고 해서 한 사람 한 사람 사랑을 쪼개어 주느라고 부족하겠습니까? 아닙니다. 우리 하나님은 모든 사람을 다 사랑하시되 각 사람이 충분할 만큼 쏟아부어 주실 능력이 있는 분이십니다.

그 사랑의 길이는 또 어떻습니까? 십자가에서 확증하신 그 사랑은 우리의 과거와 현재와 미래를 초월하여 영원히 지속됩니다. 우리가 이전에 지은 죄를 영원히 기억하지 않으시며, 이후의 죄 때문에 또 다른 십자가가 필요 없을 만큼 그 사랑은 영원을 가로질러 존재합니다. 그 사랑은 영원토록 끊어지지 않고 계속됩니다.

혹 내가 죄를 범해도 그 사랑은 끊어지지 않습니다. 우리가 하나님의 자녀답게 죄짓지 않고 살려고 노력은 합니다만 그래도 종종 죄의 유혹을 받고 넘어지기도 하지 않습니까? 생각으로 죄를 짓기도 하고, 나도 모르게 말로 남을 해치기도 합니다. 또 어떨 때는 반복되는 죄의 사슬에 매여 주저앉아 버릴 때도 있습니다. '하나님이 과연 나 같은 것을 사랑해 주실까? 이렇게 구제불능인데…' 하고 허탈감에 빠지게 됩니다. 그럴 때도 하나님의 사랑은 절대로 끊어지는 법이 없습니다. 내가 실수해서 사람들에게 비아냥거림을 당하고 "저게 인간이냐?" 하고 욕을 먹을 만큼 처참한 지경에 처한다 해도 하나님의 사랑은 변하지 않습니다. 여전히 나를 사랑하시는 하나님이 그 자리에 나와 함께 계셔서 그 고통을 함께 받으십니다.

그뿐 아니라 그 사랑이 얼마나 높은지 우리를 하늘에 앉히셨다고 합니다.

> 긍휼이 풍성하신 하나님이 우리를 사랑하신 그 큰 사랑을 인하여 허물로 죽은 우리를 그리스도와 함께 살리셨고 (너희는 은혜로 구원을 받은 것이라) 또 함께 일으키사 그리스도 예수 안에서 함께 하늘에 앉히시니_엡 2:4-6

죄인인 우리를 하나님이 앉으신 하늘 보좌까지 끌어올리신 사랑입니다. 비천한 우리를 높이 올려서 예수님과 똑같은 모습으로 바꿔 놓기를 원하시는 사랑입니다. 지금은 우리가 다 제각각입니다만, 주님이 우리를 불러 하나님 나라로 들이시면 우리는 모두 예수님의 형상을 닮게 됩니다.

그뿐 아닙니다. 승리하신 주님이 하나님 나라에서 우리를 자기 우편에 앉히신다고 말씀하십니다. 사랑하는 사람들 사이에는 좋은 것이 있으면 함께 누리고 싶어 하지 않습니까? 남자에게 명예가 있으면 자기가 사랑하는 여인과 그 명예를 나누기를 원할 겁니다. 남자에게 재산이 있다면 그 재산은 그가 사랑하는 사람의 재산일 수도 있습니다. 모든 좋은 것, 아름다운 것을 다 함께 하기 원하는 게 사랑하는 사이 아닙니까? 우리 예수님도 마찬가지입니다. 하나님으로부터 받아 누리는 모든 권세와 영광을 우리와 함께 나누기를 원하십니다. 그런 수준에까지 우리를 끌어올리기 원하시는 사랑이 하나님의 사랑의 높이입니다. 얼마나 대단합니까?

또 그 사랑의 깊이는 얼마나 깊습니까? 죽음의 바다 깊은 곳에 숨은 사람도 건져 올릴 수 있을 만큼 깊습니다. 지옥의 흑암이 아무리 깊을지라도 십자가의 빛이 뚫고 들어가지 못할 만큼 어둡지는 않습니다. 어떻게 그렇게 자신 있게 말할 수 있습니까? 예수님이 우리를 위해 하늘 보좌를 버리고 인간의 몸을 입고 이 세상에 내려오셨기 때문입니다. 그것으로 모자라서 우리의 모든 죄를 짊어지고 비참한 죄수의 자리에까지 내려가셨기 때문입니다. 우리를 위해 내려갈 수 있는 데까지 내려가신 것이 그 사랑의 깊이입니다.

이렇게 하나하나 말씀을 파고 들어가서 하나님의 사랑을 재어 보시기 바랍니다. 알면 알수록 놀랍습니다. 풍성해집니다. 은혜에 감격해 날마다 마음이 새로워집니다. 사랑은 사람을 변화시킵니다. 사랑의 힘은 사람을 근본적으로 바꾸어 놓습니다. 그 신비한 사랑의 세계로 들어가면 들어갈수록 그 사랑을 더 알기 원하고, 더 사모하게 됩니다.

사랑의 힘에 사로잡히다

이렇게 하나님의 사랑이라는 고지에 오르게 되면 놀라운 일들이 우리 안에 일어납니다. 먼저, 그 사랑을 알면 알수록 심령의 자유를 누리게 됩니다. 걱정거리가 생겨도 하나님의 사랑을 조용히 묵상하다 보면 마음 깊은 곳에서부터 어느새 이런 확신이 차오릅니다.

'하나님이 인도해 주실 거야. 하나님이 나를 이토록 사랑하시는데, 내가 하나님의 사랑을 받기 위해 태어난 존재인데, 뭐 이 정도 문제 가지고 걱정하지 말자. 불안해할 필요 없어. 모든 일이 합력하여 선을 이루도록 해 주실 거야.'

나도 모르게 그런 말을 하고 있단 말입니다. 그러면 그만큼 근심에서 내가 벗어나게 됩니다.

요즘 직장을 구하지 못해서 힘든 젊은이들이 얼마나 많습니까? 답답할 겁니다. 여기 넣어도 안 되고, 저기 넣어도 안 되고, 학위를 따도 안 되고, 자격증도 소용이 없고 얼마나 답답하겠습니까? 하나님 앞에 엎드려 기도해도 바로 응답이 없습니다. 그런 때일수록 조용히 말씀을 가지고 골방에 들어가서 하나님 앞에 내가 어떤 존재인지를 확인해야 합니다. 하나님이 어떠한 사랑으로 나를 사랑하셨는지, 또 사랑하고 계시는지 묵상해 보십시오. 그 사랑이 얼마나 풍성한지, 나 대신 죽을 만큼 나를 사랑하신 그분을 한번 바라보십시오. 그 사랑에 능력이 있습니다. 어떤 두려움과 고통에도 자유롭게 하는 능력이 있습니다.

둘째로, 그 사랑의 풍성함을 맛보면 소망을 가지게 됩니다. '하나님이 나를 이토록 사랑하신다는데 나를 이대로 두실 리 없잖아? 좋은 일이 있을 거야' 하는 생각으로 모든 것을 긍정적으로 보게 됩니다. 소망이 있으니까 비관하지 않습니다. 자신을 그렇게 격려할 줄 압니다. 반대로, 하나님의 사랑을 의심하면 세상이 두렵고 비관적인 말을 하게 되고 급기야 소망을 잃어버리게 됩니다.

셋째로, 그 사랑을 깊이 알수록 우리는 강해집니다. 강한 자가 됩니다. 능력을 갖게 됩니다. 사랑에 빠진 젊은이를 아무도 못 막지 않습니까? 부모도, 형제도, 아무도 말리지 못합니다. 그와 마찬가지로 우리가 하나님의 사랑에 빠지면 세상이 우리를 못 막습니다. 인생의 짐이 아무리 무거워도 사랑에 빠진 우리를 좌절시키지 못합니다. 비참한 운명이 닥쳐도 그 앞에 무릎을 꿇지 않습니다. 하나님이 나를 사랑하신다는 사실을 확실히 믿고 경험하는 사람은 세상을 넉넉히 이길 힘이 있습니다. 로마서 8장이 그렇게 선언하고 있지 않습니까?

> 누가 우리를 그리스도의 사랑에서 끊으리요 환난이나 곤고나 박해나 기근이나 적신이나 위험이나 칼이랴 기록된 바 우리가 종일 주를 위하여 죽임을 당하게 되며 도살 당할 양 같이 여김을 받았나이다 함과 같으니라_롬 8:35-36

여기서 우리가 실제로 당해 본 것은 하나도 없습니다. 그래서 그런 극한 상황을 잘 모르지만, 그럼에도 불구하고 저는 단언합니다. 우리는 세상의 위협을 이길 힘이 있습니다. 어떻게 말입니까?

> 그러나 이 모든 일에 우리를 사랑하시는 이로 말미암아 우리가 넉넉히 이기느니라_롬 8:37

그런 참혹한 자리에 끌려가도 우리를 사랑하시는 이로 말미암아, 우리를 사랑하시는 예수님 때문에 우리는 넉넉히 이길 수 있습니다.

우리가 잘나서가 아니라 그리스도의 사랑이 우리를 꽉 잡고 있으니까, 아무도 우리를 이길 자가 없습니다. 이 사랑을 꼭 받으시기를 바랍니다.

마흔 넷 살에 하나님의 부름을 받은 에드워드 페이슨(Edward Payson, 1783-1827)이라는 목사가 있습니다. 그가 병상에 있을 때 자기 누이에게 보낸 편지 중 한 토막을 소개합니다.

> "하나님은 내가 받은 복을 하나씩, 차례로 빼앗아 가셨어. 그러나 내게 남은 것이 하나도 없을 때 나를 사랑하시는 주님이 오셔서 그 자리를 대신 채우셨어. 지금 나는 불구가 되어 움직일 수 없는 몸이지만, 내 생애 그 어느 때보다 행복해. 죽음의 강이 내 앞에 놓여 있지만, 주님이 나를 사랑하시기 때문에, 그 죽음의 강이라는 것도 내겐 한 발로 폴짝 뛰어넘을 수 있는 조그마한 개울일 뿐이야."

이런 사람을 누가 꺾을 수 있습니까? 죽음도 그를 꺾을 수 없습니다. 누가 이런 사람을 패배자라 부르겠습니까? 아무도 못 합니다. 하나님의 사랑에 꽉 붙잡혀 있기에 강합니다. 강합니다. 하나님이 사랑하시기에 그 사람은 강합니다.

마지막으로, 우리는 기뻐하는 마음을 얻습니다. 하나님께 사랑받고 있다는 사실은 우리를 기분 좋게 만듭니다. 생각만 해도 신이 나게 만듭니다. 영국의 어느 학자가 이런 말을 했습니다. "하나님의 자녀에게 있어 기쁨이란 하나의 깃발과 같다." 영국에 가면 왕족들이 사는 성이 있습니다. 그 성안에 여왕이 머물고 있으면 깃발이 휘날립니다. 그 깃발을 보고 사람들은 '아, 여왕이 저 성에 계시는구나!' 하고 알아봅니다.

이와 마찬가지로 우리가 기뻐하면 그것은 무엇을 의미하느냐? 내 마음에 나를 사랑하시는 주님이 계신다는 것을 표시하는 깃발입니다. 우리가 기뻐하는 모습을 사람들이 볼 때 '아, 저 사람 마음속에 하나님이 계시는구나! 하나님의 사랑이 저 사람의 마음에 가득하구나!' 하고 알 수 있습니다.

우리는 하나님 앞에 사랑받는 자녀입니다. 하나님의 사랑을 받기 위해 태어난 존재입니다. 하나님의 사랑은 하찮은 것이 아닙니다. 잠깐 느끼다 마는 것이 아닙니다. 그저 상식으로 조금 알고 말 것이 아닙니다. 지식을 초월하는 신비한 사랑이요, 너비와 길이와 높이와 깊이가 있는 사랑입니다.

그 사랑을 알게 해달라고, 그 사랑의 충만함에 이르기까지 하나님께 간구합시다. 그 사랑이 나를 자유롭게 할 것입니다. 내게 소망을 줍니다. 나를 강하게 합니다. 이 험한 세상에서 기쁨의 노래를 부르며 살 수 있게 해 줍니다. 그러면 우리는 이렇게 말할 수 있습니다. "나보다도 더 행복한 사람 있으면 나와 보라고 해!" 하나님의 사랑은 우리를 이렇게 바꿀 수 있습니다.

자비로우신 하나님, 우리에게 영원무궁한 사랑을 주신 것을 감사합니다. 우리는 하나님의 사랑을 독차지하면서 세상을 사는 복된 사람들입니다. 하나님의 사랑을 온전히 알기까지 사랑의 터를 다지고, 더욱 깊이, 더욱 넓게 알 수 있도록 우리에게 사모하는 마음을 주시옵소서. 그리하여 그 풍성한 사랑의 능력으로 우리 모두를 자유롭게 하옵소서. 우리 모두 능력 있게 하옵소서. 우리 모두 소망 있게 하옵소서. 우리 모두 기쁨으로 주님 앞에 영광과 찬송을 올리게 하옵소서. 예수님의 이름으로 기도합니다. 아멘.

이렇게 살고 있는 분들을 위해

1. 나는 신앙생활을 한 지 오래되었고 제자훈련도 받았으니 예수님
   의 제자요, 교회의 기둥이다?

2. 예수님을 믿은 지 오래되었지만, 하나님의 사랑이 도무지 느껴
   지지 않는다?

이런 삶을 권합니다.

1. 진정한 제자란, 하나님의 사랑을 알며 그 사랑에 깊이 감동받은
   사람입니다. 지금 여러분이 하나님의 사랑 안에 깊이 잠겨 있는
   지 돌아보십시오.

   요한의 아들 시몬아 네가 이 사람들보다 나를 더 사랑하느냐_요 21:15중

2. 하나님의 사랑을 깊이 느끼기 위해서는 말씀을 배워야 합니다.
   자기 십자가를 지고 날마다 말씀 앞에 설 때 하나님의 사랑을 하
   나씩 맛보아 알게 될 것입니다.

   주의 말씀을 열면 빛이 비치어 우둔한 사람들을 깨닫게 하나이다

   _시 119:130

2

그리스도인의
자의식을 갖다

그리스도인의 자의식은 '내가 거룩해져야지'가 아니라 '나는 거룩하다'에서 출발합니다.

에베소서 1:1

하나님의 뜻으로 말미암아 그리스도 예수의 사도 된 바울은
에베소에 있는 성도들과 그리스도 예수 안에 있는 신실한 자들에게 편지하노니

그리스도인의
자의식을 갖다

○ ○ ○ ○ ○ ○
가장자리 인생

몇 년 전에 한 이동 통신사의 TV 광고가 큰 성공을 거둔 적이 있습니다. "아버지, 나는 누구예요?" "몰라서 물어? 나도 잘 몰러." 반소매 러닝셔츠 바람으로 짧은 머리를 문지르며 아들의 질문에 대답하던 구수한 아버지의 모습을 기억하는 사람들이 많을 것입니다.

이 광고야 'Na'라는 브랜드를 광고하기 위한 것이었지만, 실제로 '내가 누구인지' 제대로 알지 못하고 사는 사람이 참 많습니다. 예수님을 믿고 완전히 새로운 신분이 되었지만, 자신이 누구인지 전혀 깨닫지 못하는 그리스도인은 또 얼마나 많습니까? 다행히 우리의 아버지 하나님은 내가 누구냐는 질문에 "몰라서 묻니? 나도 잘 몰라" 하고 대답하시지 않습니다.

우리가 하늘의 복을 소유한 자라는 올바른 자의식을 갖는 것만큼 중요한 것도 없습니다. '나는 누구인가?' 하고 자문했을 때 자신 있게,

분명하게, 항상 똑같이 고백할 수 있는 무엇이 있어야 합니다. 그런데 불행하게도 많은 사람이 교회를 다니면서도 자기가 누구인지에 대한 분명한 의식이 없어 혼란을 겪는 모습을 자주 봅니다.

제가 성경을 통해서 깨달은 바도 그렇고, 저 자신의 인생 경험을 통해서도 분명히 확인한 것이 하나 있는데, 그것은 예수 믿는 사람일수록 이 세상에서는 상처를 받기가 훨씬 더 쉽다는 것입니다. 다른 말로 하면, 안 믿는 사람들보다 믿는 사람들이 더 무력감에 빠지기 쉽고 또 어떤 면에서는 패배의식에 빠질 확률이 더 크다는 것입니다. 왜 그런지 아십니까?

사회학자들이 쓰는 용어가 있습니다. 영어로 'Marginal Person'이라고 합니다. 우리말로는 '주변인'이라고 하는 좀 어색한 번역을 씁니다. 그런데 제가 볼 때는 우리 마음에 와닿도록 바꾼다면 '가장자리 인생, 변두리 인생'입니다. 서로 다른 두 문화권에 살면서 어느 문화에도 동화되지 못하고 어정쩡하게 살아가는 사람을 일컫는 말입니다.

예를 들면 해외에서 사역하는 한국인 선교사가 있지 않습니까? 그들은 한국이라는 문화권을 벗어나서 저 동남아시아나 아프리카, 이슬람교 문화권 같은 곳에 가서 수년간 사역을 합니다. 그 지역 사람들에게 복음을 전해야 하니까 마음가짐은 그들과 함께 살고 그들과 함께 죽겠다는 자세로 들어갑니다만, 선교사들의 마음에는 '나는 한국인이니까, 한국 문화에서 자란 사람이니까 이 문화권에는 동화되지 않는다' 하는 은근한 거부반응이 있습니다. 그래서 10년을 살아도 자신의 문화 정체성을 잃지 않으려는 나름대로의 방어 의식이 있습니다.

그러다가 안식년을 맞거나 은퇴를 해서 고국에 돌아와 막상 자리를 잡고 보면 이제 또 이상한 현상이 나타납니다. 오랜 이국 생활 탓인지 이제는 한국 문화에 적응이 잘 안 되는 겁니다. 자신도 모르는 사이에 선교지 문화에 영향을 받아버린 것입니다. 그래서 결국은 이쪽 문화권에도 소속이 안 되고, 저쪽 문화권에도 소속이 안 되는 어정쩡한 위치에 서게 됩니다.

○ ○ ○ ○ ○ ○ ○ ○
그리스도인의 자의식

꼭 맞아떨어지는 말은 아닙니다만, 이와 마찬가지로 예수 믿는 우리는 어떤 면에서 '가장자리 인생'이라고 할 수 있습니다. 세상에 발을 딛고 살지만 우리는 세상에 속한 자들이 아니기 때문입니다. 우리의 소속은 하늘나라입니다. 그래서 하나님이 우리에게 이렇게 말씀하시지 않습니까?

> 위의 것을 생각하고 땅의 것을 생각하지 말라_골 3:2

어떻게 세상에 살면서 땅의 것을 생각하지 않고 살 수 있습니까? 그런데도 하나님은 우리에게 하늘에 속한 사람답게 생각하고 행동하라고 명령하십니다. 그래서 우리에겐 자기 정체성에 대한 확고한 신념이 필요합니다. 그것이 없으면 세상에 휘둘리기 십상입니다. 세상을 아주 지혜롭게 사는 사람들을 볼 때 나 자신은 무언가 모자라는 것 같이 느껴지고, 세상 사람들보다 자신은 왠지 뒤처지는 것 같다는 착각을 하게 됩니다. 그러니 자꾸 삶의 의욕을 잃게 됩니다. 이런 것이 대부분 예수 믿는 사람의 현실입니다.

예수님을 믿는 사람들이 어디 세상 사람들처럼 악착같이 무슨 짓이라도 해서 살아보겠다고 그럽니까? 아닙니다. 이제 우리는 그렇게 못합니다. 그러니 그 사람들처럼 그런 자세로 될 수가 없습니다. 사회생활, 직장생활을 하다 보면, 예수님을 안 믿었으면 '까짓것'하고 덤벼들 일도 '예수님을 믿는 내가 이래선 안 되지' 하고 자기 점검을 합니다. 그러다 보니 이것도 안 되고 저것도 안 되고 결국은 자신이 못난 사람처럼 느껴지는 그런 고통을 자주 받습니다. 그런데 이것이 비정상이냐 하면 아닙니다. 아주 정상입니다.

우리 주변에 호화롭게 사는 사람들과 예수님을 믿는 사람들을 비교해 보면, 예수님을 믿는 사람들이 크게 못난 것도 없는데 신앙적으로 정직하게 살려고 하다 보니까, 또 헌금하느라 별로 모아둔 돈도 없고 하니까 그저 소박하게 사는 경우가 대부분입니다. 그래서 물질적으로 좀 있다고 하는 사람들과 비교하다 보면 그만 상처를 받기가 쉽습니다.

그러니까 우리의 위치가 세상에서 쉽게 상처받을 수 있다는 것을 일단 인정하고 더 나아가 상처를 입지 않도록, 오히려 그들보다 앞선 생활을 할 수 있는 비결이 무엇인지 성경에서 찾아내야 합니다. 믿는 우리에게는 하나님 말씀이 유일한 해답이지 않습니까?

그런데 솔직히 예수님을 믿는 사람치고 하나님 생각 안 하는 사람이 어디 있겠습니까? 하루에 몇 번씩 기도하고, 성경 말씀도 조금씩 읽고, 믿는 지체들과 만나서 각자 삶에서 경험한 하나님 이야기도 나눕니다. 그런데도 세상에서 상처를 입으면 잘 극복하지 못하는 것을 자주 봅니다. 열등의식에 갇혀 헤어나지를 못합니다. 너무 오래 고통받고 씨름하느라 진이 다 빠집니다. 대부분의 성도가 그렇습니다. 뭔가 잘못됐습니다.

하나님 생각을 하지 않아서 그렇습니까? 아닙니다. 하나님을 생각하되 막연하게 하나님을 생각하기 때문에 그렇습니다. 예수님을 오래 믿은 분일수록 이 막연한 하나님 생각에 잡혀 있습니다. 하나님에 대한 틀이 잡혀 버려서 답이 벌써 뻔하게 나옵니다. 이렇게 되면 하나님을 생각해도 그것이 내 삶에 실질적으로 힘이 되지 않습니다. 우리는 구체적으로 하나님을 생각해야 합니다.

그렇게 하기 위해서는 성경에 있는 어떤 구체적인 말씀을 가지고, 그것과 하나님을 연결해서 묵상할 수 있어야 합니다. 그렇게 해야 하나님이 나에게 해 주실 일을 마음에 담고 기도하고 바라고 기뻐하는 자리로 나아갈 수 있습니다. 새로운 세계가 열리는 것입니다. 믿지 않는 사람은 꿈도 못 꾸는 그런 세계가 우리 믿는 자에게 주어집니다. 그래서 우리는 그곳에서 공급받는 힘으로 세상을 살아가는 존재입니다.

예수님을 믿은 후 우리의 모든 것이 변했습니다. 가장 근본적으로 신분이 바뀌었습니다. 하나님의 선택을 통해 자녀가 되었고, 의인이 되었으며, 상속자가 되었습니다. 바울은 에베소교회에 보내는 편지에서 예수님으로 인해 신분이 변화된 성도들을 이렇게 불렀습니다.

> 에베소에 있는 성도들과 그리스도 예수 안에 있는 신실한 자들에게 편지하노니_엡 1:1하

'성도'와 '신실한 자', 이것이 우리가 가져야 할 자의식입니다. 저는 성도란 하나님 편에서 보는 우리의 모습이고, 신실한 자란 사람 편에서 보는 우리의 모습이라고 생각합니다.

○ ○ ○ ○ ○ ○ ○ ○ ○ ○ ○
하나님의 소유로 구별된 존재

먼저 '성도'는 두 가지 의미가 있습니다. 하나는 '구별된 자'라는 뜻이고, 또 하나는 '거룩함을 입은 자'라는 뜻입니다. 여기서 중요한 점은

이 말이 능동형이 아니라 수동형이라는 점입니다. 내가 나 자신을 '구별한' 것이 아니라 누군가에 의해 '구별된' 것이고, 내가 '거룩하게 한' 것이 아니라 '거룩하게 된' 것입니다. 그렇다면 누가 우리를 구별하고 거룩하게 했습니까? 하나님이십니다. 예수님을 믿자마자 '나'라는 존재는 하나님이 자신의 소유로 취해 성령으로 인 치신 특별한 존재가 되었습니다.

> 내가 너를 구속하였고 내가 너를 지명하여 불렀나니 너는 내 것이
> 라_사 43:1하

> 너희는 너희 자신의 것이 아니라 값으로 산 것이 되었으니
> _고전 6:19하-20상

하나님이 우리에게 하시는 말씀입니다. 구속한다는 뜻이 무엇입니까? 값을 치르고 샀다는 말입니다. 죄 때문에 사탄에게 팔린 우리를 하나님이 아들의 생명으로 값을 치르고 사신 것입니다. 그래서 이제는 하나님의 것이라고 따로 구별해 놓은 것이 바로 우리의 존재입니다. 참 이해할 수 없는 일입니다. 대체 내가 무엇이기에 하나님이 자신의 것으로 구별하신다는 말입니까? 이건 황송하다는 말도 붙일 수가 없습니다. 예수님의 생명으로 값을 치르고 하나님의 것으로 구별된 우리가 바로 성도입니다.

거룩함을 입은 사람

'성도'의 두 번째 의미는 '거룩함을 입은 자'라고 했는데, 이것은 구별

된다는 것과 불가분의 관계가 있습니다. 왜 하나님이 우리를 거룩하게 만듭니까? 하나님의 소유가 되려면 거룩해야 하기 때문입니다. 하나님은 거룩하시므로 거룩하지 않은 것을 자기 것으로 삼으시는 법이 없습니다. 그래서 우리가 예수님을 믿는 순간에 하나님은 예수님의 보혈로 우리를 정결하게 하여 완전히 거룩한 자로 바꾸어 놓으셨습니다. 내가 어떻게 하나님의 것이 되었느냐고 묻는다면 답은 이것입니다. "하나님이 나를 거룩하게 만드셨기 때문에 하나님의 것이 되었습니다." 이런 의미에서 믿는 자는 다 거룩합니다.

가톨릭에서는 '성자'(聖者)를 따로 구별해서 숭배하는데 그것은 어폐가 있다고 생각합니다. 믿는 자들 중 누군가 성자이면 다른 사람은 성자가 아니라는 말입니까? 성경을 보면 예수님을 믿는 사람들은 다 거룩한 사람, 성자입니다. 예수 그리스도가 십자가에서 흘리신 피로 우리의 모든 죄를 깨끗하게 하셨기 때문입니다.

의롭다고 하신 분이 하나님이신데 누가 감히 우리에게 죄 있다고 말할 수 있겠습니까? 하나님이 우리의 죄를 다 용서하셨습니다. 그뿐입니까? 성령님이 마음 가운데 거하시면서 우리의 지·정·의, 모든 육체와 영혼에 묻은 죄악의 오물을 다 깨끗하게 하십니다. 그러니 하나님이 보실 때 우리가 거룩한 자, 성도입니다.

성도들에게 "예수님을 믿으십니까?"라고 물으면 "예"라고 대답합니다. 그러나 "당신은 거룩한 사람입니까? 완전히 용서받았습니까?"라고 물으면 대답을 잘 못합니다. 자신이 없습니다. 이와 같은 일이 왜 일어나는지 아십니까? 사탄은 우리가 우리 자신을 더럽게 여기길 원하기 때문입니다. 자신에 대해 '나는 형편없다, 도무지 가능성이 없다'라고 생각하게 해서 자신을 용서받지 못할 자로 여기도록 유혹합니다. 그래야 예수를 믿더라도 쉽게 절망하고 결국 '휴, 아무리 해도 이 모양인데 믿어서 뭐 하겠나?' 하면서 신앙을 버리게 되기 때문입니다.

혹 마음속에 이런 생각을 품고 있다면 빨리 던져 버리십시오. 사탄은 우리의 더러운 것을 보게 합니다. 우리가 거룩하다는 것을 절대 믿지 못하게 만듭니다. 그러나 하나님은 자기 자녀에게 어떻게 말씀하십니까? 언제나 우리가 거룩하게 되었다고 말씀하십니다.

이러한 인식은 매우 중요합니다. 자신이 거룩하다는 것을 분명히 알고 싶으면 자신의 처지에서 보지 마시고 하나님 입장에서, 하나님의 관점에서 보십시오. 이것이 성경적입니다. 목사인 저도 스스로 가만히 살펴보면 악한 감정도 있고, 거짓말과 잘못된 생각이 있고, 여러 가지 면에서 죄인인 것을 수시로 느낍니다. 이런 자신의 모습을 알면서 스스로 거룩하다고 하면 위선이지 않습니까? 그러니까 자신의 처지에서 볼 때는 거룩하다고 할 사람이 아무도 없습니다.

그런데 하나님은 왜 우리를 거룩하다고 하십니까? 하나님이 나를 보실 때는 예수님 안에 넣어서 보시기 때문입니다. 절대로 예수님과 나를 따로 세워 놓고 보시는 법이 없습니다. 또 하나님은 언제나 우리 마음에 계신 성령님을 통해서 나를 보십니다. 이렇게 하나님 편에서 우리를 보면 우리는 완전히 딴 존재가 되는 겁니다. 예수님 안에 있기에 모든 죄와 허물이 다 가려집니다. 또 우리를 성령으로 속사람부터 거룩하게 하시기 때문에, 성령님을 통해서 보실 때는 우리가 항상 거룩하게 보입니다.

만약 우리가 이 진리를 깨닫지 못하면 일평생 안절부절못하다 인생이 끝날 겁니다. 이런 사람은 자신이 거룩한 하나님의 소유라는 분명한 자의식이 없어 사탄에게 이리저리 끌려다니다 형식적인 신앙생활로 전락할 위험이 있습니다.

예수님을 믿는 사람은 일상생활에서도 승리할 수 있는데, 그 출발

점은 '내가 거룩하게 살아야지'가 아니라 '나는 거룩하다' 입니다. 내가 거룩하다는 자의식에서 성결한 생활이 시작되는 것이지, '이제 거룩해져야지'라고 다짐한다고 되는 것이 아닙니다. 근본적으로 접근 방법이 틀립니다.

떨기나무 앞에 선 모세에게 하나님이 말씀하십니다. "모세야, 네 발에 신을 벗어라. 네가 선 곳은 거룩하니라"(출 3:5 참조). 모세도 거룩한 사람이 되었습니다. 모세에게 어떤 죄나 결점이 없기 때문입니까? 단지 하나님 앞에 섰기 때문에 신발을 벗고 거룩한 존재가 된 것입니다. 우리 역시 똑같습니다. 예수님을 믿고 하나님 앞에 나왔으니까 모세처럼 하나님 앞에 신발을 벗은 사람이 되었습니다. 자신 안에 어떠한 모순이 있다고 해도 그것 때문에 하나님이 주신 거룩함을 포기할 수는 없습니다.

우리는 거룩합니다. 하나님이 우리를 거룩하게 하셨습니다. 그러므로 성도입니다. 이 사실을 마음 깊이 새기기를 바랍니다. 우리의 신분은 이미 바뀌었습니다. "어디, 하나님의 자녀가 한번 되어 보자. 열심히 해서 하나님의 마음에 들어 보자." 아닙니다. 나는 이미 하나님의 것이기에 하나님의 것이 되려고 애쓰지 않아도 됩니다. 초점을 바꾸지 마십시오.

누가 봐도 신실한 사람

믿는 자가 가져야 할 두 번째 자의식은 '신실한 자'입니다. 이것은 사람들이 우리를 바라볼 때의 모습이라고 했습니다. 신실하다는 말에도 두 가지 의미가 담겨 있습니다. 하나는 '믿음대로 행한다'라는 뜻이고, 또 하나는 '신뢰할 만하다'라는 뜻입니다. 그래서 어떤 학자는 '신실한'

이라는 단어에 '믿음'과 '충성'이라는 의미가 들어 있다고 했습니다.

예수님을 믿으면 일단 안 믿는 주변 사람들에게 신실한 사람으로 인정을 받아야 합니다. 우리가 예수님의 뜻대로 하나님 나라를 위해 충성스럽게 살 때 세상 사람들은 '저 사람은 진짜 믿는 사람이구나'라고 생각하게 됩니다. 제가 늘 생각하는 것은 이 사회에서 그리스도인들이 좀 더 표를 내야 한다는 것입니다. 다시 말해, 세상 사람들이 고개를 끄덕이며 인정할 정도로 신앙생활을 참되게 해야 한다는 것입니다.

그렇다면 어느 정도가 되어야 참된 그리스도인이라고 할 수 있습니까? 성경에 분명히 나와 있습니다.

> 우리 중에 누구든지 자기를 위하여 사는 자가 없고 자기를 위하여 죽는 자도 없도다 우리가 살아도 주를 위하여 살고 죽어도 주를 위하여 죽나니 그러므로 사나 죽으나 우리가 주의 것이로다_롬 14:7-8

어느 정도로 충성해야 합니까? 자신의 존재는 완전히 잊고, 살든지 죽든지 주를 위해서 한다는 경지가 되어야 합니다.

성도 가운데 불행하게도 이중생활을 하시는 분들이 있습니다. 만약 이 부분을 읽으면서 마음에 찔림이 있다면, 하나님이 하시는 말씀이라 생각하고 성령님의 도우심으로 새롭게 되기를 바랍니다.

이중생활이란 무엇입니까? 월요일부터 토요일까지 세상에서 세속적인 삶을 살다가, 주일날 교회에 와서는 열심히 신앙생활 하는 척하는 것을 말합니다. 이렇게 이중생활을 하는 사람을 보며 신실하다고 할 사람은 아무도 없습니다. 그런 사람은 믿을 수가 없습니다. 세상에서 예수 믿는 표를 완전히 떼놓고 세상 사람들과 짝하여 살면 사람들이 겉으로는 좋아할지 몰라도 속으로는 '이 사람 못 믿겠네. 이중적이야'라고 생각할 것입니다.

좀 오래된 것이긴 하지만, 미국 갤럽에서 미국인의 신앙생활 실태를 파악한 설문조사 결과가 있습니다. 거기서 '신앙생활이 중요합니까?'라는 질문에 대해 56%가 '그렇다'라고 대답했습니다. 그러나 '신앙을 그대로 실천합니까?'라는 항목에 대해서는 38%만이 '그렇다'라고 답했습니다. 나머지 16%는 어떻게 된 것입니까? 생각만 할 뿐 생활은 따라가지 않는다는 얘기입니다.

우리 한국 교회는 어떻습니까? 신앙이 중요하다고 생각해서 주일날 교회에 나오는 사람은 많지만, 실제로 삶으로 예수님께 충성하는 사람은 얼마나 되겠습니까?

○ ○ ○ ○ ○ ○ ○ ○ ○
나를 통해 하나님을 본다

예수님을 믿는 우리가 세상 사람들 앞에 신실한 자로 인정받지 못하면 두 가지 치명적인 결과가 따르게 됩니다. 먼저, 우리로 인해 사람들이 하나님을 대수롭지 않게 생각하게 됩니다. '흥, 믿는다는 사람들이 저 모양인 걸 보면 하나님도 별수가 없구나. 예수? 뭐 대단하지도 않구나.' 이런 얘기가 나옵니다.

자식이 함부로 대하는 부모를 공경하는 이웃을 봤습니까? 부인이 무시하는 남편을 존경하는 이웃을 보셨습니까? 우리가 진지하게 믿지 않으면 우리의 태도를 보고, 믿지 않는 사람들도 하나님을 무시합니다. 얼마나 기가 막힌 상황입니까? 만약 내가 예수님을 적당히 믿는다면 내 자녀가 예수님에 대해서 얼마나 진지하게 여길지 한번 생각해 보십시오. 부모인 나 때문에 내 자녀들에게 예수님이라는 존재가 아무것도 아닌 게 되어 버릴 수도 있습니다.

우리가 신실하지 못할 때 또 하나 커다란 문제가 따릅니다. 바로 이 사회가 하나님을 추방해 버리는 것입니다. 우리가 하나님이나 하나님의 방법은 안중에도 없이 세상의 유행이나 풍조를 따라 살면, 사람들은 우리를 보면서 하나님은 없다고 생각합니다. 저는 이것을 현대판 무신론이라고 봅니다.

그리스도인들이 하나님을 두려워하고 하나님이 계신 것을 날마다 의식하면서 사는 모습을 보여 주지 못하니까, 주변에 있는 믿지 않는 사람들은 하나님의 존재를 아예 잊어버리게 됩니다. 결국 사람들의 생각과 마음에서 하나님의 존재는 사라지고 맙니다.

러시아의 문학자이자 노벨상 수상자인 솔제니친(Aleksandr Solzhenitsyn, 1918-2008)이 쓴 글을 보고서 제가 큰 충격을 받았습니다. 50년가량을 러시아 혁명사 연구에 몸 바친 그는 수백 명과 면담을 하고 수백 권의 책을 읽은 끝에 러시아 혁명에 관해 이런 결론을 내렸습니다.

만약 6천만 러시아인의 생명을 삼킨 무서운 혁명이 왜 일어났는지 내게 설명해 보라고 한다면, 나는 사람들이 하나님을 잊어버렸기 때문이라고 되풀이하는 것 외에 다른 답변은 할 수 없을 것이다.

솔제니친은 사람들이 하나님을 잊어버렸기 때문에 그 끔찍한 혁명이 일어났다고 합니다. 러시아에 그렇게 교회가 많이 있었는데 왜 그들이 하나님을 잊어버렸습니까? 예수님을 먼저 믿은 사람들이 마치 하나님이 없는 것처럼 생활했기 때문입니다. 믿는 자가 하나님의 살아 계심을 보여 주지 못하니 교회 밖에 있는 사람들도 하나님을 잊은 것입니다. 그래서 그 사회는 하나님을 떠났고 엄청난 재앙을 겪을 수밖에 없었습니다.

이것은 결코 남의 나라 이야기만은 아닐 것입니다. 오늘날 한국 교회가 이 사회에 어떤 영향을 미치고 있습니까? 믿는 우리가 세상 사람들과 똑같이 물질주의의 노예처럼 아침부터 저녁까지 돈, 돈 하면 누가 봐도 돈이 하나님으로 보이지 진짜 하나님의 존재는 볼 수 없습니다. 그러나 믿는 우리가 좀 손해를 보더라도 말씀대로 살고자 애쓰면 주변 사람들이 먼저 알아차립니다. 겉으로는 우리를 괴롭힐지 몰라도 속으로는 '저 사람을 보니 하나님이 정말 있는 것 같다' 하며 하나님의 존재를 두려워합니다.

우리는 예수님을 믿고 하나님의 구별된 소유, 곧 성도가 되었습니다. 거룩한 존재라는 자의식을 갖고 거룩한 존재답게 살아야 합니다.

또 세상 사람들이 볼 때 예수 그리스도께 충성하는 존재입니다. 무슨 일을 하든지 주께 하듯 하고, 아무도 보지 않을 때도 하나님 앞에서 행하는 자들입니다. 그래서 서로 속고 속이는 세상에서 "저 사람이라면 신뢰할 만해"라고 인정받는 그런 사람들입니다. 우리는 시시한 존재가 아닙니다. 우리가 이렇게 올바른 자의식을 가지고 살 때 세상은 우리를 통해 하나님을 보게 될 것입니다.

○ ○ ○ ○ ○ ○
계기판을 보세요

어떤 영어 성경에 이런 표현이 나옵니다. 로마서 12장 2절 상반절에 "너희는 이 세대를 본받지 말라"라는 말씀을 이렇게 번역했습니다.

> 너희 주변에 있는 세상이 너희를 자기 틀에 맞게 쑤셔 넣지 못하게
> 하라.

참 재미있는 표현이죠? 우리가 사는 세상이 틀을 갖고 있지 않습니까? 그래서 유행이다 뭐다 해서 우리를 그 틀에 맞도록 억지로 집어넣

으려고 합니다. 그것이 이 세상이고 이 세대입니다. 그런데 하나님은 우리에게 세상이 그렇게 하지 못하게 하라고 하십니다. 그래서 우리가 말씀대로 살다가 보면 세상 사람들 눈에 약간 이상한 존재가 됩니다.

저 하늘에 정신을 홀딱 빼앗기고 사는 사람처럼 보입니다. 그래서 세상 사람들이 예수님을 믿는 사람을 약간 비웃기도 합니다. 좀 멸시하기도 합니다. 왜 하늘에 정신을 빼앗기고 삽니까? 그거야 당연합니다. 우리가 하늘나라 소속이니까 그렇습니다. 만약 예수 믿는 사람이 그렇지 않다면 그게 더 이상한 것입니다.

경비행기를 모는 메이(May)라는 평신도 선교사의 이야기입니다. 그는 선교지에서 밀림 지역이나 산악 지역에 있는 작은 부족을 찾아가는 선교사들을 경비행기로 실어 나르는 일을 합니다. 그가 처음 비행술을 배울 때 스승에게 귀가 따갑도록 이런 말을 들었다고 합니다.

"메이, 당신이 비행기를 타고 하늘에 올라가면 당신 감각을 절대 믿어서는 안 됩니다. 당신 생각에 비행기가 남쪽으로 간다고 느껴질 때 즉시 계기판을 보세요. 당신은 반드시 동쪽으로 가고 있을 거예요. 또 비행기가 막 아래로 내려간다고 느껴지면 그때도 계기판을 보세요. 그러면 계기판은 비행기가 수평으로 날고 있다는 것을 정확히 보여 줄 거예요. 이럴 때 당신 감각을 믿고 비행기를 끌어 올리면 큰 사고가 납니다. 그러니까 당신 감각이야 어떻든 비행기가 수평으로 날고 있다는 것을 계기판을 보고 믿어야 해요. 비행기를 타고 하늘에 올라가면 당신이 믿을 것은 계기판밖에 없습니다. 당신 감각을 믿으면 절대 안 돼요."

맞는 말입니다. 하늘에 올라가면 전후좌우 분간이 안 됩니다. 우리

감각이 믿을 만한 게 못 된다는 사실은 비행기를 타보면 다 알지 않습니까? 이처럼 그리스도인의 삶도 마찬가지입니다. 우리는 성경이라는 계기판을 보고 사는 사람이지, 세상 감각을 따라 사는 사람이 아닙니다. 감각을 믿다가는 본전도 못 찾습니다. 우리는 감각대로 따라가지 않습니다. 내가 원하는 대로, 내가 욕심나는 대로, 세상이 좋다고 하는 대로, 사람들이 우르르 몰려가는 대로 따라가지 않습니다. 우리가 믿는 것은 무엇입니까? 우리의 계기판은 성경 말씀입니다.

우리는 하늘에 속한 사람들이라는 자의식, 하나님의 소유요, 거룩한 아들이라는 자의식을 잊지 맙시다. 세상 사람들 눈에는 가장자리 인생, 변두리 인생 같아 보이겠지만, 우리는 하늘에 속한 자요, 그리스도인이라는 자의식을 단단히 붙잡고 살기를 바랍니다. 자신의 신분을 확인하고 좀 여유만만하게 세상을 내려다보면서 사는 믿음을 소유하시기를 바랍니다.

하나님, 아무런 자격 없는 저를 하나님의 것으로 구별하시고 거룩하게 하신 은혜가 얼마나 놀라운지 모릅니다. 새롭게 된 신분에 걸맞게 올바른 자의식을 가지고 하나님이 기뻐하시는 모습으로 살게 하소서. 성도로서, 신실한 자로서 하나님의 마음을 기쁘게 해 드리며 이웃에게 하나님의 살아 계심을 드러내는 자 되게 하소서. 예수님 이름으로 기도합니다. 아멘.

이렇게 살고 있는 분들을 위해

1. 예수님을 믿으면 하나님의 자녀라고 하지만, 솔직히 내가 세상 사람들과 별 다를 바 없이 살고 있기에 그 사실이 도무지 믿기지 않는다?

2. 하나님을 믿기는 믿지만, 세상 사람들과 잘 어울리려면 광신도처럼 보이지 말고 적당히 세상 풍조와 가치관을 따르는 게 좋다?

이런 삶을 권합니다.

1. 바른 자의식을 갖는다면 그에 걸맞은 삶으로 점차 바뀔 것입니다. 하나님의 시각으로 자신을 바라보십시오. 진리의 말씀에 근거한 자의식을 가지십시오.

   그런즉 누구든지 그리스도 안에 있으면 새로운 피조물이라 이전 것은 지나갔으니 보라 새 것이 되었도다_고후 5:17

2. 믿는 자가 삶으로 하나님을 드러내지 않는다면 세상 사람들은 하나님의 존재를 전혀 의식하지 못합니다. 여러분의 삶으로 하나님의 살아 계심을 보여 주십시오.

   곧 내가 그들 안에 있고 아버지께서 내 안에 계시어 그들로 온전함을 이루어 하나가 되게 하려 함은 아버지께서 나를 보내신 것과 또 나를 사랑하심 같이 그들도 사랑하신 것을 세상으로 알게 하려 함이로소이다 _요 17:23

3

은혜와
평강 안에
거하다

교회 안에도 가난뱅이와 부자가 있습니다.
구원의 감격을 모르는 사람은 영적 가난뱅이요,
구원의 감격이 충만한 사람은 영적 부자입니다.

에베소서 1:2
하나님 우리 아버지와 주 예수 그리스도로부터 은혜와 평강이 너희에게 있을지어다

은혜와 평강 안에
거하다

평강이 없는 세상

통계청에서 낸 2007년 사망통계 자료에 따르면 우리나라의 자살률은 OECD 국가 중 최고라고 합니다. 미국 10.1명, 영국 6.0명, 프랑스 14.6명은 물론이고, 자살률이 비교적 높은 일본 19.1명, 헝가리 21.0명, 벨기에 18.4명 등의 국가보다 훨씬 높은 수치입니다.

그해 자살한 사람은 모두 12,174명으로 하루 평균 33명 정도가 스스로 세상을 등졌다고 합니다. 또 2008년은 연예인들의 자살 소식이 이어져 우울증과 자살이 사회적인 쟁점이 되지 않았습니까? 날이 갈수록 사람들은 마음의 평안을 잃어 갑니다. 물질적인 삶은 더 안락해지고 편안해졌는데 왜 사람들은 마음의 평안과 안식을 누릴 수가 없을까요?

사실 세상 어느 곳에서도 평안을 찾을 수 없는 것은, 진정한 평안은 오직 하나님에게서 오기 때문입니다. 하나님은 우리에게 귀한 선물을 두 가지 주셨습니다. 바로 '은혜와 평강'입니다. 하나님이 얼마나 이것을 주기 원하시는지 사도 바울의 편지에만 열네 번이나 나옵니다. 우리가 그 깊이를 다 알 수는 없어도 하나님이 중요하게 여기신다는 것만은 느낄 수 있습니다.

먼저 짚고 넘어가야 할 것은, 은혜와 평강은 기막히게 좋은 것이지만 반드시 "하나님 우리 아버지와 주 예수 그리스도로부터" 주어진다는 사실입니다. 이것은 우리가 하나님과 어떤 관계에 놓여 있는지를 이야기하는 중요한 말씀입니다.

예수님을 믿기 전에는 세상을 살면서 필요한 모든 것이 어디에서 오는지 잘 모릅니다. 그저 살다 보니 자연적으로 생기거나 내가 똑똑하고 유능해서 생긴다고 생각합니다. 그러나 예수님을 믿고 하나님을 발견한 후에 보면, 이제 하나님이 주시는 것을 받는 새로운 위치에 서 있다는 것을 알게 됩니다. 하나님으로부터 오는 것을 받는 관계, 이 관계에 들어왔기 때문에 여기서 벗어나서는 살 수 없음을 알게 됩니다. 예수님은 이 관계를 포도나무 비유로 설명하셨습니다.

나는 포도나무요 너희는 가지라 그가 내 안에 내가 그 안에 거하면 사람이 열매를 많이 맺나니 나를 떠나서는 너희가 아무것도 할 수 없음이라_요 15:5

나무에서 끊어진 가지는 말라 죽고 맙니다. 이것은 생명의 관계입니다. 그래서 예수님은 "나를 떠나서는 아무것도 할 수 없다"라고 단적으로 말씀하십니다. 이 관계는 독자적이며 유일무이한 관계요, 생명과 직결되는 관계입니다.

예수님을 떠나면 살아남지 못합니다. 이 말은 세상에서 금방 망하게 된다는 의미는 아닙니다. 사실 예수님을 떠나서도 세상에서 보란 듯이 잘사는 사람들이 얼마나 많습니까? 그러나 하나님이 보실 때는 그 삶이 무의미하다는 것입니다. 이 관계에서 벗어나 마음대로 사는 사람들 가운데 세상에서 사업 잘하고 성공적으로 살았을지는 몰라도 인생의 종지부를 찍는 순간에 평안히 눈을 감은 경우가 있겠습니까?

우리에겐 은혜가 필요하다

예수님과의 관계에 들어선 사람만이 은혜와 평강으로 살 수 있습니다. '은혜' 다음에 '평강'이라는 이 순서가 중요합니다. 은혜받은 사람의 마음에서만 체험할 수 있는 것이 평강이기 때문입니다. 그런데 많은 사람이 은혜는 무시하고 평강만 찾습니다. "주여, 제 마음이 불안하니 평안을 주소서. 용기를 주소서."

평강은 은혜를 받은 사람에게 하나님이 거저 주시는 선물입니다. 마음의 평강을 누리고 싶다면 먼저 은혜를 받아야 합니다. 은혜를 샘이라고 한다면 평강은 바다입니다. 은혜가 원인이라면 평강은 결과입니다. 은혜가 없이는 평강을 누릴 수 없고, 은혜가 부족하면 평강도 흔들립니다.

성도가 얼마나 마음의 평강을 누리고 사는가는 은혜를 받은 정도와 비례합니다. 지금 나의 상태는 어떻습니까? 마음에 평강의 강이 흐르고 있습니까? 아니면 항상 무언가에 쫓기듯 불안합니까? 마음에 평강이 없습니까? 평강을 구하지 말고 은혜를 구하십시오.

그렇다면 은혜란 무엇입니까? 은혜란 글자 그대로 하면 받을 자격이 없는 자에게 베푸는 호의입니다. 이런 말이 있습니다. "은혜는 하나님의 내리사랑이다." 보통 자기 자식을 향한 부모의 사랑을 내리사랑이라고 합니다. 사람들은 자신을 낳고 키워 준 부모에게는 잘하지 못하면서 자기 자녀에게는 지극 정성을 쏟는 것이 일반적인 모습입니다. 자녀에게 쏟는 이 사랑은 조건이 없으며 굉장히 순수합니다. 자녀가 부모를 위해 아무것도 한 것이 없는데도 부모는 그저 자기 자식이니까 사랑을 줍니다. 우리를 자녀 삼으신 하나님의 마음도 내리사랑입니다.

이 은혜는 우리의 속사람을 강건하게 하는 복입니다. 저는 육체가 건강하고 평안한 것을 은혜라고 하고 싶지는 않습니다. 물론 그것 또한 하나님이 주시는 좋은 것입니다. 그러나 은혜는 원래 하나님이 영혼과 마음의 평안을 위해 주시는 선물입니다. 이런 의미에서 성경은 우리에게 "항상 하나님의 은혜 가운데 있으라"(행 13:43하)라고 말씀합니다. 하나님이 우리에게 "항상 돈벼락 가운데 있으라, 항상 대저택에 있으라"라고 하지 않으시고 무엇에 있으라고 하십니까? 은혜 안에 있으라고 하십니다. 이는 내 영혼, 속사람이 하나님의 풍성한 복 가운데 거하는 것을 말합니다.

> 내 아들아 그러므로 너는 그리스도 예수 안에 있는 은혜 가운데서 강하고_딤후 2:1

잘 먹어서 육체가 강해지라는 말이 아닙니다. 은혜를 받아 속사람, 영혼이 강해지라는 것입니다.

> 마음은 은혜로써 굳게 함이 아름답고_히 13:9중

마음은 속사람의 대명사입니다. 역시 은혜로써 강건해지는 것이 아름답다고 했습니다. 이것을 보면 은혜는 속사람을 위해 하나님이 주시는 양식입니다. 속사람이 은혜 안에서 강하고 풍성해지지 않으면 그 사람이 외적으로 아무리 많은 것을 소유했다 할지라도 진정으로 행복한 사람이 아닙니다.

우리는 속사람에 얼마나 관심을 기울입니까? 속사람이 은혜로 강건해야만 겉 사람도 강건할 수 있습니다. 옷을 많이 껴입는다고 감기를 이길 수 있습니까? 체질이 강해야 이길 수 있습니다. 마찬가지로 이 세상을 살아갈 동안 많은 고난과 역경과 죄악을 이기는 데 필요한 것은 속사람의 강건함이지, 육체적인 건강이나 물질적인 부요함이 아닙니다.

많은 사람이 어려운 상황을 놓고 하나님 앞에 기도하며 불평합니다만, 하나님은 우리의 상황이 아니라 그것을 극복하지 못하는 속사람의 약함을 염려하십니다. 초막이든 궁궐이든 그곳이 하나님의 나라가 되게 하는 것은 속사람의 강건함이지 겉사람의 문제가 아니기 때문입니다. 그래서 하나님은 물질을 구하는 사람에게 필요한 물질을 다 주지 않으시고, 고난을 없애 달라고 구하는 사람에게 고난을 남겨 놓으십니다. 정말 중요한 것은 속사람의 강건함이라는 사실을 깨닫게 하기 위해서입니다.

○ ○ ○ ○ ○ ○ ○
은혜에 이르는 길

속사람을 강건케 하는 은혜를 받으려면 어떻게 해야 할까요? 구체적으로 두 가지가 있습니다. 첫째로, 은혜는 구원의 진리를 매일 깊이 깨닫고 체험함으로써 얻게 됩니다. 구원은 이미 이루어진 과거의 일입니다. 예수님이 날 대신하여 죽으시고 부활하심으로써 모든 죄를 대속해 주신 주님이요, 구원자이심을 의심 없이 믿는다면 누구나 구원받은 사람입니다.

> 예수 그리스도로 말미암아 자기의 아들들이 되게 하셨으니_엡 1:5하

> 그의 피로 말미암아 속량 곧 죄 사함을 받았느니라_엡 1:7하

> 약속의 성령으로 인치심을 받았으니_엡 1:13하

모두 과거형으로 되어 있습니다. 그런데 과거의 일일수록 사람들은 쉽게 잊어버리고 소홀히 여깁니다. 그래서 예수님을 믿은 지 오래된 사람들이 은혜에 메말라 고통당하는 모습을 종종 볼 수 있습니다. 그 원인이 무엇입니까? 너무 오래전에 있었던 일이라 구원받은 감격, 그 첫사랑을 다 잊은 겁니다. 그러니 영혼이 마치 가물어 메마른 풀포기처럼 말라비틀어집니다.

교회 안에도 가난뱅이와 부자가 있습니다. 누가 가난뱅이입니까? 구원의 감격을 모르는 사람입니다. 누가 부자입니까? 날마다 구원의 감격이 넘치는 사람입니다. 예수님과 십자가를 생각할 때마다 마음에 감격이 솟는 사람, 하나님이 주신 구원의 '구'자만 들어도 기쁨이 넘치는 사람, 이런 사람을 은혜 충만한 사람이라고 합니다. 하나님은 우리가 구원의 은혜를 쉽게 잊지 않기를 원하십니다.

> 내 영혼아 여호와를 송축하며 그의 모든 은택을 잊지 말지어다 그가 네 모든 죄악을 사하시며 네 모든 병을 고치시며 네 생명을 파멸에서 속량하시고 인자와 긍휼로 관을 씌우시며 좋은 것으로 네 소원을

만족하게 하사 네 청춘을 독수리 같이 새롭게 하시는도다

_시 103:2-5

하나님이 주신 이 모든 은혜를 잊어서는 안 됩니다. 단순히 기억력을 다시 작동시키라는 말이 아니라 적극적인 의미에서 나를 구원하신 하나님의 은혜를 날마다 더 깊이 깨닫고 감격하라는 뜻입니다.

그렇다면 방법은 하나밖에 없습니다. 구원의 진리가 가득 담긴 성경을 가까이하는 것입니다. 은혜받은 사람에게는 성경의 단어 하나하나가 감격을 줍니다. 마치 포도알을 깨물 때 입안에 흘러 들어오는 단물처럼, 한 구절 한 구절이 기가 막히게 달콤합니다. 분주한 일과 속에서 한 장을 읽든, 한 구절을 읽든 성경을 읽을 때 말씀이 나를 사로잡습니다. 심지어 별 의미도 없을 것 같은 조사 하나에서도 때로는 하나님이 놀라울 정도로 은혜를 체험하게 해 주십니다.

예전에 목사님 80명이 참석하는 세미나에서 제자훈련 소그룹을 공개한 적이 있습니다. 저와 제자반 자매 22명이 제자훈련 모임을 하고, 80명의 목사님은 그 바깥에 둘러앉아 참관하였습니다. '아, 귀납적 성경공부가 저런 것이구나. 저렇게 하니까 사람들에게 다가가기 쉽구나' 하고 직접 보고 깨닫도록 도와주기 위한 것이었습니다.

그날의 성경공부 주제는 삼위일체였습니다. 우리가 잘 아는 바와 같이 제일 어려운 교리 가운데 하나가 아닙니까? '어떻게 한 하나님이 세 분이냐? 어떻게 세 분이 한 하나님이냐?' 이것은 아무리 생각해도 풀리지 않는 진리입니다. 솔직히 이런 내용으로 공부를 하면 별로 재미도 없고 은혜도 없을 것 같아 은근히 걱정되었습니다. '내가 왜 삼위일체 교리를 주제로 택했을까?' 하는 후회도 들었지만, 한편으로는 말씀을 가까이하는 자에게 항상 은혜를 주시는 하나님이심을 믿었기에

기대감을 갖고 그 자리에 앉았습니다.

공부가 시작되자 삼위일체에 대해 확신이 없는 자매들이 심경을 토로합니다. 참관하는 목사님들의 존재는 개의치도 않고 다 털어놓습니다. 어떤 목사님들은 '야, 제자훈련을 받는다고 하면서 저런 것도 믿지 않고 있었나?' 하고 놀랐을 겁니다. 그러나 이런 솔직한 마음을 나눌 수 있는 자리가 얼마나 좋습니까? 그래서 이 문제로 서로 이야기를 주고받다가 제가 결론적으로 이렇게 물었습니다.

성부, 성자, 성령 하나님에 대해서 우리는 완전히 이해할 수 없습니다. 그런데 제가 한 가지 여러분에게 묻겠습니다. 하나님이 이렇게 셋이 하나이자 하나가 셋인, 도무지 이해할 수 없는 분으로 나타나지 않을 수 없는 근본적인 이유가 어디에 있습니까? 하나님이 괴물처럼 생겼기 때문입니까? 아니면 우리 자신에게 문제가 있기 때문입니까?

죄 속에 푹 빠져 진리를 깨달으려야 깨달을 수도 없고, 하나님을 찾으려야 찾을 수 없는 것이 누구 때문입니까? 하나님을 찾으려고 해 봤자 고작 자기 머리에서 만들어 낸 우상이나 눈앞에 보이는 두려운 자연현상을 신으로 여기는 우둔한 인간이 어떻게 하나님을 찾습니까? 이 무지한 인간에게 하나님이 자신을 알려 주기 위해 모든 방법을 다 동원해서 나타나신 모습이 삼위일체가 아닌가 싶습니다.

무엇 때문에요? 우리의 작은 머리로 다 이해할 수 없는 존재이신 하나님을 알게 하시기 위해, 나를 하나님 앞으로 인도하기 위해 그렇게 나타나신 것입니다. 성자 하나님이 왜 육신을 입고 오셨습니까? 성령 하나님이 왜 영으로 임하셔서 돌같이 굳은 내 마음을 부드럽게 해 주십니까? 모두 나 때문입니다. 우리는 날마다 왜 하나님이 성부, 성자, 성령이냐고 따지기만 했지, 나 때문에 그렇게 되셨다는 생각은 해보지 않았지요?

이렇게 결론을 지으면서 자매들의 얼굴이 조용히 은혜에 잠기는 것을 보았습니다. '그렇구나, 삼위일체 하나님에 대해 이상하다고만 생각했지, 그 하나님이 나를 위해 그런 모습으로 찾아오셨다는 것은 생각하지 못했구나.' 처음에는 이해하지 못하겠다, 어떻게 그럴 수가 있느냐고 하던 자매들도 말씀을 통해 깨닫습니다. 이것이 은혜입니다. 성경 안에 있는 진리는 어떤 것이든 깨물면 단맛이 나오도록, 그래서 영혼이 강건해질 수 있도록 하나님이 은혜를 가득 담아 놓으셨습니다. 그러므로 성경 말씀을 등한히 하는 것만큼 큰 손해는 없습니다.

그런데 혼자 앉아서 성경을 꿀처럼 달게 이해하기란 쉽지가 않습니다. 상당한 수준에 이르기 전까지는 어려운 일입니다. 그러니 별수 있습니까? 교회에서 하는 성경공부 모임, 성경을 가르치는 세미나에 무조건 뛰어가야 합니다. 일주일에 한 번, 고작 3, 40분 설교 듣고 한 주간 은혜 충만하게 살 수 있는 사람은 아무도 없습니다. 일주일에 한 끼 먹고 사는 사람 있습니까? 아무도 없을 겁니다. 그러니 주일 낮에 설교 한 번 듣고 마음에 평강이 넘치기를 바라는 것은 무리입니다.

말씀을 가까이해야 은혜의 강이 넘치고 속사람이 강건해집니다. 하나님의 말씀 안에서 구원의 진리를 깨달을 때마다 영혼이 튼튼해집니다. 이런저런 이유로 하나님의 말씀을 멀리하고 있습니까? 은혜받는 길을 택하시기를 바랍니다.

○ ○ ○ ○ ○ ○ ○ ○ ○
때를 따라 도우시는 손길

은혜받는 또 하나의 길이 있습니다. 바로 때를 따라 도우시는 하나님의 손길을 체험하는 것입니다. 마음이 무거우면 어디를 찾아갑니까? 불안하고 낙담할 때 무엇을 하십니까? 마음이 고통스러울 때나 불안할 때, 위급한 일을 당할 때 하나님 앞에 나가서 하소연할 수 있는 사람은 은혜 안에 사는 사람입니다.

우리를 기도하게 하는 것은 무엇이든 좋은 것입니다. 기도에서 멀어지게 하는 것은 무엇이든 나쁜 것입니다. 건강이 좋아서 기도를 등한히 합니까? 그렇다면 그 건강은 복이 아닙니다. 병이 나서 더 열심히 기도하며 주님을 더 간절히 찾습니까? 그렇다면 그 병은 복입니다. 남편이 너무 좋아서 함께 있다 보니 기도를 못 합니까? 그렇다면 남편이 있는 것은 복이 아닙니다. 역설적으로 들릴지 모르나 이것이 진리입니다.

제가 아주 오래전에 쓴 일기를 읽다가 충격을 받았습니다. 당시 대학생이었던 저는 폐결핵을 앓고 있었습니다. 그래서 죽음에 관한 생각이 밤낮 저를 떠나지 않았는데 그때 쓴 일기에 이런 말이 있었습니다. '새벽에 잠을 깨니 4시 정각이다. 하나님이 내 기도를 들어주신다는 이상한 직감이 들어 기도를 시작했다. 한 시간 반, 두 시간이 지났는데 그때부터 나는 비로소 진짜 기도에 들어가는 것을 체험했다.

이 일기를 읽다가 이런 생각을 했습니다. '아, 그때는 병이 있었기 때문에 하나님 앞에 몹시 매달렸구나! 몹시 간절히 기도했던 모양이다. 그러면 그때의 병은 복이구나. 그러나 이제 내가 건강하니까 기도를 등한시한다면 내 건강은 결코 복이 아니로구나.' 기도에 게으르면 은혜가 떠납니다.

우리에게 있는 대제사장은 우리의 연약함을 동정하지 못하실 이가 아니요 모든 일에 우리와 똑같이 시험을 받으신 이로되 죄는 없으시니라 그러므로 우리는 긍휼하심을 받고 때를 따라 돕는 은혜를 얻기 위하여 은혜의 보좌 앞에 담대히 나아갈 것이니라_히 4:15-16

이보다 좋은 복이 없다

여기서 '그러므로'는 '우리에게 대제사장이 있으므로'라는 말입니다. '때를 따라'는 무슨 뜻입니까? '필요할 때마다' 아닙니까? 필요할 때마다 도와주시는 은혜를 얻고 싶다면 은혜의 보좌 앞으로 담대히 나아가라고 합니다. 하나님이 계시는 보좌가 바로 은혜의 보좌입니다. 하나님은 때를 따라 우리를 도와주시기 위해 준비하고 계십니다.

그러므로 때를 따라 돕는 은혜를 받기 위해서는 담대히 나아가야 합니다. 담대히 나아간다는 말이 무슨 뜻입니까? 기도한다는 말입니다. 예수님을 믿는 사람은 다른 수가 없습니다. 기도해야 합니다. 너무 바빠서 기도할 수 없다는 말은 통하지 않을 핑계입니다. 지금보다 더 많이 기도하십시오. 하나님 앞에 나아가면 생각지도 못한 은혜를 많이 주십니다.

너무나 마음이 괴로워 잠도 못 자는 사람이 조용히 골방에 들어가서 '하나님 아버지' 하고 무릎을 꿇으면, 벌써 하나님이 처방을 준비하고 계십니다. 때를 따라 돕는 은혜를 얻기 위해서 하나님의 보좌 앞에 나가서 은혜를 얻는 그 재미, 이것을 체험할 때 평강이 넘칩니다. 그런 재미가 없으면 은혜도 메말라 버립니다.

예전에 사랑의교회가 후원하던 곳 가운데 "임마누엘 장애인의 집"이 있었습니다. 거기에는 장애를 가진 젊은이들이 함께 전세를 살고 있었는데 어느 날 집 주인이 집을 비워 달라고 한 겁니다. 장애인들만 드나드니까 집 이미지가 나빠진다고 겨울을 앞두고 쫓아낸 겁니다. 그러니 그들이 어떻게 합니까? 하나님 은혜의 보좌 앞에 나가서 매달렸습니다. "하나님, 어떻게 합니까? 도와주세요!"

그랬더니 당시 돈으로 6천 5백만 원이 생겨서 집을 한 채 샀습니다. 정말 놀라운 일입니다. 사실 그때 사랑의교회에서는 3백만 원밖에 못 도와줬는데, 하나님이 모 교회 권사님의 마음을 움직여서 1천 5

백만 원, 또 누구를 움직여서 1천만 원, 또 어디서 들어오는지 모르게 하나님이 준비했다가 전부 보내 주셨습니다.

그래서 6천5백만 원을 주고 새집에 들어갔더니, 동사무소에서 그 옆에 있는 시유지(市有地) 백 평을 주면서 10년 동안 갚아도 되니까 다음에 이것까지 보태서 집을 지으라고 했습니다. 그러니 그 젊은이들이 너무 좋아서 하나님이 이렇게 은혜를 주셨다고 저에게 전화했습니다. 예수님을 믿으면서 이런 재미가 있어야 살지 않겠습니까? 하나님의 보좌 앞으로 담대히 나아갈 때, 이렇게 때를 따라 돕는 은혜를 맛볼 수 있습니다. 날마다 기도의 자리로 나아가시기를 바랍니다. 이러한 은혜를 받을 때 따라오는 결과가 바로 평강입니다.

> 아무것도 염려하지 말고 다만 모든 일에 기도와 간구로 너희 구할 것을 감사함으로 하나님께 아뢰라 그리하면 모든 지각에 뛰어난 하나님의 평강이 그리스도 예수 안에서 너희 마음과 생각을 지키시리라_빌 4:6-7

하나님께 아뢸 때 평강은 자연스럽게 따라옵니다. 그 평강이 우리의 마음과 생각을 지켜 줍니다. 이것이 믿는 자가 누리는 특권 아니겠습니까!

충만한 은혜 가운데 마음에 평강을 가지고 사는 사람은 어떤 환경에서도 흔들림이 없습니다. 감사와 기쁨이 넘치며 하나님 때문에 행복합니다. 이것이 진정으로 하늘의 복을 누리는 삶입니다. 이런 사람들은 바울처럼 옥에 갇혀도 행복할 수 있습니다. 그런 사람들을 볼 때 믿지 않는 사람들이 '저 사람은 뭔가 다르구나'라고 생각합니다.

갈수록 평안이 사라지고 우울하고 낙담한 사람들이 많아지는 현실

속에서 은혜와 평강을 소유한 우리가 그들을 붙들어 주어야 합니다. 나라의 운명을 짊어진 정치가들을 바르게 붙들어 주어야 합니다. 무엇이 옳은지 분별하지 못하고 방황하는 젊은이들을 붙들어 주어야 합니다. 하나님 없는 삶으로 지친 사람들을 붙들어 주어야 합니다. 이것이 은혜와 평강을 소유한 우리가 해야 할 일입니다.

하나님, 성도가 된 우리들에게 은혜와 평강이라는 귀한 선물을 주시니 감사합니다. 날마다 그 은혜를 깊이 경험하기 위해 더 말씀을 가까이하고 주님 앞에 무릎 꿇게 하소서. 그리하여 속사람이 날로 새롭고 강건하게 하시며, 하나님만이 주실 수 있는 참된 평강 가운데 거하게 하소서. 또한 이 선물을 아직 알지 못하는 이들에게 전할 수 있는 저희들 되게 하소서. 예수님 이름으로 기도합니다. 아멘.

이렇게 살고 있는 분들을 위해

1. 분주하고 스트레스 많은 일상에서 평안을 누리기 위해 마인드 컨트롤로 생각을 바꾸려고 노력한다?
2. 평소에는 믿음이 있는 것 같다가도 어려운 상황이 닥치면 마음이 불안하고 하나님을 향해 불평하게 된다?

이런 삶을 권합니다.

1. 평강은 하나님이 주시는 은혜의 선물입니다. 평강을 누리고 싶다면 하나님 말씀의 은혜에 푹 빠져 보십시오.

   주께서 심지가 견고한 자를 평강하고 평강하도록 지키시리니 이는 그가 주를 신뢰함이니이다_사 26:3

은혜와 평강 안에 거하다

●

2. 고난을 이기는 데 필요한 것은 속사람의 강건함이지 외적인 상황의 변화가 아닙니다. 상황을 바꿔 달라고 기도하기보다 속사람이 믿음 안에서 강건해지기를 구하십시오.

그의 영광의 풍성함을 따라 그의 성령으로 말미암아 너희 속사람을 능력으로 강건하게 하시오며_엡 3:16

4

작은 예수로
살다

'완전한 자'란 완벽한 인간을 말하는 것이 아닙니다.
삶의 구석구석에 예수님을 닮아 가는 모습이 있다면,
그 사람이 완전한 자, 곧 작은 예수입니다.

에베소서 4:13
우리가 다 하나님의 아들을 믿는 것과 아는 일에 하나가 되어 온전한 사람을 이루어 그리스도의 장성한 분량이 충만한 데까지 이르리니

작은 예수로
살다

○ ○ ○ ○ ○ ○
제자와 제자훈련

          사랑의교회를 처음 시작할 때 제가 가진 비전은 이것이었습니다. '교회 안에 있는 사람들을 예수님의 제자로 만들어서 세상으로 보내고, 그들을 통해서 세상 사람들을 교회로 인도해서 예수님의 제자로 만들자. 그렇게 해서 하나님의 이름을 영화롭게 하고 하나님의 나라가 이 땅에 임하게 하자. 하나님의 뜻이 하늘에서처럼 땅에서도 이루어져 나라와 권세와 영광이 하나님께 돌아가게 하자.'

    이것이 저의 꿈이요, 간절한 소원이었습니다. 이 꿈을 실현하려는 마음이 식지 않도록 주일마다 전교인이 주기도문송을 함께 불렀습니다. 그리고 이것을 구체적으로 실천하기 위해 제자훈련이라는 특별한 프로그램을 가지고 외길을 달려왔다고 해도 과언이 아닙니다. 제자 삼는 사역은 과거에도, 현재도, 앞으로도 가장 중요한 일이라 생각하고 주님 오실 때까지 변함없이 계속하기를 원합니다. 왜냐하면 이것이 우리 주님의 마지막 명령이기 때문입니다.

> 그러므로 너희는 가서 모든 민족을 제자로 삼아 아버지와 아들과 성
> 령의 이름으로 세례를 베풀고 내가 너희에게 분부한 모든 것을 가르
> 쳐 지키게 하라_마 28:19-20상

예수님을 믿고 자신의 구주로 고백한 사람은 이미 예수님의 제자입니다. 어른이든 아이든, 제자훈련을 받은 사람이든 받지 않은 사람이든, 믿음이 작든 크든 상관없이 모두 예수님의 제자입니다.

이런 비유가 적절한지는 모르겠습니다. 한 청년이 나라의 부름을 받고 입대를 합니다. 보통 논산 훈련소에 가서 몇 주간 훈련을 먼저 받고 자대 배치를 받습니다. 논산 훈련소에서 받는 훈련은 군인으로서 갖춰야 할 것들을 배우는 시간입니다만, 그가 대한민국 국군인 것은 그 훈련을 받았기 때문은 아닙니다.

이처럼 제자훈련도 제자냐, 아니냐를 구분하는 선이 아니라 이미 제자가 된 사람이 좀 더 제자답게 살아가도록 도와주는 하나의 과정입니다. 아무래도 제자훈련을 받지 않고 교회 생활을 하는 사람보다 일정 시간을 투자해 철저하게 훈련받은 사람이 질적으로 좀 나을 수밖에 없지 않겠습니까? 무엇이 달라도 다를 겁니다. 예수님의 제자로서 좀더 양질의 삶을 추구한다는 말입니다.

저는 30년 가까이 제자훈련을 해 오면서 참 다양한 훈련의 열매가 맺히는 것을 볼 수 있었습니다. 이 훈련이 어떤 사람에게는 생사가 좌우되는 사건이 되기도 했습니다. 무슨 이야기인가 하면, 어떤 사람은 중생도 안 받고 그저 교회만 왔다 갔다 하다가 어느 날 아내에게 등 떠밀려 제자훈련을 받으러 왔습니다. 그동안 상식으로 들은 것은 많아

서 목사의 질문에 곧잘 대답은 합니다. 그런데 가장 중요한 사실인 거듭난다는 게 무엇인지를 모르는 겁니다. 영적으로 근본적인 변화가 없었던 것입니다.

그래도 훈련이란 걸 받기로 했으니까 시간마다 꼬박꼬박 참석을 합니다. 그러다가 드디어 영적으로 눈이 번쩍 뜨이는 경험을 합니다. "응아" 하고 울음을 터트리며 중생을 체험한 것입니다. 비로소 하나님의 자녀가 되었습니다. 이 사람에게 제자훈련이 어떤 의미입니까? 죽음의 자리에서 생명의 자리로 옮긴 사건입니다. 얼마나 대단한 사건입니까!

교회만 다닌다고 다 신자가 아닙니다. 목사라고 다 목사입니까? 목사라고 다 중생받은 줄 아십니까? 교회사를 보면 설교 잘하고, 유명하고, 높은 자리에 오른 사람일수록 타락한 죄인인 경우가 왕왕 있었습니다. 거듭난 사람인지 아닌지 겉모습만 봐서는 알 수가 없습니다.

그런데 훈련받는 자리에 나와 말씀 앞에 자신의 영혼을 내어 드릴 때 주님의 손에 다듬어지고 새로운 피조물로 거듭나는 역사가 일어나는 것을 저는 수없이 보았습니다.

또 어떤 분은 예수님을 믿고 하나님의 자녀가 되기는 했는데 근본적인 병이 치유가 되지 않았습니다. 비뚤어진 성격이 교정되지 않았습니다. 나쁜 버릇이 고쳐지지 않았습니다. 하나님의 말씀이 금지하는 죄악이 마음에 여전히 뿌리를 내리고 있어서 그것 때문에 고통을 당합니다. 그런 것에 자꾸 걸려 넘어져서 신앙생활의 기쁨을 맛보지 못하고 삽니다.

부부간의 문제가 심각한 성도가 많은데, 신앙인이니까 남들이 알까 부끄럽고 그래서 겉으로는 괜찮은 척, 아닌 척하고 속으로는 자꾸만 자꾸만 곪아 갑니다.

그런데 남편이 혹은 아내가 제자훈련을 받으면서 성령의 감동하심을 받고 상한 마음이 치유되면 부부간에 그 높던 벽이 조금씩 허물어지고 마침내 부부 관계가 회복되는 기적이 일어납니다. 주님이 교회를 사랑하시듯 남편이 아내를 사랑하게 되고, 교회가 주님께 순종하듯 아내가 남편에게 순종하는 참으로 아름다운 관계가 현실로 이루어집니다. 이 얼마나 큰 축복입니까?

또 어떤 사람은 이제껏 돈 버느라 정신이 없어서 인생을 어떻게 살아야 하는지를 모릅니다. 예수 믿는다고 교회는 다니지만, 아직 인생의 목적도 정립되지 않았습니다. 그래서 날마다 눈만 뜨면 오늘 어떻게 재미있게 지낼까 하는 생각만 하던 사람이 있습니다.

그런데 제자훈련을 받으면서 정신을 번쩍 차리고, '내 인생의 목적이 바로 이거구나! 내가 인생을 이렇게 살아서는 안 되겠다. 하나님이 내게 원하시는 삶이 이런 것이었구나!' 하는 것을 발견하게 됩니다. 그러면 그 사람의 삶의 방식이 달라집니다. 그 내면에 그야말로 혁명이 일어나는 것입니다.

○ ○ ○ ○ ○ ○ ○ ○ ○
날 향한 아버지의 기대

그리스도의 정신을 삶으로 실천했던 작가 헨리 나우웬(Henri Jozef Machiel Nouwen, 1932-1996)은 이런 말을 했습니다.

> "우리는 예수님이 아셨던 것을 알고, 예수님이 행하셨던 것을 행하도록 부름 받았습니다. 우리의 영적 생활에 커다란 도전은 우리 자신이 예수님과 같다고 주장할 수 있어야 한다는 것입니다. 다시 말하면, 우리는 지금 세상에 존재하고 있는 '살아 있는 예수'라고 말할

수 있어야 한다는 것입니다. 진정한 구원이 무엇입니까? 진정한 구
원은 우리가 예수가 되는 것입니다."

굉장하지 않습니까? 하나님이 우리를 예수가 되게 하려고 부르셨
다는 말은 전혀 지나친 말이 아닙니다. 조금만 관심을 가지고 하나님
의 말씀을 유의해서 보면, 하나님이 시종일관 우리에게 예수님을 닮
아 가는 제자가 되어야 한다고 말씀하시는 것을 알 수 있습니다.

복음서, 서신서, 심지어 구약을 봐도 이 교훈을 피해 갈 수 없습니
다. 하나님이 우리에게 원하시는 것은 예수님을 닮은 사람이 되는 것,
예수님처럼 사는 사람이 되는 것, 예수님의 제자가 되는 것입니다.

우리가 예수님을 왜 믿습니까? 구원받기 위해서입니다. 그렇다면
구원이 무엇입니까? 예수님처럼 온전한 사람이 되어서 하나님과 영
원히 사는 것입니다. 그래서 하나님은 우리가 온전한 사람이 되는 것,
예수님의 제자가 되는 것을 그렇게도 중요하게 여기시는 것입니다.

그런데 이 말이 사실 얼마나 부담스럽습니까? 온전한 사람, 작은
예수가 되어야 한다니 말입니다. 그래서 많은 사람이 이것을 종말론
적으로 해석합니다. 온전한 사람이 되는 것은 예수님이 재림하실 때
일어날 일이지 이 세상에서 신앙생활 하는 동안 일어날 일은 아니라
는 것입니다.

물론 예수님이 재림하시면 우리는 예수님처럼 흠과 티가 없는 하나
님의 온전한 아들딸이 됩니다. 그러나 이것을 종말론적인 일로만 생
각하고 신앙생활을 한다면 성경의 반은 부정하는 것입니다.

"가서 제자를 삼으라"(마 28:19상)라는 예수님의 명령은 천국에서 될
일을 말씀하신 것이 아니라 이 땅에서 할 일을 말씀하신 것입니다. 또
"너희가 내 말에 거하면 참으로 내 제자가 되고"(요 8:31하)라고 하신 말

씀 역시 이 세상에서 말씀대로 사는 것을 의미합니다. 그러므로 온전한 사람이 되는 것은 세상에서 신앙생활을 하면서 일어날 일이지, 저 천국에서 일어날 일을 말하는 것이 아닙니다.

이런 말씀에 솔직히 목사인 저도 부담스럽기는 마찬가지입니다. 누가 감히 세상에서 자기를 예수님처럼 완전하다고 내세울 수 있겠습니까? 그래서 우리는 '온전한 사람이 된다'라는 말은 되도록 입에 담지 않으려고 합니다.

그런데도 하나님은 우리가 예수님처럼 완전해지길 바라십니다. 오를 수 없는 정상인 줄 알면서도 계속 재촉하며 올라가라고 하십니다. '하나님, 왜 이러세요? 너무 부담스러워요. 자꾸 그러시면 가출했다가 죽을 때쯤 다시 돌아올래요.' 때론 이런 마음이 되기도 합니다.

예전에 제가 졸업한 칼빈 신학교에서 특강을 부탁받은 적이 있습니다. 졸업생으로서 영광이 아닙니까? 그래서 3일 동안 오전 오후 연이어 제자훈련 목회 철학에 대해 특강을 했습니다. 강의가 끝난 후 질문을 받았는데 한 여학생이 예리한 질문을 던졌습니다.

"목사님, 예수님의 제자라는 말이 서신서에서는 완전한 자라는 말로 대치된다고 하셨는데, 완전하다는 말에 대해 좀 더 설명해 주시겠습니까?" 질문을 받고 퍽 당황스러웠습니다. 이 부분은 제가 개인적으로 성경을 읽다가 깨달은 것을 이야기한 것뿐이었기 때문입니다. 그래서 마음으로 '어떻게 대답해야 할까요? 하나님 도와주세요' 하고 기도하는데, 하나님이 순간적으로 지혜를 주셨습니다.

저도 완전하다는 말은 별로 좋아하지 않습니다. 사실 사람에게 그 말을 붙일 만한 대상을 찾자면 하나도 없지 않습니까? 만약 자기 스스로 완전하다고 생각한다면 정신착란증이든지 뭐가 좀 잘못된 사람이지 않겠습니까? 그래서 저도 이 말을 가급적 피하고 싶습니다. 그래서 성경을 읽으면서 이렇게 불평을 합니다. '하나님, 도대체 왜 우리가 감당할 수도 없는 말을 쓰셨나요? 완전하다는 말이 가당키나 합니까?' 그런데 한번은 이런 생각이 들었습니다. '이것은 불평할 문제가 아니다. 왜냐하면 하나님은 우리 아버지이시다. 아버지는 자식에게 최상의 것을 요구하지 않는가. 예수의 제자니 완전한 자니 하는 것은 아버지 되신 하나님께서 우리에게 기대하시는 최상의 소원이다. 그러므로 조금도 이상할 것이 없다.' 이렇게 깨닫게 되자 '온전하라' 하시는 하나님의 말씀에 거부감이 사라지더군요. 여러분도 그렇게 이해하기를 바랍니다.

그 대답에 그 자리에 있던 학생들과 교수들이 모두 박수를 치며 환호했습니다. 자식을 낳아 키우는 부모치고 자식을 향해 꿈을 갖지 않은 부모가 어디 있습니까? 아무리 자식이 코가 비뚤어지고 귀가 하나 작아도 '이 놈, 커서 훌륭한 사람이 됐으면 좋겠다' 하고 기대합니다.

제 친구 중에 고시에 대여섯 번 떨어진 친구가 있는데 자기 아들만 바라보면서 날마다 "그래, 나는 비록 못했지만, 너는 꼭 합격해서 법관이 되어야 한다"라며 그 꿈을 안고 자식을 키우는 것을 보았습니다. 그게 아버지의 심정입니다. 어떤 아버지가 '에이, 이놈의 자식. 빌어먹을 놈 같으니'라고 하며 자식의 미래를 저주하겠습니까?

우리 하나님 역시 그러시지 않겠습니까? 우리를 구원하신 후, "옜다, 너는 막 나가는 인생, 하류 인생이나 되어라"라고 하지 않으십니다. 자녀인 우리가 최상의 인간이 되기를 원하시는 마음을 "온전한 자가 되어라", "예수의 제자가 되어라"라는 말로 표현하신 것입니다. 그러니 이런 말씀 앞에 부담을 느끼기보다 오히려 날 향한 아버지의 마음이 느껴집니다.

세상 속의 작은 예수

실상 '완전한 자'란 흠이 하나도 없는 완벽한 인간을 말하는 것이 아닙니다. 우리의 일상 가운데 예수님을 닮아 가는 모습이 여기저기서 나타난다면 그 사람은 완전한 자가 되는 것입니다. 그런 사람이 작은 예수입니다. 우리 주변에 보면 예수님처럼 살면서 감동을 주는 사람이 많이 있지 않습니까?

제가 아는 한 부인이 있습니다. 오랫동안 남편이 예수님을 믿게 되길 기도했는데, 어느 날 남편이 다른 살림을 차리고 자녀까지 낳았다가 부인에게 들통이 났습니다. 그런데 그 부인이 눈물을 흘리며 이렇게 고백합니다. "목사님, 저는 남편을 미워하지 않아요. 저는 남편을 사랑해요. 지금이라도 돌아오면 언제든 용서할 수 있어요. 제 마음은 항상 열려 있어요." 그 모습을 보며 저는 '여기 작은 예수가 앉아 있구나' 하고 생각했습니다.

또 어떤 집사님은 자신을 공식적인 석상에서 비판하고 괴롭히는 자매를 위해 몇 년 동안 기도하고 있습니다. 그 자매에 대해서 어떤 불평이나 욕도 하지 않았습니다. 오직 기도만 할 뿐입니다. 또 어떤 장로님은 예순이 가까운 나이에 선교하겠다고 중앙아시아로 갑니다. 지금 껏 이루어 놓은 것을 다 뒤로 한 채 굳이 고생스러운 곳을 찾아가 수고하며 주님 앞에서 보람되게 삽니다.

또 어떤 분들은 아껴서 마련한 돈으로 소년소녀 가장을 찾아가 먹을 것과 필요한 것을 전합니다. 그런 성도들을 보면서 '예수님이 지금여기 계신다면 저렇게 하셨을 테지'라는 생각을 자주 합니다.

또 촌지를 가지고 오면 부드럽게 거절하는 교사가 있습니다. 그리고 결손 가정에서 자란 문제아를 품고 기도합니다. 이 교사는 반 아이

들 앞에서 그 아이의 위상을 세워 주고 친구들과 어울릴 수 있도록 도와줍니다. 그래서 그 아이도 변화되고 반 분위기도 완전히 바뀌어서 아이들이 집에 돌아가 부모님께 자랑을 합니다.

"엄마, 우리 선생님 때문에 학교 가서 공부하는 게 너무 좋아졌어." 이런 말을 들은 부모들이 감동하여 그 교사가 사랑의교회에 다닌다는 것을 알고 저에게까지 전화를 다 합니다. 이런 사람이 작은 예수, 온전한 사람 아닙니까?

한번은 어느 결혼식 주례를 맡았는데 신랑 신부가 찾아와서 이런 부탁을 합니다. "목사님, 결혼식에 부를 찬송 좀 바꾸어 주세요." 그래서 속으로 '그냥 정해 준 대로 부르면 되지 뭘 굳이 바꾸려고 하지?' 하면서 물었습니다. "그래, 무슨 찬송으로 바꾸어 줄까?" 그래서 신랑 신부가 원하는 찬송을 보니까 결혼식 분위기와는 거리가 먼 것이었습니다.

"밤낮 주를 위하여 몸과 마음을 드리고 주의 사랑 나타내 햇빛 되게 하소서." 결혼하는 마당에 왜 이렇게 부담스러운 찬송을 불러 달라고 합니까? 밤낮 주를 위하여 몸과 마음을 바치는 게 얼마나 힘든 일입니까? 다른 사람에게 빛이 된다는 게 얼마나 어려운 일입니까?

누가 봐도 잘났고, 세상적으로 즐기며 살 수 있는 젊은이들인데 결혼식에서 이런 찬송을 부르게 해달라고 하니 얼마나 충격적입니까? 그래서 주례를 하면서 '작은 예수들이 여기 서 있구나' 하고 생각했습니다. 아버지이신 하나님이 우리에게 이런 사람이 되기를 바라고 계십니다.

바로 오늘부터 시작하라

사실 우리가 신앙생활을 한다고 하지만 가만히 있는데 사랑이 막 흘러넘치고, 가만히 있는데 저절로 진실한 사람이 되는 것은 아닙니다. 그래서 훈련이 필요합니다.

훈련을 통해 사랑으로 행하는 법을 배우고, 훈련을 통해 진실하게 사는 법을 배우면서 점점 예수님을 닮아 가는 겁니다. 제자로서 가르침을 받고, 받은 것을 삶에 적용해서 지키다 보면 조금씩 사랑으로 행하고 범사에 참된 것을 말하면서 주님을 닮은 아름다운 모습이 되어 갑니다.

누가 나에게 왜 사느냐고 묻는다면 "나를 사랑하사 나를 위하여 자기 몸을 버리신 예수님을 위해 살고 있습니다"라고 자신 있게 대답할 수 있을 만큼 삶의 목표가 분명합니까?

부부가 서로를 섬기는 것도 '예수님 때문에', 내 자녀를 잘 키우려는 것도 '예수님 때문에', 내가 돈을 잘 벌고 잘 쓰는 것도 '예수님 때문에', 욕먹고 따돌림당하는 일도 따지고 보면 '예수님 때문에'라는 말이 나올 정도로 우리 삶의 중심에 예수 그리스도가 계셔야 합니다.

이렇게 우리 삶을 주님이 기뻐하시는 거룩한 제단에 올려놓는 것은 저절로 되는 일이 아닙니다. 주님 앞에 드리는 양을 아무거나 잡아서 드립니까? 아닙니다. 태어난 지 1년 된 양이나 염소 가운데 흠이 없는 깨끗한 놈을 골라 특별한 장소에 두고 얼마간 잘 먹이고 관리해서 가장 좋을 때 하나님 앞에 잡아 드립니다. 이처럼 주님이 받음 직한 향기로운 제물이 되도록 우리를 다듬는 훈련이 필요합니다.

예수님의 제자, 온전한 사람이 되기 위해 다음 네 가지를 마음에 꼭 기억하시기 바랍니다.

첫째로, 날마다 생활하면서 순간순간 '나는 예수님의 제자다. 나는 완전한 자가 될 것이다'라는 생각을 하십시오. 기도할 때나 말할 때 항상 고백하십시오. 자꾸 입으로 고백하십시오. 이러한 고백이 하나님의 자녀로 부르신 그 은혜를 잊지 않고 작은 예수로 살아가는 데 많은 도움을 줄 것입니다.

둘째로, 순종하기 쉬운 것부터 실천하십시오. 예수님을 닮아 가는 일이라고 생각되면 그것이 어떤 일이든 순종하십시오. 작은 것부터 실천하십시오. 쉬운 것도 실천하지 않으면서 어떻게 어려운 일, 큰일을 할 수 있겠습니까?

셋째로, 지킬 때까지 말씀을 배우십시오. 안다고 하면서 실천은 하지 않습니까? 그 지식은 죽은 지식입니다. 그렇다면 또 배워야 합니다. 실천할 때까지 배우는 지식이 참 지식이 됩니다. 실천하지 못한다면 백 번을 배웠어도 안다고 말할 수 없습니다. 다시 배워야 합니다.

하나님의 말씀 앞에서 교훈과 책망과 바르게 함과 의로 교육함을 받으면 그 인격이 분명히 예수님을 닮아 변하게 되어 있습니다. 내 삶에 변화가 일어납니다. 하나님의 뜻대로 살고 싶고 하나님이 원하시는 온전한 단계에까지 올라가고 싶어서 작은 일부터 큰일까지 정성을 다하는 사람이 될 때까지 배워야 합니다.

넷째로, 믿음의 공동체 안에서 서로 도와야 합니다. 교회를 예수님의 몸이라고 부르지 않습니까? 이 몸이 예수님처럼 자라가야 하는데, 그러기 위해서는 지체끼리 서로 도와야 합니다. 상호 사역을 해야 합니다. 같은 교회에 다니면서 함께 예배드리고 일주일에 한두 번 만나 교제하는 것도 서로 돕는 것입니다.

마치 모세혈관을 통해 피가 온몸을 돌듯 서로 연결되어 양분을 주고받습니다. 내가 연약할 때 누군가 내 손을 잡아 일으켜 세워 주고, 때로는 주저앉아 있는 지체에게 손을 내밀 수도 있습니다. 서로 돌아보고 섬기고 보살피는 가운데 우리 가운데 죽었던 자가 살아나는 기적이 일어납니다. 우리 가운데 하나님의 나라가 실현됩니다.

아버지이신 하나님이 자녀인 나를 향해 가진 꿈을 기억하십시오. 이렇게 날마다 작은 예수로 세상에 하나님의 모습을 드러내는 삶을 살아갈 때, 하나님이 예수님을 향해 기뻐 외치셨던 말씀을 우리에게도 하실 것입니다.

> 보라 내가 택한 종 곧 내 마음에 기뻐하는 바 내가 사랑하는 자로다
> _마 12:18상

하나님 아버지, 자녀인 우리를 향한 아버지의 마음을 알게 하시니 감사합니다. 연약하고 무기력한 존재로 살아갈 수밖에 없던 우리에게 예수님을 닮아 가는 삶의 비전을 보여 주시니 감사합니다. 예수님처럼 온전한 사람이 되어서 하나님과 영원히 함께 사는 복락을 누리기 원합니다. 날마다 아버지 하나님을 기쁘시게 하려는 바람으로 말씀을 배우고 작은 것부터 순종하며 예수님을 닮아 가게 하소서. 믿음의 공동체 안에서 서로 도우며 예수님의 몸 된 교회를 섬기게 하소서. 그리하여 온전한 제자, 작은 예수가 되어 세상에 그리스도의 모습을 나타내는 저희가 되게 하소서. 하나님의 기쁨이 되는 아들딸이 되게 하소서. 예수님 이름으로 기도합니다. 아멘.

이렇게 살고 있는 분들을 위해

1. 예수님의 가르침은 훌륭하지만 내가 만약 실생활에서 그대로 행한다면 늘 손해 보며 바보 취급을 당할 것이다?
2. 나는 연약한 인간이고 예수님은 전지전능한 신인데 내가 노력한다고 예수님처럼 온전해질 수는 없을 것이다? 게다가 지금 나는 먹고살기 바쁘고 내 코가 석 자니 형편이 좀 나아지면 예수님의

제자답게 살도록 노력해 보겠다?

이런 삶을 권합니다.

1. 하나님 나라의 가치관은 세상과 전혀 달라서 그대로 따르면 손
   해 보는 것처럼 보일 때가 많습니다. 그러나 하나님은 그런 사람
   을 기뻐하시고 그 인생을 책임져 주십니다.

   > 너희가 세상에 속하였으면 세상이 자기의 것을 사랑할 것이나 너희는 세
   > 상에 속한 자가 아니요 도리어 내가 너희를 세상에서 택하였기 때문에
   > 세상이 너희를 미워하느니라_요 15:19

2. 아버지이신 하나님은 자기 자녀에게 가장 큰 기대를 품으십니
   다. 성령님의 도움을 받으면 여러분은 점점 예수님을 닮아 가게
   될 것입니다. 예수님을 믿는다면 지금 당장 그분을 따르십시오.

   > 내가 진실로 진실로 너희에게 이르노니 나를 믿는 자는 내가 하는 일을
   > 그도 할 것이요 또한 그보다 큰 일도 하리니_요 14:12

십자가가 비결이다

○ ○ ○ ○ ○ ○ ○ ○
이해할 수 없는 십자가

벌써 40년 가까이 십자가에 대해 가르치며 살아왔지만, 세월이 흐를수록 점점 더 알 수 없는 것이 십자가라는 생각이 듭니다. '아직도 모르겠어. 어떻게 하나님의 아들이 날 사랑하셔서 날 대신하여 자기 목숨을 버릴 수 있지?' 신학적인 설명이나 해석은 가능할지 모르지만, 저의 얄팍한 깨달음, 얕은 지성으로는 도무지 그 깊이를 다 알 수가 없다는 것이 저의 솔직한 고백입니다.

산악인 박정헌 씨의 이야기가 있습니다. 그는 후배와 함께 히말라야의 촐라체(Cholatse) 봉에 올라 천하를 소유한 듯한 기쁨을 얻었다고 합니다. 그리고 이제 자일 하나로 자신과 후배의 허리를 묶고 내려오는데 그만 후배가 발을 헛디뎌 큰 얼음 빙벽 사이에 난 골짜기에 빠졌습니다. 그곳은 빠졌다 하면 꼼짝없이 죽음에 이르는 골짜기입니다.

앞서가던 박정헌 씨는 어떻게 하든 버티려고 사투를 벌입니다.

산을 오르느라 힘이 다 소진한 데다가 두 사람을 연결하던 자일이 가슴을 후려쳐 갈비뼈 두 개가 부러진 상황입니다. 공중에 매달린 후배를 보며 죽을힘을 쓰던 그는 선택의 기로에 섰습니다. 자신이 죽을지언정 후배를 살리기 위해 어떻게 하든 버틸 것인가? 아니면 자일을 끊고 혼자라도 살아 돌아갈 것인가?

이 일이 있기 20년 전, 세계적인 산악인 라인홀트 매스너(Reinhold Messner)도 똑같은 상황에 놓인 적이 있습니다. 그때 그 골짜기에 빠진 사람은 그의 친동생이었습니다. 결국 그는 자기 목숨을 구하기 위해 자일을 끊고 말았습니다. 그러나 박정헌 씨는 피도 섞이지 않은 후배를 살리기 위해 몇 시간의 사투를 벌였고, 결국 죽음의 골짜기에서 그를 끌어냈습니다.

사람들은 그들이 원래 계획했던 날짜가 지나고 9일이 넘도록 돌아오지 않자, 둘 다 죽었을 거라고 여겼습니다. 그러나 박정헌 씨는 추락 중에 두 다리가 부러진 후배를 업고, 안고, 부축하여 빙벽을 타고 암벽을 넘어 살아 돌아왔습니다. 후송된 후에 못 쓰게 된 손가락 여덟 개와 발가락을 잘랐습니다. 30대 후반의 남자가 손가락 여덟 개를 잘랐다니 산악인으로서의 생명이 끝났음은 물론, 어떤 일도 제대로 하기 힘든 상황이 되고 만 것입니다.

'꼭 그래야 했을까? 안 되면 끊어 버리고 혼자 살아서 내려오지' 하는 생각이 일반적이지, '아, 그 희생은 숭고하다. 우리 모두 그렇게 살아야 한다' 하고 생각하는 사람이 몇이나 되겠습니까? 자기 자신이 무엇보다 소중하다고 하는 요즘 같은 세상에 남 살린다고 자기가 죽겠다는 사람이 몇이나 되겠습니까? 이런 생각으로는 한 사람의 숭고한 희생, 손가락 8개를 자르는 것도 우리는 이해를 못 합니다.

에필로그

●

297

또 생각해 봅시다. 만약 박정헌 씨가 자기 아들이라면, "그래, 손가락 여덟 개가 잘리더라도 남을 살린 것은 잘한 일이야"라고 할 사람이 과연 있겠습니까? 하물며 하나님의 아들이 나 대신 십자가에 못 박혀 돌아가셨다는 것을 어떻게 이해할 수 있겠습니까?

십자가, 신앙생활의 본질

갈라디아서 2장 19절 말씀은 예수 믿는 우리가 율법에 대해서는 죽었고 하나님에 대해서는 살았다는 진리를 가르쳐 줍니다.

> 내가 율법으로 말미암아 율법에 대하여 죽었나니 이는 하나님에 대하여 살려 함이라_갈 2:19

하나님의 거룩하심 앞에 설 때마다 율법은 우리를 정죄합니다. 인간은 아무리 노력해도 율법을 완전히 지키지 못하기 때문입니다. 아흔아홉 가지를 철저히 지켜도 한 가지를 못 지키면 율법을 범한 것이 아닙니까? 그러니 거룩한 하나님 앞에 고개를 들 수 없는 죄인이 되는 것입니다. 죄인이기에 형벌과 저주를 받아야 하는 것이 율법 앞에 선 우리의 처지입니다.

그러면 이 율법의 정죄와 저주를 피할 길이 무엇입니까? 죽는 길밖에 없습니다. 아무리 부채가 많아도 죽고 나면 갚을 필요가 없지 않습니까? 빚쟁이에게 쫓길 일도, 교도소에 갈 일도 없게 됩니다. 그런데 내가 죽어야 할 자리에 예수님이 대신 가셨습니다. 그래서 나는 율법에 대해 이미 죽은 자입니다. 죽음은 율법에 대한 자유를 의미합니다. 다시는 율법이 나를 정죄하거나 저주할 수 없습니다.

'하나님에 대하여 산다'는 말은 하나님 앞에서 믿음으로 의롭다 함을 받은 사람이 되었다는 것입니다. 이제 우리는 하나님 앞에서 의인입니다. 나 대신 십자가에 죽으시고 부활하신 주님 때문에 우리는 하나님 앞에 산 자가 되었습니다.

이 놀라운 진리를 이야기하면서 바울은 아주 중요한 사실 하나를 지적하고 있습니다. 그것은 바로 '신앙생활의 본질이 무엇인가?'에 대한 명료한 대답입니다.

> 이제 내가 육체 가운데 사는 것은 나를 사랑하사 나를 위하여 자기 자신을 버리신 하나님의 아들을 믿는 믿음 안에서 사는 것이라
> _갈 2:20하

무슨 말씀입니까? 신앙생활이란 십자가에서 죽으신 예수님을 믿는 믿음 안에서 사는 것을 가리킨다는 뜻입니다. 바꾸어 말하면 신앙생활의 중심에는 십자가가 있어야 한다는 것입니다. 왜 그렇습니까? 예수님이 나를 위하여 십자가에서 자기 자신을 버리셨기 때문입니다. 그러므로 십자가 없는 생활이란 신앙생활이라고 할 수가 없습니다. 이것이 얼마나 중요한지 바울은 갈라디아 성도들에게 이렇게 도전합니다.

> 어리석도다 갈라디아 사람들아 예수 그리스도께서 십자가에 못 박히신 것이 너희 눈앞에 밝히 보이거늘 누가 너희를 꾀더냐_갈 3:1

신앙생활이란 내 눈으로 십자가의 주님을 보면서 사는 것입니다. 십자가가 내 눈앞에서 사라지지 않도록 십자가를 중심으로 사는 것입니다.

예수님의 행적을 기록한 사복음서 중 3분의 1이 십자가의 고난을 다루고 있습니다. 그래서 어떤 학자는 십자가가 사복음서의 중심이고 나머지는 서론에 불과하다고 말하기도 했습니다. 또 사도 바울은 복음이란 한마디로 '십자가의 길'이라고 했습니다.

요한계시록을 펴면 승리하신 예수님의 영광을 보게 됩니다. 그런데 놀라운 사실은 영광 중에 계시는 그분이 십자가에서 죽으신 어린 양으로 서 계신다는 것입니다.

> 내가 또 보니 보좌와 네 생물과 장로들 사이에 한 어린양이 서 있는데 일찍이 죽임을 당한 것 같더라 그에게 일곱 뿔과 일곱 눈이 있으니 이 눈들은 온 땅에 보내심을 받은 하나님의 일곱 영이더라
> _계 5:6

승리하시고 재림하셔서 온 세상을 통치하며 하나님의 나라를 완성하신 예수님이라면 화려하고 영광스러운 모습으로 계시는 것이 마땅할 것 같은데, 놀랍게도 '죽임을 당하신 하나님의 어린양'의 모습으로 등장합니다. 달리 말해, 영원한 과거, 영원한 미래의 중심에 십자가의 주님이 계신다는 것입니다. 새 하늘과 새 땅이 되어도 십자가는 영원히 주님의 영광이요, 광채라는 말입니다.

예수님에 관한 모든 이야기 가운데, 하나님의 아들이 나를 사랑하사 십자가에서 나를 위하여 자기 몸을 버리셨다는 사실만큼 내게 충격을 주고, 내 가슴을 뜨겁게 하고, 내 생각을 완전히 뒤집는 사건이 또 어디 있습니까?

어떤 신학자는 이렇게 말했습니다. "우리에게 그리스도는 바로 그분의 십자가다. 그러므로 예수님의 십자가를 이해하기 전까지 그분

을 안다고 해서는 안 된다." 옳은 말입니다. 또한 탁월한 성경 교사이 자 저술가인 에리히 사우어(Eric Sauer, 1898-1959)는 이렇게 말했습니다. "십자가의 죽음은 부활보다 더 중요하다. 십자가가 예수 그리스도의 승리를 알리는 것이라면, 부활은 예수 그리스도의 정복을 알리는 것 이다. 승리 없는 정복은 없다."

이처럼 신앙생활의 중심이 십자가에 있기 때문에 주후 1, 2세기의 초대 교회 교인들은 어디를 가든, 무엇을 하든 십자가를 잊지 않기 위해 몸부림쳤다고 합니다. 당시는 예수를 그리스도로 믿는다는 이유만으로 조롱과 채찍질을 당하고, 옥에 갇히고, 광야와 동굴과 토굴에 숨어서 살던 때였습니다. 초대 교회의 유명한 교부 터툴리안(Tertullian, 약 155-220)은 이런 기록을 남겼습니다.

> "우리들은 발걸음을 앞으로 옮길 때마다, 들어가거나 나갈 때마다,
> 옷을 입고 신발을 신을 때마다, 목욕을 하거나 식탁에 앉을 때마다,
> 등잔의 불을 켤 때나, 침상에서나 좌석에서나 매일의 일상 가운데서
> 이마에 십자가를 그렸다."

초대 교회 사람들은 십자가의 주님을 잊지 않기 위해서 언제나 이 마에 십자가를 그렸습니다. 십자가가 그들의 삶에 중심이었습니다.

어떻게 보면 참 끔찍한 이야기입니다. 예나 지금이나 십자가는 가장 잔인한 사형 도구가 아닙니까? 오늘날 미국에서 쓰는 사형용 전기의 자를 작은 모형으로 만들어 목에 걸고 다니는 사람이 있습니까? 없습니다. 교수형에 쓰는 밧줄 모형을 작게 만들어 금박을 입혀 벽에 걸어 놓을 사람도 없습니다. 총살형에 쓰는 집행대의 모습을 사진으로 찍어 명함에 박아 넣을 사람도 없습니다. 유대교의 상징은 다윗의 별이고,

이슬람의 상징은 초승달이고, 불교의 상징은 연꽃입니다. 다 신비스러우면서도 보기 좋은 상징물인데, 유독 기독교는 왜 생각만 해도 끔찍한 사형 도구를 교회 종탑에 달고, 목에 걸고, 벽에 걸어 놓습니까?

그럼에도 불구하고 십자가 없는 신앙생활을 상상할 수 없는 이유는 십자가가 '나를 사랑하사 나를 위하여 십자가 위에서 자신의 목숨을 버리신' 하나님의 사랑을 확증해 주는 은혜의 샘이 되기 때문입니다.

현대 교회의 문제는 십자가 없는 복음을 사랑한다는 것입니다. 미국 어느 교회에서는 고난주간을 폐지하고 부활주일만 요란하게 지킨다고 합니다. 그렇게 되면 우리의 신앙생활은 그만큼 천박해집니다. 십자가에서 멀어지면 영원한 것보다도 세상적인 것, 일시적인 것에 마음을 빼앗기게 됩니다. 하나님 중심의 신앙생활이 아니라 자기중심의 타락한 신앙생활로 바뀌어 버립니다. 이것이 오늘날 현대 교회가 직면한 재앙입니다.

십자가, 거룩한 삶으로 이끄는 힘

우리가 세상에서 승리하기 위해서는 십자가에서 솟아나는 은혜의 샘물을 날마다 마셔야만 합니다. 이것이 건강한 신앙생활입니다. 그러면 날마다 십자가 앞에 나아가는 사람에게는 하나님이 어떤 은혜를 주시겠습니까?

첫째로, 거룩하게 살 수 있는 힘을 얻게 됩니다. 도널드 블러쉬(Donald Bloesch, 1928–2010)라는 신학자는 이런 말을 했습니다. "죄인을 위하여 하신 그리스도의 사역은 완성되었지만, 죄인 안에서 이루어지는 그분의 사역은 아직도 끝나지 않았다."

죄인인 우리가 하나님 앞에서 의롭게 되는 일은 이미 주님이 이루셨습니다. 그러나 내 안에서 이루어질 일에 대해서는 아직 하나님이 하실 일이 남아 있습니다. 그것이 무엇입니까? 우리의 속사람을 거룩하게 하는 일입니다. 달리 말해, 그리스도를 닮아 가는 성화입니다. 이것은 매일의 순종과 참회를 통해 조금씩 발전해 가는 과정입니다. 예수님은 이것을 '발을 씻는다'는 말로 표현하셨습니다. 거룩한 삶을 살기 원하는 사람은 날마다 발을 씻어야 합니다.

우리는 아담 안에 있는 사람이 아니요, 그리스도 안에 있는 사람입니다. 우리가 죄를 범한다 해도 율법의 종이 되어 죄를 범하는 것이 아니라, 하나님의 사랑받는 자녀로 죄를 범하는 것입니다. 그러므로 예수님을 믿기 전에 짓는 죄와 후에 짓는 죄는 차원이 다릅니다. 만일 세상을 살면서 자신은 죄를 한 번도 짓지 않을 것이라고 장담한다면 그것은 거짓말입니다. 믿는 자도 죄를 범할 수 있습니다. 그럴 때마다 우리가 해야 할 것은 하나님 앞에 빨리 회개하고 다시는 그 죄를 짓지 않도록 돌이키는 것입니다.

그런데 우리가 사는 사회가 지뢰밭과 같지 않습니까? 거룩하게 산다는 것이 얼마나 어렵습니까? 백 번 결심해도 또 넘어지고, 무서운 악습에 사로잡혀 헤어나지 못하기도 합니다. 무슨 재주로 내가 거룩한 삶을 살 수 있겠습니까? 그러니 힘을 얻어야 합니다. 그 힘은 십자가에서 옵니다.

십자가의 주님을 바라볼 때, 주님은 성령님을 통해 우리에게 거룩하게 살 수 있는 힘을 공급해 주십니다. '마음대로 죄를 짓던 이전의 나는 예수님과 함께 죽었어. 주님의 죽음과 함께 나의 연약한 존재는 죽었어. 내 정욕과 욕심은 모두 십자가에 못 박혔어. 나는 이제 그리스도 안에서 새로운 존재야. 성령님 안에서 사는 사람이야. 은혜가 왕 노릇 하는 세계에 사는 사람이야. 날 대신해 돌아가신 예수님이 내 곁에 계신 이상 나는 죄를 이길 수 있어. 거룩하게 살 수 있어.' 이와 같은 새로운 각오와 힘이 내 안에서 솟아납니다. 십자가를 묵상하십시오.

십자가, 희생하게 하는 힘

둘째로, 희생하면서 살 수 있는 힘을 얻게 됩니다. 선한 일은 누군가 그 일을 위해 희생한 사람이 있기에 가능한 것입니다.

법과 질서가 지켜지는 사회를 이루었다면 선조들이 이미 엄청난 대가를 치렀기에 그런 사회가 된 것입니다. 보릿고개를 간신히 넘기던 가난한 민족이 자가용을 끌고 다닐 만큼 발전하기까지는 누군가의 커다란 희생이 있었습니다. 민주화가 이만큼 이루어진 것은 독재정권 시절에 누군가가 큰 희생을 치렀기 때문입니다. 희생이 없이는 선하고 옳은 일이 이루어질 수 없습니다.

하나님의 나라도 마찬가지입니다. 하나님은 예수님을 믿는 우리의 땀과 피, 눈물과 생명을 요구하십니다. 《나를 따르라》(*The Cost of Discipleship*)의 저자 본 회퍼(Dietrich Bonhoeffer, 1906~1945)는 이런 말을 했습니다. "예수님이 우리를 그분의 제자로 부르신 것은 죽으라고 부르신 것이다." 이 말은 진리입니다. 우리가 예수님의 제자로서 예수님의 모습을 가장 닮은 순간은 희생하는 모습을 보일 때입니다. 주님의 십자가 앞으로 나아가면 이 원리를 배우게 됩니다.

> 내가 진실로 진실로 너희에게 이르노니 한 알의 밀이 땅에 떨어져
> 죽지 아니하면 한 알 그대로 있고 죽으면 많은 열매를 맺느니라
> _요 12:24

희생이 없이는 하나님 나라에 관한 것, 선하고 옳은 것, 정의로운 것을 하나도 얻을 수 없습니다.

> 그러므로 너희는 가서 모든 민족을 제자로 삼아 아버지와 아들과 성령의 이름으로 세례를 베풀고_마 28:19

이 일에 생명을 걸고 희생하는 사람이 없다면 이 대 사명은 불가능한 일입니다.

> 네 마음을 다하며 목숨을 다하며 힘을 다하며 뜻을 다하여 주 너의 하나님을 사랑하고 또한 네 이웃을 네 자신 같이 사랑하라 하였나이다_눅 10:27

이 대 계명 역시 희생 없이는 흉내도 낼 수 없습니다. 청소년부를 맡고 있던 어떤 목사님에게 한 중학생이 이런 편지를 보냈다고 합니다.

> "목사님, 세상을 사는 것이 너무 힘들고 복잡해서 편지를 드립니다. 요즘 유명하다, 똑똑하다, 훌륭하다 하는 어른들이 잘못을 저지르는 것을 보면 제 마음이 착잡합니다. 사는 게 뭔지. 정말로 미쳐 버릴 것만 같습니다. 저는 우리나라가 싫습니다. 많고 많은 나라들 중에 한국에서 태어난 것이 원망스럽기만 합니다. 이렇게 썩어 빠진 나라가 어디에 있습니까?"

어린 학생의 눈에 왜 이 나라가 이렇게 비칠 수밖에 없었겠습니까? 어느 누구도 자기희생을 하지 않으려 하기 때문입니다. 이렇게 희생하

에필로그

●

기 싫어하는 사람들이 많다 보니 사회가 점점 병들어 가는 것입니다.

제자훈련을 받은 사랑의교회 성도 한 분이 1년 동안 매일 묵상한 내용을 모아 책으로 펴냈는데, 그 가운데 이런 내용이 있었습니다. 자신과 아내가 예수님을 믿기 전에, 아내가 큰 병으로 병원에 입원한 적이 있었다고 합니다.

그런데 어느 교회의 순장이라는 분이 3개월 동안 하루도 빠짐없이 아내를 찾아와 병문안했답니다. 한 번 방문할 때마다 두 시간 이상씩 머물며 위로하고 기도해 주고 복음을 전하는 모습에 아내는 물론 남편도 놀랐다고 합니다.

그러다 아내가 퇴원하고 나서도 거동이 불편해 도움의 손길이 필요하자, 또 어느 교회의 호스피스 집사님이 2년 동안 매주 한 번씩 방문해서 아내를 위해 기도하고 빨래와 청소를 해주고 장도 봐주었다고 합니다.

이렇게 온갖 희생을 다 하는 모습에 부부가 크게 감동하였고, 자신도 모르는 사이에 마음 가운데 예수님의 형상이 심어져 교회에 나오게 되었다는 것입니다. 희생 없는 곳에 무엇이 가능합니까? 이것이 작은 예수의 삶입니다.

○ ○ ○ ○   ○ ○ ○ ○   ○
십자가, 세상을 이길 힘

셋째로, 세상을 이길 힘을 얻게 됩니다. 세상살이가 얼마나 어렵습니까? 하루하루 사는 것이 마치 전쟁을 치르는 것 같지 않습니까? 살기 좋다는 강남에 사는 사람도, 세상에서 큰 성공을 거둔 사람도 예외가 없습니다. 높아지면 높아질수록, 성공하면 성공할수록 쫓고 쫓기는 경쟁은 더 치열해지며, 그로 인한 피로에서 하루도 벗어날 수가 없습니다. 세상에서 가질 만큼 다 가지고, 즐길 만큼 다 즐기며 나름대로 안정된 생활을 누리는 사람들에게도 치명적인 약점이 있습니다. 바로 허무함입니다.

여행 한두 번 다니면 좋을지 모릅니다. 그러나 두 달에 한 번씩 5년만 다녀 보십시오. 더 이상 보고 싶은 것도, 신기한 것도, 재미있는 것도 없습니다. 눈은 보아도 족함이 없고, 귀는 들어도 가득 차지 않고, 입은 먹어도 다함이 없습니다. 그러니 세상에서 성공했다는 사람도 세상살이가 힘들고 고달프기는 마찬가지입니다.

또 서민층은 먹고살기가 얼마나 어렵습니까? 최근에 보니 남편이 벌어오는 월급만으로는 부족해서 부인들이 소매를 걷고 뛰어나가 일하는데, 한 시간에 8,590원씩 벌면 하루 8시간 일해 봤자 7만 원이 안됩니다. 한달을 죽어라 일해도 190만 원이 안 되는데, 그거라도 벌어서 자녀들 교육하는 데 뒤처지지 않으려고 새벽부터 저녁까지 뛰고 있습니다. 그 삶이 얼마나 피곤하겠습니까? 하루에도 몇 번씩 주저앉고 싶지 않겠습니까?

점점 자신감은 사라지고, 남들처럼 앞서지 못하는 자신이 원망스럽고, 도와줄 만한 손길이나 기댈 만한 어깨도 없고, 불안과 두려움이 엄습하고, 결국은 우울증에 빠지는 비참한 상황이 많이 일어나고 있습니다.

이럴 때 우리에게 필요한 것이 무엇입니까? 세상을 살 수 있게 하는 힘, 벌떡 일어나게 하는 힘, 절대 기죽지 않게 하는 힘, 비틀거릴 때 붙들어 주는 강한 손, 어떤 형편에든지 자족하며 감사할 수 있게 하는 힘입니다. 내 안에 없는 힘, 밖으로부터 오는 힘이 필요합니다.

어디서 이 힘을 얻을 수 있습니까? 십자가 앞에 나아가 날 대신하여 죽으신 예수님을 붙들 때 힘이 생깁니다. 그러면 주님이 뭐라고 하

에필로그

•

307

십니까? "너는 스스로 잘나지도 못하고 경쟁에도 뒤처지고 쓸모없는 존재라고 여기며, 더 이상 살고 싶지 않다고 생각하지? 그러나 나는 네가 얼마나 좋은지 몰라. 너를 위해서 십자가에 달려 죽을 만큼 내가 너를 사랑해. 네 인생의 짐이 너무 무겁다고? 그래 나도 안다. 하지만 네 인생은 거기서 끝이 아니야. 내가 네게 준 하늘의 영광, 하늘의 복은 세상의 모든 고통과 슬픔을 넉넉히 이겨낼 힘이 된단다."

십자가 앞에서 이런 주님의 음성을 듣는다면 힘이 안 생길 수 있겠습니까? '아, 내가 이러한 존재구나. 하나님은 나를 이렇게 소중하게 보시는구나. 나는 결코 시시하게 인생을 살 수 없어. 가난하다고, 덜 배웠다고, 고난당한다고, 자랑할 것이 없다고 해서 하나님은 나를 아무것도 아닌 존재로 취급하시지 않아. 그분께 난 정말 존귀한 존재야.' 이런 자의식을 다시 회복할 때 힘이 생기지 않겠습니까? '오늘은 이렇게 힘들고 슬프지만 내일은 기쁨의 춤을 추게 하실 것이다. 하나님은 오늘도 살아 계셔서 나를 사랑하시고 보살피신다!'

○ ○ ○ ○ ○ ○ ○
십자가 사랑에 울다

예전에 마음에 알 수 없는 갈증이 나고 영적으로 답답해져서 고전한 경험이 있습니다. 인생의 겨울을 맞이하면 누구나 다 그런 심정을 겪게 되지 않습니까? 그래서 작심을 하고 안이숙 사모님의 설교 테이프를 들었습니다.

그분은 나와 똑같이 예수님을 믿는데, 어떻게 그렇게 변함없이 신앙생활을 유지하셨을까? 몇 년을 감옥에서 지독한 고생을 하면서 영양실조에 걸려 손톱과 머리털이 모두 빠지고, 온몸이 추위로 인해 기형이 될 만큼 비참한 생활을 하면서도 어떻게 백합처럼 향기로운 믿음으로 감옥에 있는 다른 사람들을 감동을 줄 수 있었을까? 그것이 알고 싶어서 그분의 간증을 계속 들었습니다.

그중에서 제 가슴을 치는 말이 있었습니다. "여러분, 저는 감옥에서 배고프다고 운 적이 없어요. 평양 교도소의 혹독한 추위에 오들오들 떨면서 잠을 못 자도 춥다고 울어 본 일이 없어요. 그러나 나를 위하여 하나님의 아들이 십자가에 달려 돌아가셨다는 그 사실은 생각이 날 때마다 계속 울었어요. 여름에는 눈물을 흘려도 괜찮았는데, 추운 겨울에 눈물을 흘리니까 그만 눈가가 부르트고 헐어서 진물이 나고 고름이 맺혀 눈가에 딱지가 더덕더덕 붙었어요. 그래도 예수님의 십자가 사랑을 생각하면 또 울었어요."

그 말에 저는 충격을 받았습니다. '아, 교도소의 고난을 이길 힘이 십자가에서 흘러나왔구나. 저 사람을 저렇게 위대하게 만든 원동력이 십자가의 은혜였구나.'

하루에 10분 만이라도 십자가의 주님을 묵상하십시오. 아무리 바빠도 10분 만, 나를 사랑하사 나를 위하여 자기 몸을 버리신 주님 앞으로 나아가십시오. 그분의 십자가 밑에서 흘러내리는 피에 두 손을 담그고 그분을 우러러보십시오. 세상이 아무리 험하고, 세상살이가 아무리 힘들어도 다시 한번 일어날 수 있는 힘을 얻을 것입니다. 세상이 감당치 못할 힘이 내 안으로 쏟아져 들어올 것입니다.

신앙의 중심은 십자가입니다. 십자가를 바라보고 마음 중심에 십자가가 있는 사람은 거룩하게 살아갈 힘, 희생하며 살아갈 힘, 세상을 이길 힘을 얻게 됩니다. 십자가, 이것이 세상을 이기는 복된 삶을 사는 비결입니다.

국제제자훈련원은 건강한 교회를 꿈꾸는 목회의 동반자로서 제자 삼는 사역을 중심으로
성경적 목회 모델을 제시함으로 세계 교회를 섬기는 전문 사역 기관입니다.

옥한흠 전집 주제 **10**

무엇을 기도할까 | 이보다 좋은 복이 없다

초 판 1쇄 인쇄 2021년 9월 10일
초 판 1쇄 발행 2021년 9월 20일

지은이 옥한흠
디자인 참디자인 (02.3216.1085)

펴낸이 오정현
펴낸곳 국제제자훈련원
등 록 제2013-000170호 (2013년 9월 25일)
주 소 서울시 서초구 효령로68길 98 (서초동)
전 화 02.3489.4300
팩 스 02.3489.4329
이메일 dmipress@sarang.org

저작권자 (c) 옥한흠, 1990(무엇을 기도할까), 2009(이보다 좋은 복이 없다), *Printed in Korea.*
이 책은 신저작권법에 의해 보호를 받는 저작물이므로 저자와 출판사의 허락 없이
내용의 일부를 인용하거나 발췌하는 것을 금합니다.

I S B N 978-89-5731-845-4 04230
　　　　978-89-5731-835-5 04230(세트)

* 책값은 뒷 표지에 있습니다. 잘못된 책은 구입하신 곳에서 교환해드립니다.